WIZARD

エリオット波動入門

相場の未来から
投資家心理までわかる

Elliott Wave Principle
Key to Market Behavior 20th anniversary Edition by A. J. Frost and Robert R. Prechter, Jr.

ロバート・R・プレクター・ジュニア、
A・J・フロスト[著]
長尾慎太郎[監修] 関本博英[訳]

Pan Rolling

Elliott Wave Principle: Key to Market Behavior
by A. J. Frost and Robert R. Prechter, Jr.

Copyright © 1978-1998 R. Prechter, Jr.
First Published November 1978
20th anniversary Edition May 1998

All Rights Reserved. Authorised translation from the English language edition published by John Wiley & Sons Limited. Responsibility for the accuracy of the translation rests solely with Pan Rolling Inc. and is not the responsibility of John Wiley & Sons Limited. No part of this book may be reproduced in any form without the written permission of the original copyright holder, John Wiley & Sons Limited.

監修者まえがき

　本書はA・J・フロストとロバート・R・プレクター・ジュニアがエリオット波動理論を詳細に解説した"Elliott Wave Principle"の邦訳である。すでにご存知の方にはここで改めて解説する必要もないだろうが、エリオット波動理論はR・N・エリオットが開発したテクニカル分析の一種で、商品や株式の価格変化は基本的には5波で上げて3波で下げるという仮説を基幹とし、そのバリュエーションや合成によって成り立っている。実際に過去の値動きにこの理論を当てはめてみると非常にうまくいくケースもままあり、テクニカル分析が好きな人にとっては格好の研究対象である。

　ところで、ほとんどのテクニカル分析は価格の定常性を前提として理屈が組み立てられているために、現実には非定常的なデータである株式や商品にそれを当てはめようとすると大変な困難を伴うことになる。このためにいにしえのテクニカル分析の権威たちは、さまざまな例外規定を設けることや階層を多くし細分化することによって体系を複雑化し、どんなケースにもいずれかのルールが当てはまるようにして問題を解決しようとしてきた。

　しかし、学問体系の発達した現代においては、そんな滑稽なことをしなくても問題は簡単に解決できることが分かっている。実務的には、価格データにテクニカルな分析を試みようとする場合には、単位根検定などを行ったうえで、基データを微分したりほかの類似データとの差分を取ったりして時系列データの定常性を確保したうえで適用をしており、基データをそのまま目的変数に用いるケースは極めてまれである。過去の値動きについて御都合主義の解説をすることが仕事の評論家には縁のないことであるが、あくまで投資・トレードの実践のために解析を行う私たち投資家にとっては、そういった処理を行うこと

で始めてテクニカルな分析は普遍的な価値を持つのである。

　だがそうは言うものの、例外がまったくないわけではない。先日私は米国のボストンに本社を置く超一流の資産運用会社のファンドマネジャーに話を聞く機会があった。彼は20年の経験を持つ運用者で、もっぱら旧来のテクニカル分析を用いて資産残高が数千億円の株式ファンドを運用しており、これまでに大変良好なトラックレコードを残している。今のところ彼が運用するプログラムに投資する国内ファンドが設定されていないのは、日本人にとって非常に残念なことだ。

　さて、機関投資家としての運用の世界で、テクニカル分析によって運用されているファンドはほかに聞いたことがないので、私は大変な興味を持ってそのプログラムの資料を読み、インタビューを行った。その結果分かったことは、くだんの運用者はテクニカル分析を非常に大雑把な形で使っており、ルールの細分化などまったく意味のないことだとしているのである。また、ほとんどのテクニカルアナリストが行うようなトップダウン・アプローチではなく、彼はボトムアップ・アプローチの形でテクニカル分析を使っているのである。テクニカル分析を標榜するほとんどの人が現実には言行の一貫性を著しく欠くなかにあって、彼は自分の理論と実践、そして残してきた結果が見事に一致している素晴らしい運用者であったが、それを可能ならしめたのはこういった特異な利用法にあったのだと私は理解した。読者におかれても、よく工夫することで本書に解説されているような伝統的なテクニカル分析を個々の投資活動に役立てることができると、私は確信している。

　最後に、本書の刊行に携わった多くの方々に心から感謝の意を表したい。

2009年7月

長尾慎太郎

故A・ハミルトン・ボルトンをしのび、彼の非凡な能力とその揺るぎないプロ意識、そしてエリオット波動原理に大きな刺激を与えてくれたことに感謝して、ボルトンに本書を捧げる

目次

監修者まえがき	1
20周年記念版に関する出版者のノート	9
謝辞	13
序文	15
Ｒ・Ｎ・エリオットからＣ・Ｊ・コリンズへの手紙	19
著者のノート	23

第１部　エリオット理論

第１章　広義のコンセプト　　27

基本的な考え方　　29
- ５つの波のパターン　　31
- 波のモード　　31
- 完全なサイクル　　32
- 複合的な構成　　33
- 基本的な形　　34
- なぜ５波と３波となるのか　　36
- 波の段階に関する表記と用語　　37
- 波の働き　　39
- 基本的な波のテーマのバリエーション　　40
- 波のテクニカル分析の追加的な要点　　41

詳しい分析論　　42
- 推進波　　42
- 衝撃波　　43
- ダイアゴナルトライアングル（ウエッジ）　　49

修正波　　55
- ジグザグ（５－３－５）　　57
- フラット（３－３－５）　　61
- 水平トライアングル（三角形）　　66
- 複合型（ダブルスリーとトリプルスリー）　　70

オーソドックスな天井と底	73
波の働きとモードのまとめ	74
用語の補足説明	**75**
目的を表す用語	75
相対的な重要性を表す用語	77
間違ったコンセプトとパターン	**78**

第2章　波のフォーメーションに関するガイドライン　83

オルターネーション（交互）の法則	83
修正波の深さ	88
第5波の延長に続く動き	90
波の均等性	91
波のチャートを付ける	92
チャネリング	94
上放れ	96
目盛り	98
出来高	100
正しい姿	101
波の個性	102
基礎を学ぶ	113
実際の適用	117

第3章　波動原理の歴史的および数学的な背景　123

ピサのレオナルド・フィボナッチ	123
フィボナッチ級数	127
黄金比率	129
黄金分割	136
黄金長方形	137
黄金らせん	140

ファイの意味	148
らせん的な株式相場におけるフィボナッチ	152
波動原理の構成におけるフィボナッチ数学	157
ファイと加算級数	158

第2部　エリオット波動原理の応用

第4章　比率分析とフィボナッチの時間級数　167
比率分析	167
比率分析の応用	175
いろいろな波の関係	182
フィボナッチ時間級数	185
ベンナーの理論	188

第5章　長期の波動と現在までの概観　197
暗黒時代からの1000年波動	202
1789年から現在までのグランドスーパーサイクル波	205
1932年からのスーパーサイクル波	208

第6章　株式と商品　213
個別株式	213
商品	218
金	223

第7章　株式相場に対するその他のアプローチと波動原理との関係　229
ダウ理論	229
「コンドラチェフの波」という景気サイクル	232
サイクル	235

ニュース	237
ランダムウォーク理論（効率的市場仮説）	240
テクニカル分析	242
「経済分析」のアプローチ	245
外部の力	247

第8章　エリオットは語る　　　249
これからの10年	249
自然の法則	259

付録	267
用語解説	305
出版者の後記	309

20周年記念版に関する出版者のノート

　本書の初版本は1978年に出版されたが、そのときのダウ工業株平均は790ドルだった。初版本が出版されると、書評家たちはこぞって波動原理に関する決定的な参考書だと称賛したが、残念なことにベストセラーとなるには数十万部も及ばなかった。しかし、本書の興味あるテーマと長期の株価を正確に予想したことに対する関心が大きく高まったことから、毎年増刷を続け、ついにウォール街では古典としての地位を獲得するまでになった。波動原理そのものはもとより、本書も長い時の試練に耐えている。

　しかも本書は版を重ねるごとに、ますますその内容を充実させている。ロバート・プレクターが年数をかけてその内容を綿密に洗練・向上・拡充させたことから、新版が出版されるたびに、ますます多くの大学が本書をテキストとして使用するという目標も現実になっている。こうした努力はすでに実を結んでいる。A・J・フロストは1970年代に、「ダウ理論を知っている100人のうち、エリオットのことも知っているのはたった1人だよ」というハミルトン・ボルトンの1960年代の嘆きをよく口にしていたものだ。そして1986年の夏にフロストはプレクターに電話をかけて、「ようやくこの2人の立場が逆になってきたよ」と叫んだ。

　ほんの数年前までは、相場の動きは自己相似的なパターンになるという考えに対して多くの反論が出ていたが、最近の科学的な調査結果によれば、自己相似的なパターンというフォーメーションは、株式相場を含む複雑なマーケットの基本的な特徴のひとつであることが明らかになっている。そうしたマーケットのなかには、いわゆる成長期のあとに伸び悩む期間や後退の段階が交互に到来して、さらに規模の大きい類似のパターンを形成するという「断続的な成長」を遂げるもの

もある。自然界にはこうした「フラクタル」がたくさんあり、われわれが今から20年前に本書の旧版で、そしてＲ・Ｎ・エリオットも約60年前に明らかにしたように、株式相場もその例外ではない（ロバート・プレクターは1990年に、このテーマに関する「社会的進歩のフラクタルな形［The Fractal Design of Social Progress］」と題するリポートを公表している。その内容は、1986年5月に全米テクニカルアナリスト協会［MTA］で行った彼のスピーチがベースとなっている。ニュークラシックス・ライブラリー社では、まもなく出版される彼の著書のなかにこのリポートを収録する予定である）。

われわれが株式の大強気相場の到来を予想したフロストとプレクターによる本書の初版本を世に出してから、早くも20年がたったとは信じられない思いである。その強気相場は当初の予想をはるかに超えるほど大規模なものになったが、著者たちはこの上昇相場を「サイクル第Ⅴ波（Cycle Wave V）」と位置づけるスタンスを今でも堅持している。現在の株式相場はプレクターが15年前に表現した状況とかなり類似している。すなわち、「サイクル第Ⅴ波の末期になると、投資家の群集心理は1929年と1968年、それに1973年の上昇相場をすべて合わせたような躁の状態になり、最終的には陽極のピークまで行ってしまう」。1998年現在の株式相場を見ると、株式市場のあらゆるデータやそこに群がる投資家の心理はまさにこうした状況を反映している。

この新版でも初版本と同じように将来の株価予想に関するすべての内容をそのまま盛り込んでいるので、新たに本書を手にする読者でもフロストとプレクターが数十年も前に行った株式相場の長期予想に関する正しさと誤りを確認できるだろう。もっとも、著者たちのこうした予想について、投資アナリストのジェームズ・Ｗ・コーワン氏は、「1978年の本書の予想には多少の外れもあるが、それでも株式相場の長期予想としてはこれまで最も正確なものとして、後世に残されるべきだ」と述べている。

現在の大強気相場のあとに史上最大の大弱気相場が到来し、本書の後半の予想が的中するのかどうかはまだ分からない。しかし、著者たちは断固としてそうしたシナリオを今も崩していない。

　　　　　　　本書を出版したニュークラシックス・ライブラリー社

謝辞

　われわれ筆者はこれまでエリオットについて語られてきた、そして語る価値のあるすべてのことを書き記そうと努めてきた。しかし、われわれが常に感謝の気持ちを忘れることのできない人たちの支援がなければ、本書がこのように存在することはなかったであろう。バンク・クレジット・アナリスト誌のアンソニー・ボエック氏からは、われわれが彼のファイルを見ることができるように寛大に配慮していただいた。ジョアン・ドリュー氏は何時間もかけて第一稿を読んでくれたうえ、本書の作成に彼女の芸術的な才能を発揮してくれた。ロバート・R・プレクター・シニア夫妻は、最終稿を綿密に校正してくれた。メリル・アナリシス社のアーサー・メリル氏からは本書の写真と作成について、貴重なアドバイスと支援をいただいた。われわれに助言を与え、励ますことでわれわれの努力を支えてくれたそのほかの人たちもかなりの数に上り、それらの名前をここに挙げることはできないが、これらの方々に対しても深く感謝の意を表したい。

　図解の背景チャートは、以下の方々のご好意により提供された（敬称略）。カナダ・モントリオールのバンク・クレジット・アナリスト誌（図2.11、図5.5、図8.3）、ニュージャージー州ジャージーシティーに在住のR・W・マンスフィールド（図1.18）、メリルリンチ社（図3.12、図6.8、図6.9、図6.10、図6.12、図7.5）、マサチューセッツ州ボストンのセキュリティーズ・リサーチ社（図1.13、図6.1～図6.7）、ニューヨークのスタンダード・アンド・プアーズ社のトレンドライン部門（図1.14、図1.17、図1.27、図1.37、図4.14）。

　図3.9の出所は次のとおりである。トゥルーディ・H・ガーランド著『Fascinating Fibonaccis』（絵）、デビッド・バーガミニ著

『Mathematics』とライフ誌編集部（らせん状の花とパルティノン神殿）、1988年3月号のオムニ誌（ハリケーン、渦巻き、貝殻）、1969年3月号のサイエンティフィック・アメリカン誌（ヒマワリ）、1986年5月号のサイエンス86誌（松ぼっくり）、1987年6月号のブレイン・マインド・ブレティン誌（DNA）、1979年12月号のフィボナッチ・クオータリー（人間の身体）、『Nova : Adventures in Science』（原子核粒子）、イスラエル・ハイファのテクニオン工科大学のダニエル・シェクトマン博士（準結晶）、カリフォルニア州パサデナのヘール天文台（銀河系）。

付録の一部のチャートは、ネッド・デービス・リサーチ社（フロリダ州ノコミス）、Foundation for the Study of Cycles（ペンシルベニア州ウエーン）、メディア・ゼネラル・フィナンシャル・ウイークリー誌（バージニア州リッチモンド）から提供していただいた。

特に注釈がないかぎり、すべての図はボブ・プレクター（本文）とデイブ・オールマン（付録）によって作られた。文字の配列と張り込みという大変な仕事は、ロビン・マチシンスキーによって忍耐強く行われた。表紙のデザインは著者たちが考案し、ルイジアナ州ニューオリンズ在住のグラフィックアーティストであるアイリーン・ゴールドバーグによって作成された。なお、本書の旧版はジェーン・エステス、スーザン・ウィロビー、ポーラ・ロバーソン、カレン・ラトバラ、デビー・イゼラー、ピート・ケンドール、ステファニー・ホワイト、リー・ティプトン、アンジー・バリンガー、サリー・ウエブ、パム・キモンズによって作成された。

われわれ著者は本書で使用されたすべての資料の出所先に対し、謝辞を述べたいと思う。漏れがあればそれは偶然であり、ご指摘いただければ、将来の版において訂正したい。

序文

　ほぼ2000年前にひとりの人間が短い言葉を語ったが、その真実はそれから何世紀にもわたってこの世で鳴り響いてきた。

　　「ひとつの世代が去り、次の世代がやってくるが、大地は永遠にとどまっている。太陽はまた昇り、沈み、そして昇ってきたところへ戻っていく。風は南に吹き、回って北にも吹く。風はぐるぐると回り続け、そして再びその巡回路に沿って戻ってくる。すべての川は海に流れ込むが、海があふれることはない。川はやってきた流れに再び戻る。……存在してきたものは、これからも存在する。なされるものは、将来にもまたなされる。太陽の下では新しいものは何もない」

　この深遠な言葉から引き出すことができる結論は、人間性というものは変わることがなく、そのパターンもまた変わらないということである。われわれと同世代の４人の人物がこの真理において、経済学の分野で名声を築いた。この４人とはアーサー・ピグー、チャールズ・ダウ、バーナード・バルーク、ラルフ・ネルソン・エリオットである。

　景気の変動、つまり景気の循環について何百という理論が提起されてきた。それらの論拠とは、通貨供給量の変動、過剰・過少在庫、政治的な施策に起因する世界貿易の変化、消費者の態度、資本支出などであり、さらには太陽黒点や惑星の位置でさえもそうした論拠に含められた。そして、イギリスの経済学者ピグーが景気の循環を人間の方程式に引き直した。ピグーによれば、好況・不況という景気の変動は、人間の過剰な楽観論に過剰な悲観論が続くことによって引き起こされる。振り子がある方向に行きすぎると供給過剰となり、別の方向に行

きすぎると供給不足となる。ある方向への過剰は別の方向への不足を生み出すといったように、拡張と収縮はけっして終わることがない。

株式相場の変動について、アメリカでは最も造詣の深い研究者のひとりであるチャールズ・ダウは、株価の継続するらせん的な動きのなかに一定の反復性があることに気づいた。ダウは、株価は目的もなしに風に吹かれてあちらこちらへと揺れ動く風船のようなものではなく、一見すると混乱しているように見える株価の動きのなかに、秩序立った連続した動きを読み取った。ダウは時の試練に耐えてきた2つの原理を発表した。最初の原理は、メジャートレンドが上向きの株式相場は3つの上昇スイングによって特徴づけられるというものである。

最初の上昇スイングとは、それに先立つプライマリーな下降スイングによる超悲観的な見方に対するリバウンドの動きである。二番目の上昇スイングとは、景気と企業収益が回復するという見通しに基づくものである。最後の三番目の上昇スイングは、株価が企業価値を無視しすぎたという状況によって引き起こされるものである。ダウの二番目の原理は、株価が上昇や下落をしても、どのようなスイングのどの時点においても、そうした動きの8分の3以上を帳消しにする逆の動きが存在するというものである。ダウは意図的にこうした法則を人間的な要因の影響に結び付けなかったのかもしれないが、株式相場は人間によって作られるものであり、ダウが注目した株価の継続性や反復性は、必然的に人間的な要因によって引き起こされるのである。

一方、バルークは株の売買と米企業の社長たちへの投資顧問業によって大富豪となったが、これについてはほんの数語で次のようにずばりと言っている。「しかし、現実の株式相場の変動について記録されるものは出来事そのものではなく、そうした出来事に対するわれわれ人間の反応である。つまり、何百万人という男女がそうした出来事は自分の将来にどのような影響を与えるのだろうかと感じることである」。バルークはさらに続けてこう述べている。「換言すると、とりわ

け株式相場は人間そのものである。株価とは将来を読もうとする人間だ。そして、株式相場はそれをかなりドラマチックな舞台にする激しい人間的な特質である。その舞台の上で男と女は互いに相反する判断、希望と恐怖、強さと弱さ、貪欲さと理想を戦わせている」

　ところでラルフ・N・エリオットであるが、彼が自分の理論を発展させていたときには、おそらくピグーのことは聞いていなかったと思われる。エリオットはメキシコで働いていたが、身体的な病気のために——彼は貧血症だと言っていたと思うが——カリフォルニアにある家のフロントポーチの揺りイスに世話になることになった。彼はこのときの有り余るほどの時間を利用して、この困難を克服しようと努力し、ダウ平均の歴史と値動きに反映された株式相場の研究に取りかかった。

　このときの長期にわたる研究から、エリオットはこの序文の初めで引用した伝道の書の伝道者によって雄弁に語られた言葉と同じ反復的な現象を発見した。彼は観測・研究・思索を通じて自らの理論を発展させるなかで、それをダウが発見したものと結合させたが、包括性と正確さという点ではダウの理論をはるかに超えていた。両者はともに相場の動きを支配している人間の公式の複雑さを感じ取っていたが、ダウは筆で幅広く色を塗り、エリオットはさらに大きな幅広い筆で詳細に色を塗ったのである。

　私は文通を通じてエリオットと出会った。エリオットが自分の労作を発表したいと思っていた国内株式週報を、私は発行していた。彼との手紙のやりとりが続いたが、1935年の第1四半期の状況が事の発端となった。そのときの株式相場は1933年の高値から1934年の安値に下落したあと、再び上昇を始めたが、1935年第1四半期にダウ鉄道株平均は1934年の安値水準を下抜いた。投資家、エコノミスト、株式アナリストたちは、1929〜1932年の苦しい状況からまだ立ち直っておらず、1935年の早い時期での安値更新は最も当惑させる出来事であった。ア

メリカはさらなる苦難の時期に突入するのだろうか。

　鉄道株が値下がりしていた最後の日に、私はエリオットから今回の下落はこれで終わり、今の下降局面は株価が一段高になる強気相場の最後のつまずきにすぎないということを強調した電報を受け取った。それ以降の数カ月でエリオットの予想の正しさが証明されたので、私は週末をミシガンにある私の家で過ごすようにエリオットを招待した。彼はこの招待を受け入れ、彼の理論を詳しく私に説明してくれた。

　しかし、私はエリオットを私の会社に参画させることはできなかった。彼がすべての決定は自分の理論に基づくべきだと主張したからである。そこで私はウォール街に彼の職を世話した。そして彼の研究結果をすべて私に明らかにしてくれたことに対する感謝の気持ちとして、私は彼の名前で『波動原理（The Wave Principle）』と題する小冊子に彼の理論を書き記した。

　その後、私は私が寄稿していたフィナンシャル・ワールド誌にエリオットを紹介し、彼は一連の論文を通じて、自らの理論の要点を同誌に展開していった。のちにエリオットは『波動原理』を『自然の法則（Nature's Law）』と題するさらに大きな著作にまとめた。そのなかで彼は、フィボナッチの魔術や彼が自らの理論を確認してくれたと信じる深遠な原理の一部を紹介した。

　本書の著者であるＡ・Ｊ・フロストとロバート・Ｒ・プレクターは、エリオットの熱心な研究者である。エリオットを発見し、彼の理論を応用することによって株式投資で成功したいと望んでいる人々にとって、本書はその望みを必ずかなえてくれるだろう。

1978年　ミシガン州グロースポイント
　　　　　　　　　　　　　　チャールズ・Ｊ・コリンズ

R・N・エリオットからC・J・コリンズへの手紙

親展扱い

1934年11月28日

C・J・コリンズ様

拝啓

　私はしばらく本状の内容をうまくまとめようとしましたが、私が望む気持ちをお伝えできる適当な表現が見つからず、今でもできそうにありません。私はあなた様の知己はまだ得ておりませんが、私がとても評価しておりますサービスレターを通じて、あなた様をよく存じ上げているように感じております。私の勧めで友人たちにもそれを購読してもらっています。私はレア氏の著書とサービスの最初の購読者のひとりでありました。

　私は約6カ月前に、株式相場の値動きのなかに3つの特徴を発見しました。私の知るかぎり、それについては今までだれも指摘したことはありません。株式相場のこの3つの特徴がダウ理論を補足するかなり重要なものだと主張することが、自分勝手な言い分であるとは思っておりません。

　当然のことながら、私はこれらの発見から利益を得たいと思っています。あなた様にはかなりの支持者がおり、したがってあなた様と私はお互いに満足できる合意に達することができるだろうと思った次第です。あなた様のお手紙のなかにときどき「ほかの情報源」という引用部分を見かけますが、それによって私はあなた様が私の発見に興味を持たれるのではないかと思ったのです。さらに、あなた様のサービ

スレターの内容を見るかぎり、あなた様は私の発見をまだよくご存じではないと判断いたしました。

　私が発見した株式相場の値動きに関する３つの特徴を採用されても、サービスレターのなかでそれについて言及される必要はまったくありません。例えば、ダウ平均が去る４月に107ドルの高値を付けたとき、私はそれ以降の底は85ドルであり、そこに到達する日をだいたい予想しておりました。しかし、あなた様のお手紙では、買いポジションを手仕舞う根拠としてダウ理論が使われておりましたが、私はこうしたことがいつでも可能であるとは思いません。言うまでもないことですが、あなた様のサービスはダウ理論から大きな恩恵を受けられたと思います。ついでに言わせてもらうならば、現在のメジャーな強気相場のあとには、メジャーな弱気相場の暴落局面が到来すると私は予測しております。これは私の個人的な意見ではなく、株式相場のルールを単純に当てはめただけの結論です。

　私が発見した株式相場に関する３つの特徴はダウ理論ほどメカニカルではありませんが、ダウ理論に欠けている重要な予測価値を付け加えるものです。そのひとつは、マイナー、インターミーディエット、メジャーな波動の終了時点で、ほぼ必ず反転のシグナルを出します。二番目の特徴は、株価のすべての動きを６つの波に分類するものです。残りのもうひとつの特徴は、株価が1932年に底を打ったときから83％正しかった時間の要因を扱ったものです。もっとも、ダイバージェンスが起きたときは、この時間の要因は一時的に逸脱することがあります。

　あなた様が近い将来に西海岸へのご訪問をお考えでなければ、デトロイトまでの往復の旅費をご負担願えないでしょうか。あなた様のエージェントであるオズボーン様がここにおいでになることは存じておりますし、彼は私を「推奨」してくれるものと信じております。ただし、彼もそのほかのだれも私のこの発見については何も知らないこと

を申し添えておきます。

　　　　　　　　　　　　　　　　　　　　　敬具

　　　　　　　　　　　　　　　　　　　Ｒ・Ｎ・エリオット

差出人	R.N.Elliott
	833 Beacon Avenue
	Los Angeles,California
	Federal 2667
受取人	Mr. C.J.Collins
	Investment Counsel,
	Detroit,Mich.

著者のノート

　本書を著したとき、われわれはある少女がペンギンについて書かれた本を読んだあとで、「この本はペンギンについて、私が本当に知りたいと思っていた以上のことを教えてくれたわ」と語ったことを心に留めていた。われわれは波動原理の理論をやさしく簡潔な表現で説明しようと努め、またテクニカルな問題については広範な説明や詳しい例はできるだけ避けようと努力した。

　明確に提示されるならば、波動原理の基本的な原則を学び、それを応用することはそれほど難しいことではない。しかし残念なことに、このテーマに関するこれまでの出版物はほとんど絶版になっており、それらの書物でも波動原理のテーマのポイントをばらばらに扱っているなど、とにかくいろいろと問題が多かった。つまり、波動原理のテーマについて研究しようとするとき、決定的な参考書が何もなかったのである。本書がベテランの分析家と波動原理に興味を抱いている一般投資家の両方に、エリオットの魅力的な分野を紹介することができれば、われわれとしてはとてもうれしく思う。こうした意図の下に、われわれはこのテーマについて完璧に論じているような書物を作ろうと努力してきた。

　われわれは読者の皆さんがダウ平均の時間足チャートを付けることによって、独自の研究を進めたいと思うようになり、そしてついには「なんだ、そういうことだったのか」と熱く叫ぶようになれると信じている。皆さんがいったん波動原理を理解してしまえば、マーケットの分析に向けた新しく、かつ魅力的なアプローチだけにとどまらず、さらには人生のほかの分野にも適用できる数学的な哲学を自由自在に駆使できるだろう。本書は皆さんが直面しているすべての問題に解答を与えることはできないが、本書を精読すれば、相場の見通しと同時

に人間の行動に潜む不思議な心理、いわゆるマーケットの行動を読み取ることができるようになるだろう。エリオットのコンセプトは皆さんが簡単に理解できる原理を反映し、また常に新しい視点で株式相場を見ることができるものなのである。

1978年
　　　　　　　Ａ・Ｊ・フロスト、ロバート・Ｒ・プレクター

第1部
Elliott Theory
エリオット理論

第1章

広義のコンセプト

The Broad Concept

　ハミルトン・ボルトンはその著『エリオット波動——ビジネス・サイクル』（日本証券新聞社）の冒頭で、次のように述べている。

> 「われわれは不況、大戦、戦後の経済復興と好景気など、最も予測できないものも含めて、ありとあらゆる経済環境のなかを歩んできた。そうしたなかでエリオットの波動原理が、いろいろな状況が進展する現実になんとうまく適合してきたのかに、私は気づいた。それゆえに私は、この波動原理が素晴らしい基本的な価値を持っているということをますます強く確信するようになった」

　ラルフ・ネルソン・エリオットは1930年代に、株価がはっきりと分かるパターンを伴って、ある方向とその逆方向にトレンドを描いて動くことを発見した。彼が発見したそれらのパターンは「形（Form）」という点では反復性があるが、それが出現する時間と大きさでは必ずしも反復性は見られない。エリオットは、株価データに繰り返して出現するそうした13のパターンや「波」を抽出した。彼はそれらのパターンに名称を付け、定義し、そして図解した。さらに彼は、そうしたパターンが互いに結び付いてより大きな波動パターンを形成すること、

それらのパターンが交互に結び付いて次のより大きな同じような波動パターンを形成すること――など、そうした波の構造的な動きがどのように進行していくのかを論述した。彼はこうした現象を「波動原理」と呼んだ。

　この波動原理はこれまで存在したなかで最も優れた株式相場の予測ツールであるが、本来的に波動原理は予測ツールではなく、株価の動きを詳細に記述したものである。とは言っても、波動原理は株価の連続した値動きとそれゆえに株価が次に向かう方向という点において、株価の位置に関する膨大な知識を提供することになった。波動原理の大きな価値は、それが株式相場の分析にひとつの「コンテクスト（Context）」を与えたことである。こうしたコンテクストは株価のおおよその位置と将来の見通しについて、規律のある考え方と展望の基礎を与えた。株価の方向が変わることを予告し、さらにその予測の正確さはときとしてほとんど信じられないくらいである。波動原理には多くの分野の人間の群衆行動が反映されているが、それがとりわけ際立つのは株式相場である。

　しかし、一見すると株式相場はそのときの観察者や株で生活している人たちにとって重要であると思われるが、実際には人間の全体的な状況にとっていっそう大きな意味を持つ。平均株価の水準は、われわれ人間の総合的な生産能力が広く評価されたそのときの直接的な測定値である。ある形をとるこうした評価の値には深い意味があり、それは最終的に社会科学に大きな変革をもたらす。しかし、こうした議論はまた別の機会に譲ろう。

　R・N・エリオットが天才であるゆえんは、ダウ工業株平均のチャートとその先駆者たちの研究結果を徹底的かつ詳細に分析し、1940年代半ばまでに彼が知り得たすべての株価の動きを反映させたいろいろな原則の一大ネットワークを築いたという、その驚くほどの規律あるメンタルプロセスにある。その当時、ダウ平均は100ドル近辺にあっ

たが、エリオットはそれから数十年にわたる大強気相場を予想した。ほとんどの投資家はダウ平均が1929年のピークを超えることはほとんどあり得ないと思っていたが、ダウ平均の上昇幅はこうしたすべての予想を超えるほど大きなものであった。あとで見るように、数年先を正確に見通す並外れたこれまでの株式相場の予想には、こうしたエリオット波動のアプローチを適用したものが少なくない。

エリオットは、自分が発見した株式相場のいろいろなパターンの起源と意味に関する理論を持っていた。これについては第３章で詳しく論じるが、それまでは第１章と第２章で述べるパターンが時の試練に耐えていることを指摘するだけで十分であろう。

株式相場におけるエリオット波動の評価について、ときに互いに異なる見解が見られ、特に最近の専門家たちはいろいろな株価指数を大ざっぱに、そしてちらっと調べただけで自らの意見を述べている。しかし、普通目盛りと半対数目盛り用紙の両方にチャートを描き、本書で詳述するいろいろな波動原理のルールとガイドラインを注意深くフォローするならば、エリオット波動に関するこうした不明朗さはほとんど解消されるだろう。そうして初めてエリオットの世界に足を踏み入れることができるのである。

基本的な考え方

波動原理においては、株式相場のすべての決定は意味のある情報によって下され、そして意味のある情報を生む。すぐに「結果」の出るそれぞれの取引は相場を構成するひとつの要素となり、投資家に売買データを通知することによって、ほかの投資家の行動の「原因」という鎖に組み込まれる。こうしたフィードバックループは人間の社会的な性質によって支配され、人間はそうした性質を持っているがゆえに、そのプロセスではいろいろな形が作られる。そうした形が繰り返され

図1.1　基本的な波のパターン

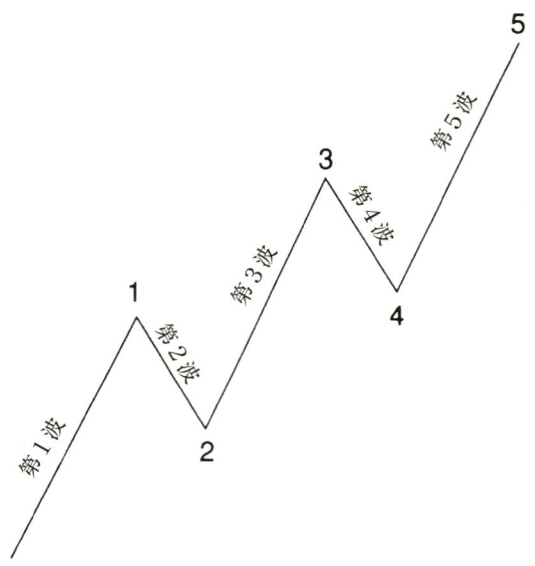

ると、それは予測において価値を持つ。

　ときに株式相場は外部の状況や出来事を反映しているように見えるが、多くの人々が偶然の状況だと考えていることから完全に分離していることもある。それは株式相場が自らの法則を持っているからである。それはわれわれが日常的な生活のなかで経験しているような直線的な因果関係によってできるのではない。株価の方向はニュースによって作られるのではないし、また株価は一部の人々が言うような循環的にリズムを描く機械でもない。株価の動きは、偶然のように思われる出来事と周期性とは独立した繰り返される形を反映したものである。

　株式相場は「波（Wave）」を描いて進展していく。波とはある方向を持つ動きのパターンである。もっと厳密に言うと、以下で説明していくように、波とは自然に起こるいろいろなパターンのひとつである。

5つの波のパターン

　株式相場の動きは最終的に、特有の構造を持つ5つの波の形をとる。そのなかで1、3、そして5の番号を振った3つの波は、実際にはある方向の動きを示している（**図1.1**を参照）。それらの波はそのトレンドとは逆方向の2つの逆行した動きによって切り離される（**図1.1**の2と4）。こうした2つの逆行は、明らかに大きな方向を持つ相場の流れが継続するための必要条件である。

　エリオットはこうした5つの波の形について、次のような一貫した3つの特徴を挙げている。すなわち、①第2波は第1波の始点を下抜くことはない、②第3波が最も短い波になることはない、③第4波が第1波の価格帯に割り込むことはない。

　エリオットはこの5波のパターンのなかで、決定的に重要なひとつの形には特に言及していないが、株式相場が5つの波のパターンをとることだけは確かである。どのようなときでも、相場はトレンドの最も大きな段階においては、基本的にこうした5つの波のパターンをとることが確認されている。株式相場が進行するにつれてこの5つの波のパターンは決定的な形となっていくので、そのほかのすべてのパターンもこの5つの波のパターンに内包される。

波のモード

　波の動きには「推進（Motive）」と「修正（Corrective）」という2つのモードがある。推進波（Motive Waves）は5つの波、修正波（Corrective Waves）は3つの波やその変形で構成される。推進モードには**図1.1**に示した5つの波のパターンと、第1波、第3波、そして第5波が同じ方向を向いているという2つの特徴がある。それらの波は相場を力強く引っ張っていくことから、その構成は「推進」と

図1.2

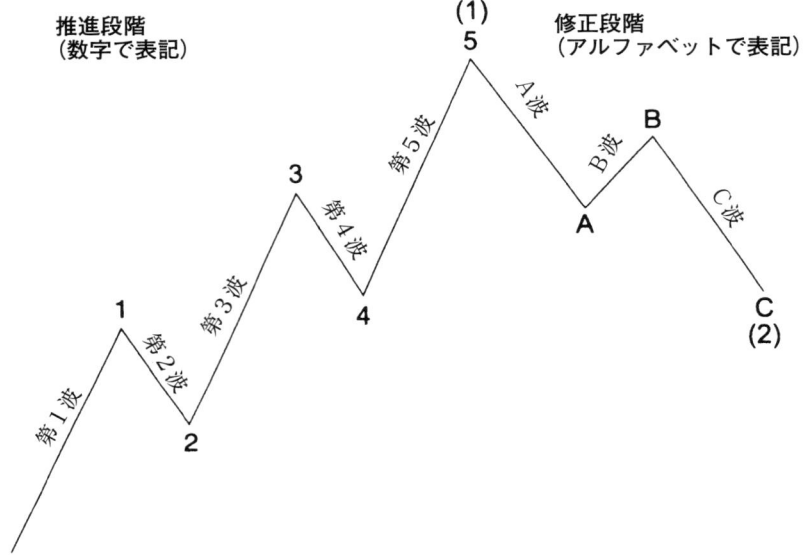

呼ばれる。修正モードはすべてトレンドとは逆行してその流れを中断するもので、**図1.1**の第2波と第4波がそれに含まれる。それらの波はそれに先立つ推進波に対する反動として現れ、浅いリトレイスメント(押し・戻り)やそれまでの上げ幅(または下げ幅)の一部をリトレイスしたり、または修正するところから、その構成は「修正」と呼ばれる。このように、この2つのモードはその役割と形状の両面で基本的に異なっている(これについては、この章を通じて詳しく説明する)。

完全なサイクル

　8つの波で構成されるひとつの完全なサイクルは、さらに2つの別個の段階で構成される。すなわち、5つの波による推進段階(「5

図1.3

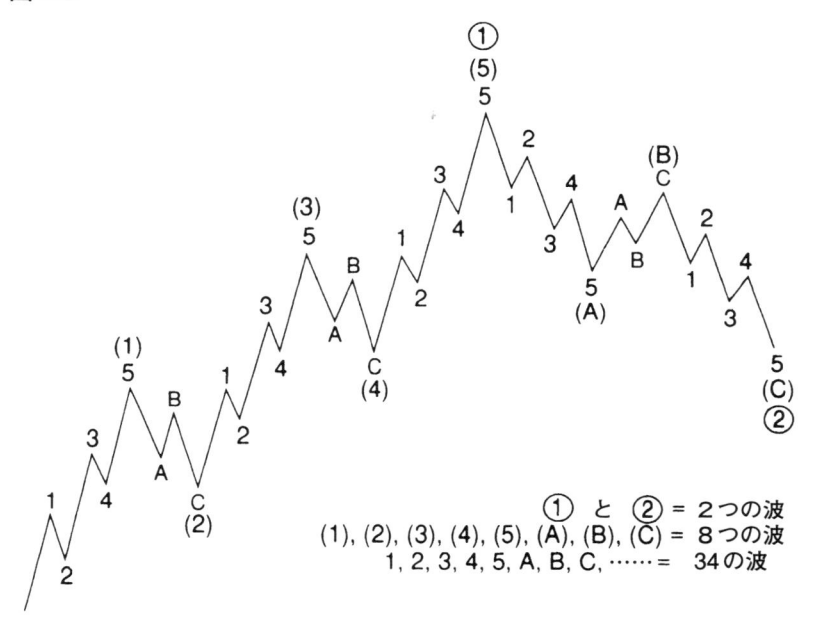

①と② ＝ 2つの波
(1), (2), (3), (4), (5), (A), (B), (C) ＝ 8つの波
1, 2, 3, 4, 5, A, B, C, …… ＝ 34の波

［Five］」とも呼ばれる）で数字で表記された波と、3つの波によるその修正段階（「3［Three］」とも呼ばれる）でアルファベットで表記された波である。**図1.1**の第2波が第1波を修正するのと同じように、**図1.2**の連続するA波・B波・C波は、連続する第1波・第2波・第3波・第4波・第5波を修正している。

複合的な構成

図1.2に示した当初の8つの波によるひとつのサイクルが終了すると、類似するサイクルが続いて現れ、もうひとつの5つの波の動きが再び繰り返される。こうして相場が完璧に進んでいくと、それらの波が構成するものよりも（相対的な規模という点で）ひと回り大きなもうひとつの段階（Degree）の5つの波による波動パターンが形成さ

れる。**図1.3**は、（5）と表記したピークまでのその結果を示したものである。より大きな段階のこの5つの波のパターンは、それ以降に同じ段階の3つの波のパターンによって修正されて、ひと回り大きい規模の完全なサイクルが終了する（**図1.3**を参照）。

図1.3を見ると、「同じ方向を向いているそれぞれの推進波（すなわち、第1波・第3波・第5波）の構成は、完全なサイクルのそれぞれの波の部分（すなわち、第1波＋第2波、または第3波＋第4波など）に対するミニ版になっている」のが分かる。

この重要なポイントはしっかりと理解しておくべきだ。すなわち、**図1.3**は**図1.2**の拡大版になっているだけでなく、いっそう詳細に見ると、**図1.2**のパターンそのものでもある。**図1.2**の第1波・第3波・第5波という各推進波はさらに「5つの波」に細分され、また第2波と第4波という修正波も「3つの波」に細分される。**図1.3**の（1）波と（2）波を顕微鏡で拡大して見ると、①波と②波と同じ形をしているのが分かるだろう。波の段階が違っても、その形は常に一定である。**図1.3**にはこうした波の段階に応じて、2つの波、8つの波、または、34の波が示されている。

基本的な形

ここで、**図1.3**に示した②波の修正パターンの（A）波と（C）波に注目してみよう。それらはいずれも下向きで、第1波、第2波、第3波、第4波、第5波という5つの波で構成されている。同じように、上向きの（B）波はA波、B波、C波という3つの波で構成されている。こうした構成が重要なポイントである。すなわち、推進波は必ずしも上向きではなく、また修正波も必ずしも下向きではないということである。波のモードは絶対的な方向ではなく、主に「相対的な方向」によって決定される。以下で検討する4つの特別な例外の場合を除い

図1.4

各段階の波の数

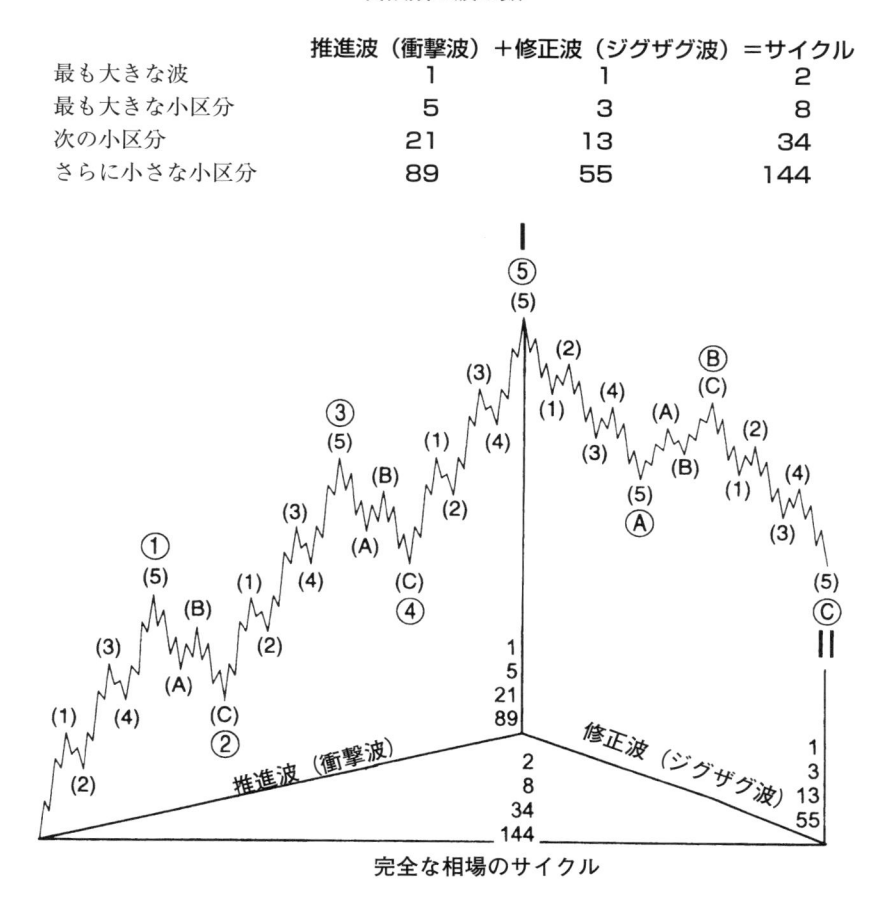

	推進波（衝撃波）	＋修正波（ジグザグ波）	＝サイクル
最も大きな波	1	1	2
最も大きな小区分	5	3	8
次の小区分	21	13	34
さらに小さな小区分	89	55	144

完全な相場のサイクル

　て、その波がより大きな段階の波の一部を構成しながら、それと同じ方向を向いているときは推進モード（５つの波）、より大きな段階の波とは逆方向を向いているときは修正モード（３つの波、またはその変形）となる。図1.3で言えば、②波と同じ方向にある（A）波と（C）波は推進波となる。一方、（B）波は②波とは逆方向を向き、（A）波を修正しているので修正波となる。以上を要約すると、波動原理で強

調すべき重要なポイントは、トレンドのどの段階においても、「ひと回り大きなトレンドと同じ方向を向いているアクション（Action）は5つの波、それとは逆方向を向いているリアクション（Reaction）は3つの波で進行する」ということである。

図1.4は、こうした波の「形（Form）」と「段階（Degree）」、そして「相対的な方向（Relative Direction）」の現象をさらに詳しく例示したものである。この図はどのような株式相場のサイクルにおいても、波がさらに細分されるという一般的な原則を示している。

図1.2や**図1.3**と同じく、**図1.4**においても、相場がこれで終了するということはない。前の図と同じように、より大きなこの相場のサイクルも自動的に次の高い段階の2つの波のひとつとなる。相場が進行し続けるかぎり、いっそう大きな波の段階に進展するというプロセスが続いていく。一方、より小さな波の段階に細分されるというそれとは逆のプロセスも、同じように無限に続いていく。われわれが分類していくかぎり、すべての波は構成部分の波（Component Waves）を内包し、それ自身もまた構成部分の波である。

なぜ5波と3波となるのか

エリオット自身は、なぜ相場が進行するときは基本的に5つの波となり、逆行するときは3つの波になるのかについては特に説明していない。彼は単に、そのようになるとしか言及していない。基本的な形は5つの波と3つの波でなければならないのだろうか。それについて少し考えてみると、直線的な動きにおいて「変動（Fluctuation）」と「進行（Progress）」の両方を達成するには、この形が最低条件であり、それゆえに最も効率的な方法であることが分かるだろう。ひとつの波だけでは相場の変動を作ることはできない。変動を形成する最小限の波の数は3つである。しかし、2つの方向で（無条件の規模の）3つ

の波が出現しても、それでは相場が進行することはできない。逆行の時期をはさみながら、相場がある方向に進行するためには、メジャートレンドの動きには最低でも5つの波が必要である。それは単に3つの波よりも大きな根拠を与え、そのなかには変動も含まれることになる。5つ以上の波が出現することもあるが、5波と3波というのが逆行をはさむ最も効率的な形であり、一般に自然は最も効率的な道をたどるのである。

波の段階に関する表記と用語

　すべての波は相対的な規模や段階によって分類される。波の段階は、構成部分の波、近隣の波、周囲の波などと比較したその規模と位置によって決定される。エリオットは時間足に見られる最も小さな波から、それまでに入手したデータからその存在が推測できる最も大きな波に至るまで、9つの波の段階に名称を付けた。彼が名付けた最大規模のものから最小規模のものに至るそれらの波の段階とは、グランドスーパーサイクル、スーパーサイクル、サイクル、プライマリー、インターミーディエット、マイナー、ミニュット、ミニュエット、サブミニュエットの9つである。サイクル波はプライマリー波に細分され、さらにプライマリー波はインターミーディエット波、インターミーディエット波はマイナー波とサブマイナー波にそれぞれ細分される。現在のエリオット波動の実践家は習慣によって、エリオットのこうした用語に慣れ親しんでいるが、こうした特定の名称は波の各段階を確認するときにそれほど重要なものではない。
　グラフ上でこれらの波を表記するときは、相場の進行状況に応じて各波の段階を区別するために少し工夫が必要となる。われわれは38ページの表のように、いろいろな数字と文字を使って一連の波を標準的に分類したが、この方法にはこれまでにないいくつかのメリットがあ

る。そのひとつは、こうすることによって、いずれの方向にも無限に波の段階が続いていくことである。それはとても覚えやすい繰り返しである。推進波には交互に３つのローマ数字が振ってあり、その次には３つのアラビア数字が並んでいる。修正波も同じように、３つの大文字と３つの小文字で交互に分類されている。例えば、マイナー段階の下には小文字のローマ数字、その上には大文字のローマ数字が位置しており、この表を一目見ると、各波の段階の時間枠に関して正しい位置関係が分かる（注　本書の一部のチャートは、こうした分類法を採用する以前に作成されたので、こうした基準は適用されていない）。

波の段階	５つのトレンド波 (↑ 次のアラビア記号)					３つの反トレンド波 (↑ 次の大文字)		
グランドスーパーサイクル	Ⓘ	Ⓘ	Ⓘ	Ⓘ	Ⓥ	ⓐ	ⓑ	ⓒ
スーパーサイクル	(I)	(II)	(III)	(IV)	(V)	(a)	(b)	(c)
サイクル	I	II	III	IV	V	a	b	c
プライマリー	①	②	③	④	⑤	Ⓐ	Ⓑ	Ⓒ
インターミーディエト	(1)	(2)	(3)	(4)	(5)	(A)	(B)	(C)
マイナー	1	2	3	4	5	A	B	C
ミニュット	ⓘ	ⓘ	ⓘ	ⓘ	ⓥ	ⓐ	ⓑ	ⓒ
ミニュエット	(i)	(ii)	(iii)	(iv)	(v)	(a)	(b)	(c)
サブミニュエット	i	ii	iii	iv	v	a	b	c
	(↓ 次のアラビア記号)					(↓ 次の大文字)		

科学者にとって最も望ましいひとつの形は、例えば1_1、1_2、1_3、1_4、1_5……と波の段階を下付き文字で表すことであろうが、この方法だとグラフ上で大きな数字の波のイメージを描くのが難しくなる。上記のような標準化した表記法であれば、それぞれの波を素早く、ビジュアルに位置付けすることができる。

　こうした名称付けと表記法は、はっきりと特定できる波の段階を指していることを理解すべきである。特定の用語を使えば、ちょうど船

舶が経度と緯度によって自らの位置を知るように、分析家も株式相場の大きな流れのなかで、波の位置を正確に特定できる。例えば、「現在のダウ工業株平均は、グランドスーパーサイクルのなかのスーパーサイクル第（Ⅴ）波、サイクル第Ⅰ波、プライマリー第⑤波、インターミーディエット第（3）波、マイナー第1波、ミニュット第Ⓥ波の位置にある」といったように、ヒストリカルな株式相場の推移のなかで現在の株価の位置を確認することができる。

　すべての波はこのいずれかの段階にあるが、とりわけ新しい波が副次波（subwaves）としてスタートしたときは、その段階を正確に特定するのは難しい。波の段階とは特定の価格や時間の長さではなく、価格と時間の両方を含むその働きの「形」に基づいている。幸いなことに、波の段階では「相対的な段階」が最も重要なので、一般に波の段階と株価の正確な予想との間にそれほど大きな関連性はない。大切なことは正確な名称ではなく、相場の大きな流れを知ることである。それ以降の出来事が常にその波の段階を明らかにしてくれる。

波の働き

　すべての波は「アクション（Action）」と「リアクション（Reaction）」という2つの働きのうち、そのどちらかを担っている。すなわち、その波がより大きな段階の波に発展する原動力になっているのか、それともそれを阻止する働きをしているのかのどちらかである。波の働きはその「相対的な方向」によって決まる。「アクション波（Actionary Waves）」または「トレンド波（Trend Waves）」とは、それ自身がその一部となるより大きな段階の波と同じ方向に向いている波である。一方、「リアクション波（Reactionary Waves）」または「反トレンド波（Countertrend Waves）」とは、それ自身がその一部となるより大きな段階の波のトレンドと逆方向を向いている波である。アクシ

ョン波は奇数と英字で（例えば、**図1.2**では1、3、5、A、Cなど）、リアクション波は偶数と英字で表記されている（**図1.2**の2と4、Bなど）。

すべてのリアクション波は修正モードである。もしもすべてのリアクション波が推進モードであるならば、異なる名称を付ける必要はない。実際にはほとんどのアクション波は、さらに5つの波に細分される。しかし、以下でも述べるように、いくつかのアクション波が修正モードになることもあり、そのときは3つの波、またはその変形に細分される。「アクションの働き（Actionary Function）」と「推進のモード（Motive Mode）」の違いを理解するには、波のパターンの構成に関する詳しい知識が必要となる（**図1.1～図1.4**では、その違いを明確にしていない）。本章の以下で説明する波の形をよく理解できれば、われわれがなぜエリオット波動の用語について詳述したのかが分かるだろう。

基本的な波のテーマのバリエーション

これまで述べてきた基本的な波の形が相場の動きを完全に網羅しているならば、波動原理を現実の株式相場に適用するのはそれほど難しいことではない。しかし、幸いなことに、または不幸なことにとも言うべきか、現実の相場はそれほど単純なものではない。相場や人間の経験の循環性といった考え方のなかには、確かに正確に繰り返されるという意味合いがあるが、波動のコンセプトにはかなりのバリエーション、すなわち実際には数え切れないほどの変則パターンがある。以下では実際の株式相場の動きについて説明していこう。これこそがエリオットが述べようとしていたことであり、彼はそれをうまく説明している。

基本的な波のテーマについてはいくつかのバリエーションがあり、

それについてエリオットは詳細に記述・図解している。彼はまた、波のそれぞれのパターンには識別できる「傾向」と「必要条件」があるという重要な事実を指摘している。彼はこうした観察を通して、波の正しい確認に関する多くのルールとガイドラインを作成した。株式相場はどのように動くのか、そしてそれと同じく重要である、株価はどのように動かないのか――を理解するには、波動原理の詳しいルールとガイドラインをよく理解しなければならない。

　第２章と第４章では、波の適切な解釈に関するいくつかのガイドラインを示した。もしも皆さんがマーケットアナリストになるつもりはなく、またテクニカル分析の詳しい知識で頭が混乱するかもしれないと心配するならば、以下の内容を飛ばして第３章に移っていただきたい。ただし、以下の要約された内容を少し熟読するならば、波動原理の必要なポイントを説明した以下の各章のコンセプトと用語は少なくともかなりよく理解できると思う。

波のテクニカル分析の追加的な要点

　以下から第２章にわたって詳述する波のテクニカル分析の追加的な要点は、次のように要約できるだろう。ほとんどの推進波は衝撃波という形をとる（すなわち、**図1.1〜図1.4**に示したような５つの波のパターン。このパターンでは、第４波は第１波と重複せず、また第３波は最も短い波とはならない）。一般に衝撃波は平行状に並び、衝撃波のなかのひとつの推進波（第１波、第３波、または第５波）は延長することが多い（つまり、残りの２つの波よりもかなり長くなる）。推進波にはまれにダイアゴナルトライアングル（斜行三角形）と呼ばれる変則パターンがあり、それはより大きな波動の始点だけ（第１波またはＡ波）、もしくはその終点だけ（第５波またはＣ波）に現れるウエッジ（くさび形）のパターンである。

一方、修正波には数多くのバリエーションがあり、その主なものは、**図1.2**、**図1.3**、**図1.4**に示したようなジグザグやフラットであり、DやEなどで表記されるトライアングル（三角形）などである。これら3つの修正波の単純なパターンはいろいろと組み合わさって、さらに複雑な修正波のパターンを形成する（それらはW、X、Y、Zと表記される）。修正波の第2波と第4波は常に交互の形として現れ、通常ではひとつの修正波がジグザグ形となるときは、もうひとつの修正波はジグザグ形とはならない。一般に修正は同じ段階のそれに先立つ衝撃波を修正する第4波の範囲内で終了する。各修正波にはそれぞれに異なる出来高の特徴があり、またそれに伴う株価のモメンタムや投資家のセンチメントという点では特有の「個性」がある。

一般の読者はここから飛ばして第3章に進んでもよいだろう。しかし、さらに詳しく知りたい読者は、以下の波の形の特徴に関する説明を読み進めていただきたい。

詳しい分析論

推進波

5つの波で形成される推進波（Motive Waves）は、いつもひと回り大きな波の段階のトレンドと同じ方向に進む。それらの波は単純な形をしており、比較的簡単に識別・解説できる。

推進波の第2波のリトレイスメント（押し）率は常に第1波の値幅よりも小さく、また第4波のリトレイスメント率も第3波の値幅よりも小さい。しかし、第3波は常に第1波の値幅よりも大きく動く。推進波の目的は相場を進行させることであり、そのフォーメーションのルールもそれを裏付けている。

エリオットはさらに価格という点で、第3波がしばしば最長の波と

なり、推進波の３つのアクション波（第１波・第３波・第５波）のなかでは、けっして最短の波にはならないことを発見した。第３波が第１波や第５波よりも変動率という点で大きいかぎり、このルールは有効である。こうしたルールはほぼいつでも数学的な基準にのっとっている。推進波には、衝撃波とダイアゴナルトライアングル（斜行三角形）という２つの種類がある。

衝撃波

最も一般的な推進波は「衝撃波（Impulse Waves）」である。衝撃波において第４波が第１波の価格帯に割り込む（いわゆる重複する）ことはない。このルールはレバレッジをかけないすべての現物市場に当てはまる。一方、大きなレバレッジをかけられる先物市場では、現物市場には見られない価格の一時的な行きすぎが起こる。それゆえに、日足や日中の動きでは第１波と第４波の価格帯が重複することもあるが、それでもこうしたことはあまり起こらない。さらに、衝撃波のアクション波（第１波・第３波・第５波）自身が推進波であり、なかでも第３波は特別な衝撃波である。**図1.2～図1.4**には、衝撃波としての第１波、第３波、第５波、A波、C波の位置が示されている。

以下で述べるように、衝撃波を正しく解釈するためのルールは、わずか２～３の単純なものだけである。それを「ルール」と呼ぶのは、それが適用されるすべての波を支配しているからである。一方、一般的ではあるが必然的とはいえない波の特徴は「ガイドライン」と呼ばれる。以下と第２章と第４章では、エクステンション（波の延長）、トランケーション（Truncation＝切頭）、オルターネーション（Alternation＝交互）の法則、波の均等性（Equality）、チャネリング（Channeling）、個性、比率の関係など、衝撃波のフォーメーションに関するガイドラインについて詳述する。

ルールはけっして破られるべきではない。もっとも、われわれは長年にわたって数多くの波動パターンを実際に検証した結果、サブミニュエット以上の波の段階では、わずかにひとつのケースについては、それ以外のすべてのルールとガイドラインを含めて、ひとつのルールが破られたことを示唆する事例を発見した。こうしたことに照らせば、ここで詳述しているルールを恒常的に破っている分析家は、波動原理とは違う形の分析を行っていると言ってもよい。これらのルールは、波の正しいカウント法においてはかなり実践的な有効性を持っている（波の正しいカウントについては、波の延長のところで詳しく説明する）。

エクステンション（波の延長）

ほとんどの衝撃波には、エリオットが「エクステンション（延長）」と呼ぶものを含んでいる。延長波とは、さらに小さく細分される波を持つ延長した衝撃波である。ほとんどの衝撃波にはひとつの延長波が含まれ、そうした波は3つのアクション波のなかにはただひとつしかない。延長波を構成する副次波が大きな衝撃波のほかの4つの波に比べて、その大きさと時間という点でほぼ同じになることもあるが、そうしたときは「5つ」という通常の連続した波のカウントではなく、類似した大きさの合計9つという波のカウントになる。この連続した9つの波では、どの波が延長したのかを特定することが難しくなる。しかし、エリオット波動原理の下では、9つの波と5つの波のカウントはテクニカル的に同じ重要性を持つので、それほど的外れの波のカウントとはならないだろう。波の延長を示した**図1.5**を見ると、このことははっきりと分かる。

一般に波の延長はひとつのアクション波でしか起こらないという事実は、それ以降の波の長さを予想するときに有効な手掛かりを与えてくれる。例えば、第1波と第3波がほぼ同じ長さであれば、第5波が

図1.5

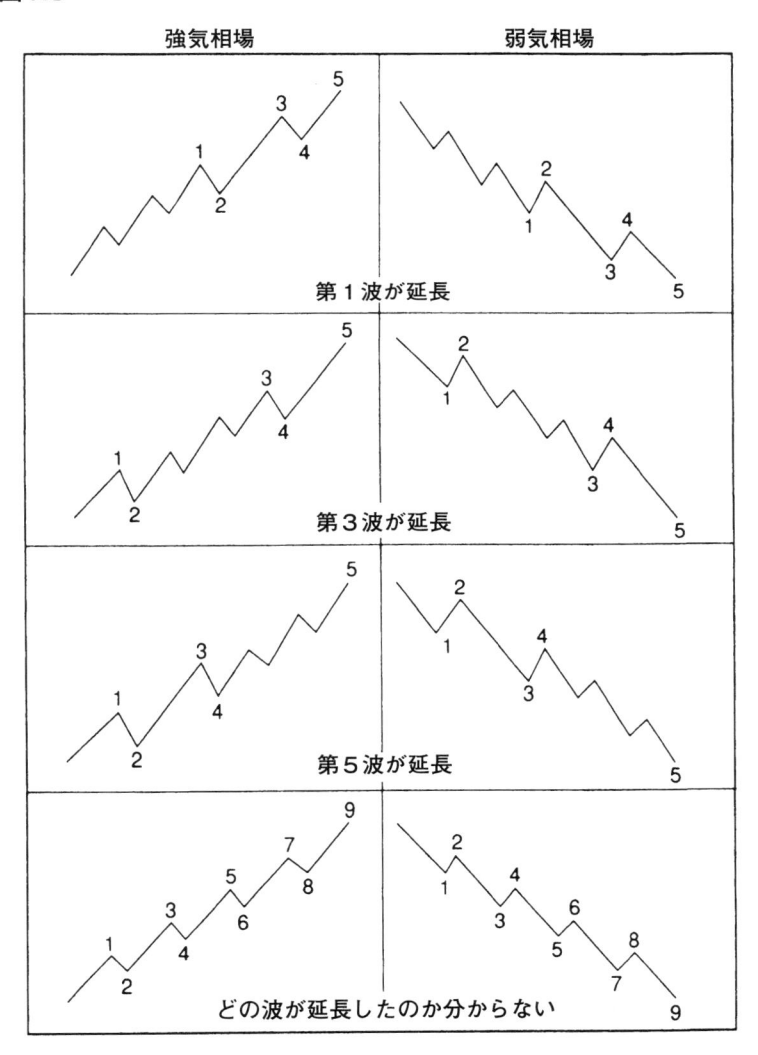

強気相場　　　　　　弱気相場

第1波が延長

第3波が延長

第5波が延長

どの波が延長したのか分からない

延長する可能性が高い。その反対に、第3波が延長したときは、第5波は第1波と類似した単純な形になるだろう。

　株式相場では、「一般に最も延長する波は第3波」である。この事

図1.6　間違ったカウント

図1.7　間違ったカウント

図1.8　正しいカウント

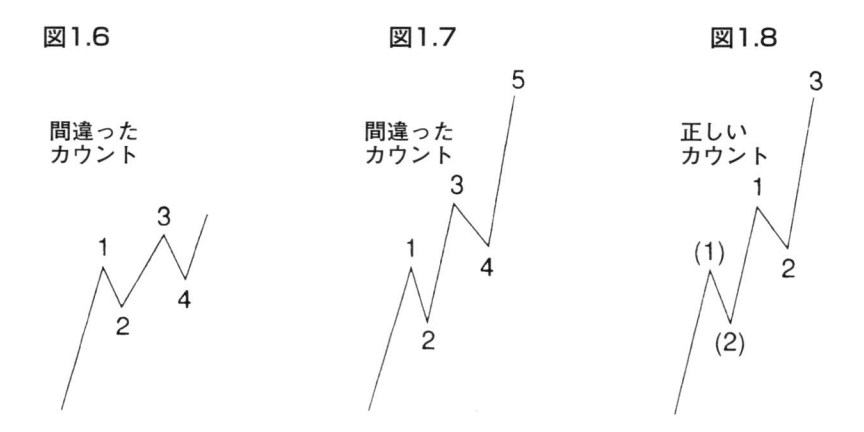

実は衝撃波の2つのルール（すなわち、第3波はけっして最短のアクション波とはならない、第4波は第1波と重複しない）に照らして考えると、リアルタイムの波の解釈にとってとりわけ重要である。この点をもう少し明確にするため、**図1.6**と**図1.7**に示した間違った波のカウントに関する2つのケースについて考えてみよう。

　図1.6では第4波が第1波の頂点を割り込んで、その2つの波の価格帯が重複している。また**図1.7**では、第3波が第1波と第5波の両方の長さよりも短くなっている。波動原理のルールに従うならば、この2つのケースはどちらも波の正しいカウント法としては受け入れられない。第3波のカウントの仕方が明らかに間違っているときは、受け入れられるような方法で再カウントすべきである。**図1.8**はほぼ一般に行われる波の表記法であり、（3）波が延長することを示唆している。三番目の波が延長している早い段階で、正しい波のカウントを表記するという習慣をつけておくべきだ。波の個性に関する第2章を読めば分かるように、こうした習慣をつけておけばかなり報われるだろう。おそらく**図1.8**はリアルタイムな衝撃波のカウント法としては、

図1.9

延長した第3波の第3波が延長

図1.10

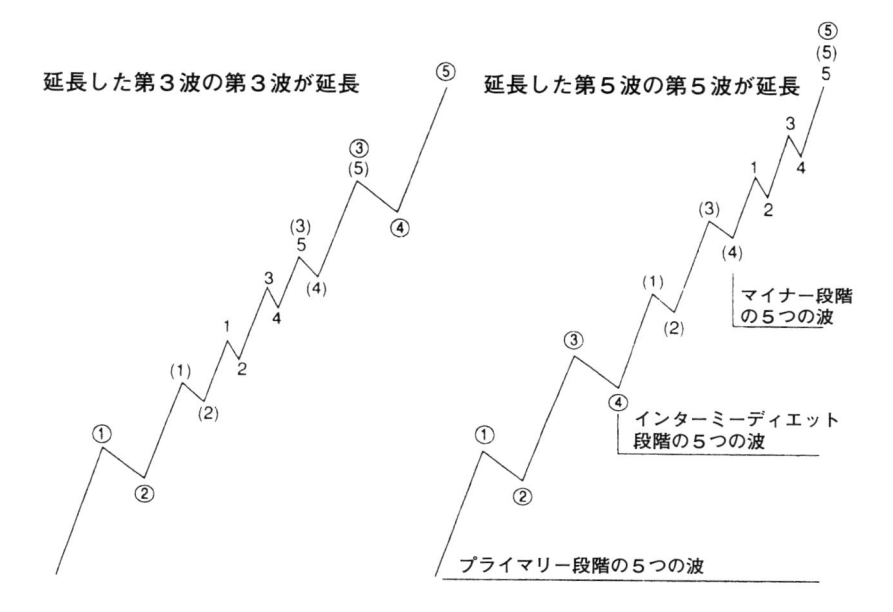

延長した第5波の第5波が延長

マイナー段階の5つの波

インターミーディエット段階の5つの波

プライマリー段階の5つの波

本書に示したただひとつの最も有益なガイドであるだろう。

　波の延長は延長波のなかでも起こる。株式相場では延長した第3波の副次的な第3波がよく延長する（**図1.9**を参照）。**図5.5**（206ページ）はその実例のひとつを示したものである。また、**図1.10**は延長した第5波の副次的な第5波が延長したケースである。もっとも、商品市場の強気相場を除いて、第5波が延長するこうしたケースはほとんど見られない（第6章を参照のこと）。

トランケーション（切頭）

　エリオットは、第5波が第3波の終点を超えられない状況を表現するときに「フェイラー（Failure）＝失敗」という言葉を使った。われわれはもう少し率直に、「トランケーション（Truncation）＝切頭」

図1.11　強気相場のトランケーション

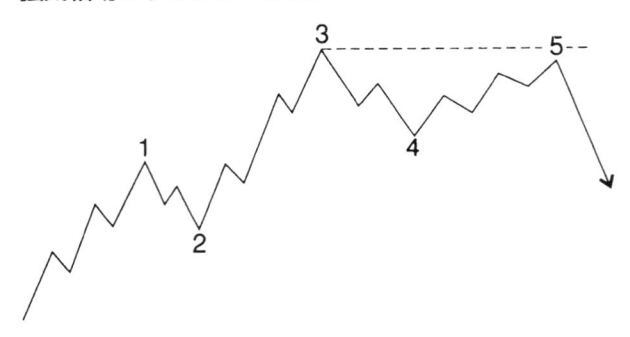

図1.12　弱気相場のトランケーション

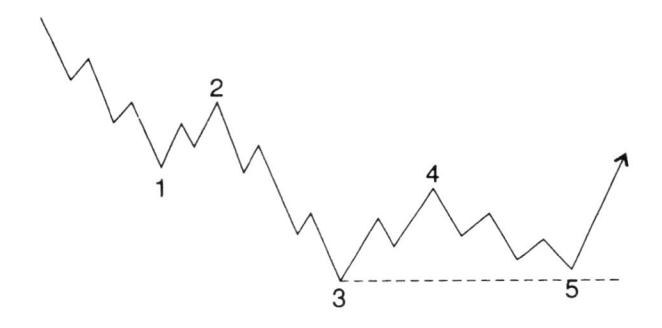

または「切頭された第５波（Truncated Fifth）」という言葉を使いたいと思う。**図1.11**と**図1.12**にも示したように、一般にトランケーションは予想される第５波に５つの必要な副次波が含まれることに気づけば確認できるだろう。こうしたトランケーションはときに、とりわけ強力な第３波のあとに出現する。

　米株式相場では1932年以降に、メジャーな段階の切頭された第５波が２回確認されている。最初は1962年10月のキューバ危機のときで、このときは第３波でクラッシュが起きた（**図1.13**を参照）。もうひとつは1976年末で、それに先立つ1975年10月〜1976年３月には株価が急上昇して大きな第（３）波が形成された（**図1.14**を参照）。

図1.13 ダウ工業株平均（週足）

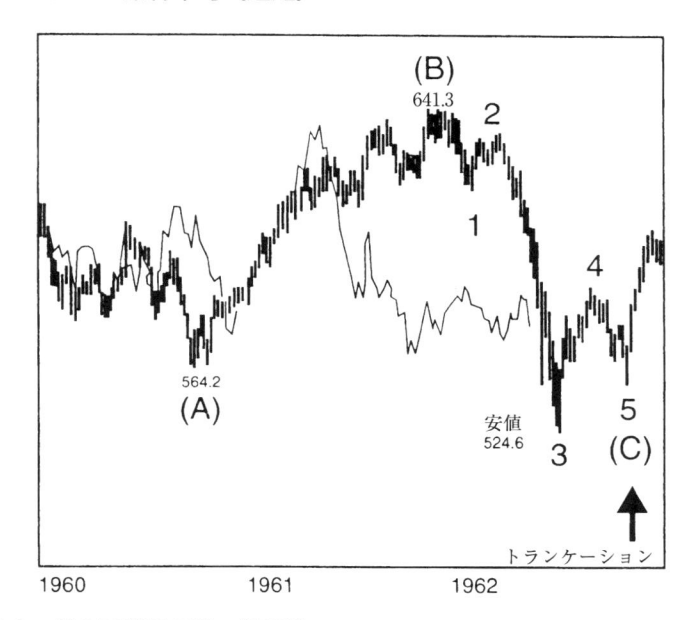

図1.14 ダウ工業株平均（日足）

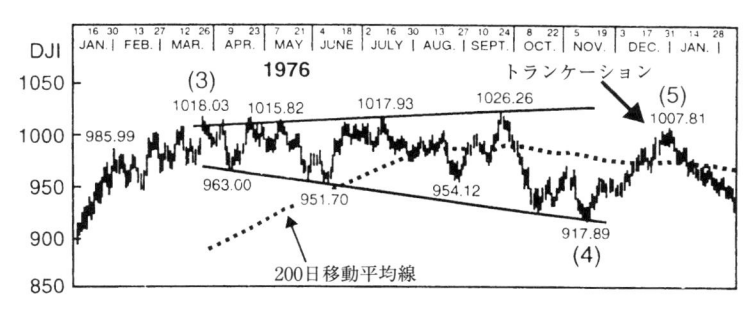

ダイアゴナルトライアングル（ウエッジ）

　ダイアゴナルトライアングル（Diagonal Triangle）は推進波のパターンであるが、そのなかに1つか、2つの修正波の特徴を持つという点で衝撃波とは言えない。もっとも、波の構成における特定の位置

では、ダイアゴナルトライアングルが衝撃波に取って代わることもある。衝撃波であれば、副次的なリアクション波がそれに先立つアクション波のすべての値幅をリトレイスすることはなく、三番目の副次波が最も短くなることもない。しかし、ダイアゴナルトライアングルはメジャートレンドの方向を向いているただひとつの5波構成のパターンであり、ここではほぼいつでも第4波が第1波の価格帯に割り込んでいる（2つの波の価格帯が重複している）。まれにダイアゴナルトライアングルがトランケーションの形で終了することもあるが、われわれの経験に照らせば、そうしたことはまずほとんど起こらない。

エンディング・ダイアゴナルトライアングル

　エンディング・ダイアゴナルトライアングル（Ending Diagonal Triangle）は、エリオットの言うように、第5波に先立つ波が「あまりにも速く、そして遠くに行きすぎた」ようなとき、主に第5波のところで起こる特殊なタイプの波のパターンである。ときにA－B－Cフォーメーションのc波のところで出現することもあるが、その確率はかなり小さい。（以下で検討する）ダブルスリーやトリプルスリーのパターンでは、エンディング・ダイアゴナルトライアングルは最後のC波でしか出現しない。いずれの場合でもこのトライアングルは「より大きなパターンの終了地点」に出現し、それはより大きな動きが出尽くしたことを示唆している。

　エンディング・ダイアゴナルトライアングルは2本のラインが収束するくさび形をしている。第1波・第3波・第5波などの各波はさらに3つの波に細分され、全体のカウントは3－3－3－3－3となる（そうでないときは修正波の現象となる）。**図1.15**と**図1.16**はエンディング・ダイアゴナルトライアングルの一例を示したもので、より大きな衝撃波のなかにその典型的なパターンが含まれている。

　われわれはエンディング・ダイアゴナルトライアングルの上側と下

図1.15　　　　　図1.16

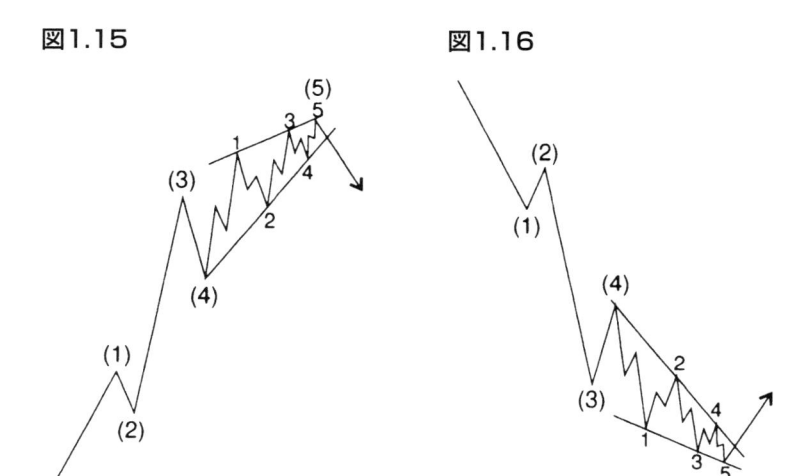

側のラインが広がり、収束型ではなく拡大型のウエッジを形成しているひとつのケースを見つけたことがある。しかし、その第３波が最も短いアクション波であったという点で、こうしたパターンは分析の対象にはしたくないものである。その全体的なフォーメーションも通常のパターンよりも大きく、したがってあまりうまく表現できない別の解釈を当てはめるべきであろう。こうした理由から、われわれはこれを有効なパターンのバリエーションには含めなかった。

　エンディング・ダイアゴナルトライアングルは最近では1978年前半のマイナー波の段階、1976年２～３月のミニュット波の段階、1976年６月のサブミニュエット波の段階に出現している。**図1.17**と**図1.18**はその２つの時期を示したもので、そのひとつは上向き、もうひとつは下向きの「実際の」フォーメーションである。**図1.19**は、実際に予想される拡大型のダイアゴナルトライアングルである。いずれのケースでも、それ以降に重要なトレンドの変化が起きているのが分かる

図1.17 ダウ平均（日足）

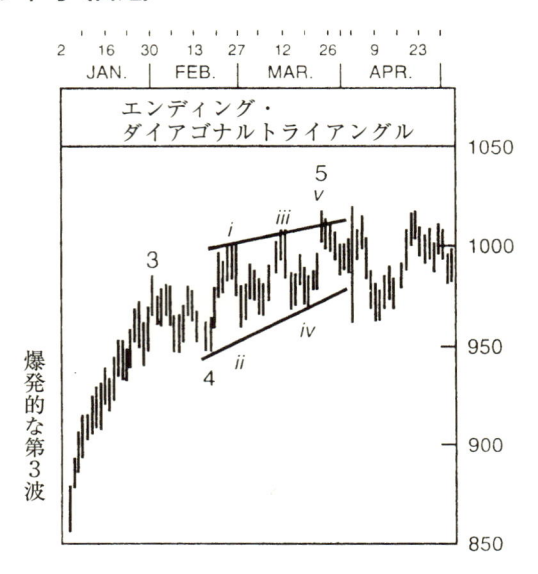

だろう。

　図1.15と図1.16には示さなかったが、ダイアゴナルトライアングルではしばしばその第5波が「上放れ・下放れ（Throw-over）」の形で終了する。これは第1波と第3波の終点を結ぶトレンドラインが一時的に途切れたような形であり、図1.17はその実際のケースを示したものである。また、図1.19はそうした上放れの例を示したものである。小さな段階のダイアゴナルトライアングルが進行するにつれて出来高は減少傾向となるが、上放れ（または下放れ）が出現すると、必ず比較的多くの出来高を伴う突出高（または突出安）でこのパターンは終了する。まれに副次的な第5波が抵抗線となる上側のトレンドラインに届かないこともある。

　上昇ダイアゴナルトライアングルは弱気のパターンで、通常ではそれ以降に株価は急落し、少なくともそれまでの上昇トレンドがスタートした始点の水準まで株価は下げる。これに対し、下降ダイアゴナル

第1章 広義のコンセプト

図1.18 エンディング・ダイアゴナルトライアングル（ダウ平均日足）

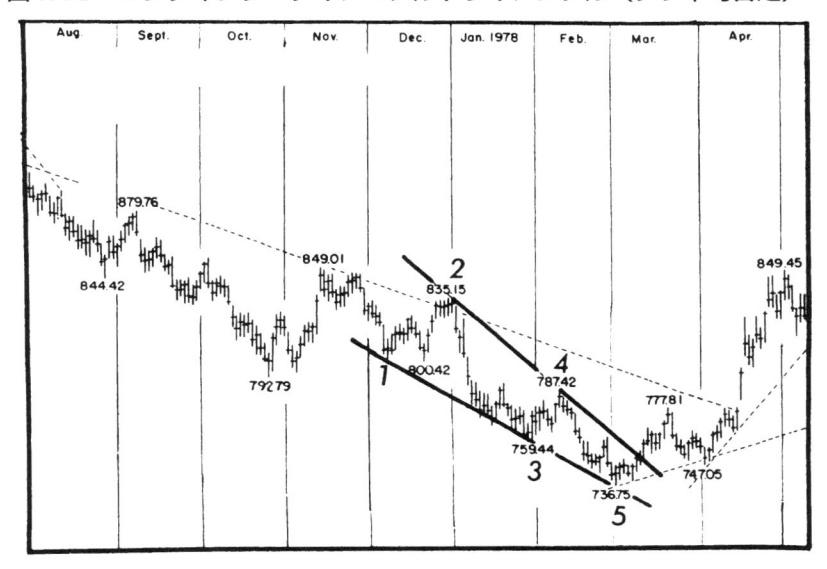

図1.19 予想される拡大型のダイアゴナルトライアングル（ダウ平均時間足）

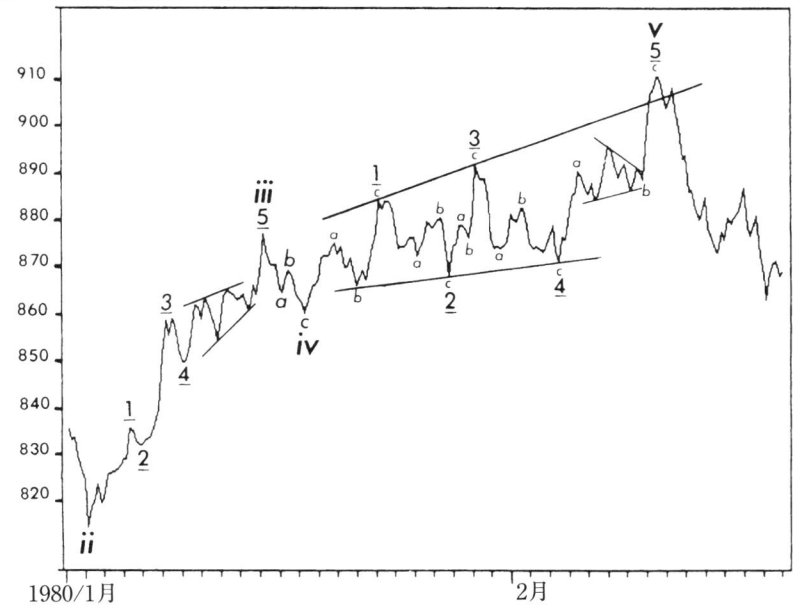

53

図1.20

図1.21　リーディング・ダイアゴナルトライアングル（ダウ平均時間足）

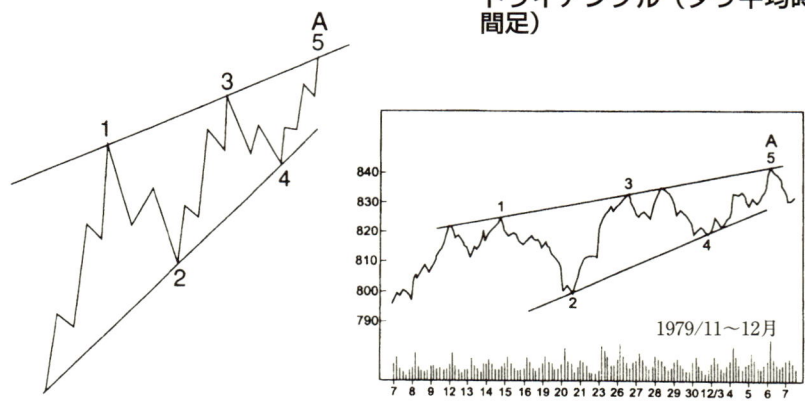

トライアングルは強気のパターンであり、通常ではそれ以降に上昇スラストのパターンとなる。

　第5波の延長、切頭された第5波、そしてダイアゴナルトライアングルなどはすべて、「まもなく株価がドラマチックに反転する」といういずれも同じシグナルを示唆している。株価が反転するある地点では、こうしたパターンの2つが異なる波の段階でほぼ同時に出現することもあるが、それはまもなく株価がそれまでとは逆方向に激しく増幅的に動くことを示唆している。

リーディング・ダイアゴナルトライアングル

　エリオットは、ダイアゴナルトライアングルが第5波やC波のところに出現するときは、3－3－3－3－3の形になると述べている。しかし最近になって、このバリエーションはときに衝撃波の第1波やジグザグのA波のところにも出現することが分かってきた。エンディング・ダイアゴナルトライアングルは、①第1波と第4波の価格帯が重複する、②トレンドラインの上側と下側のラインが収束してくさび

形になる——というその大きな特徴に変わりはない。しかし、その小さな区分ではそれとは違う5－3－5－3－5というパターンになる。エンディング・ダイアゴナルトライアングルのアクション波における3つの副次波はトレンドの「終了」を示唆しているのに対し、リーディング・ダイアゴナルトライアングル（Leading Diagonal Triangle）のアクション波の5つの副次波はトレンドの「継続」のシグナルを発しているという点で、このフォーメーションは波動原理の精神に合致している（**図1.20**を参照）。分析家はこのパターンをよく観察して、これを第1波と第2波の連続というよく見られるパターンと勘違いしないようにすべきである（**図1.8**を参照のこと）。このパターンであることを見抜く大きなカギは、副次的な第3波ではなく第5波の価格が明らかにゆっくりと変化することに気づくことである。これに対し、副次的な第1波と第2波が動くときは、その短期的なスピードは目に見えて速くなり、またその範囲（同じ動きをする株式数や業種別などのサブ株価指数など）もすぐに拡大していく。

図1.21は、リーディング・ダイアゴナルトライアングルの実際の一例を示したものである。このパターンはエリオットが初めて発見したものではないが、かなり長い期間中にかなり頻繁に出現することから、われわれはこのパターンの有効性を確信するに至った。

修正波

株式相場がメジャートレンドと逆方向に進むときは、かなり苦労しているように見える。メジャートレンドからの抵抗が強いために、そうした修正の動きは推進波が大きく進行するのを妨げられないように見える。一般にこうした2つの逆方向を向いているトレンドの綱引きのなかでは、推進波がメジャートレンドの方向にいつでも比較的簡単に進むことができるのに対して、修正波（Corrective Waves）につ

いてははっきりと識別するのが難しい。相反するトレンドをめぐるこうした対立のもうひとつの結果として、修正波は推進波よりもかなり多様な波形をとる。さらに、テクニカル的には同じ段階の波でも、その複雑さや時間の長さによっては異なる段階の波のように出現するので、修正波はいっそう複雑になったり、またはより単純な形になることもある（**図2.4**と**図2.5**を参照のこと）。こうした理由から、修正波が終了したり、事後的に分かるようになるまで、修正波が認識できるパターンとはならないこともよくある。修正波の終了を予測するのは推進波の場合よりも難しいので、株式相場が一貫して推進的なトレンドをたどっているときよりも、曲がりくねった修正局面にあるときは、いっそう忍耐強くフレキシブルな分析のスタンスが求められる。

　いろいろな修正パターンの研究結果から得られる最も重要なひとつのルールは、「修正波はけっして5つの波とはならない」ということである。推進波だけが5つの波となる。こうした理由から、メジャートレンドとは逆方向の最初の5つの波の動きは、修正局面の終わりではなく、その一部にすぎない。以下の数字はこの点を説明するのに役立つだろう。

　修正のプロセスは次の2つのタイプに分けられる。急激な修正はメジャートレンドに対して急こう配の形となる。これに対し、横ばいの修正には価格がそれに先立つ波の始点まで戻ったり、またはその先まで逆行する動きなどを含むことが多いので、その前の波の値幅は実質的に帳消しにされ、その結果全体としては横ばいのように見える動きとなる。第2章ではオルターネーション（交互）の法則のガイドラインについて述べるので、そのときに修正プロセスがこの2つの形をとる理由について説明する。

　特徴的な修正のパターンは、主に次の4つのカテゴリーに分類される。

図1.22　　　　　図1.23

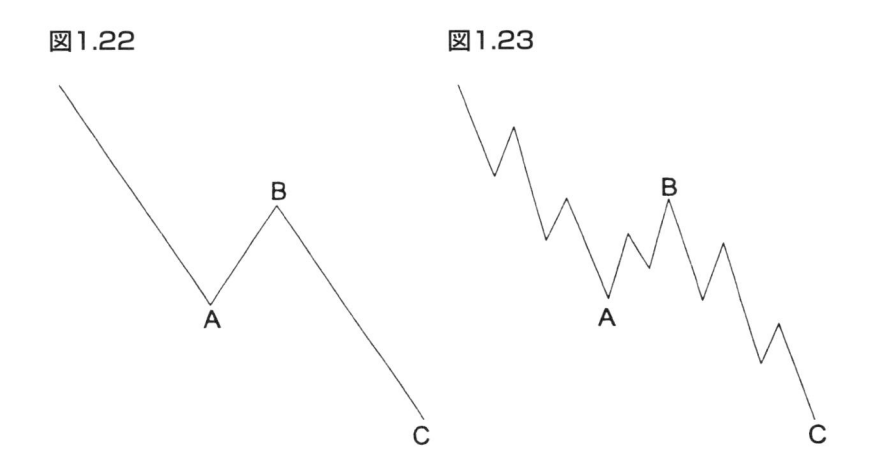

- **ジグザグ**（5－3－5　シングル、ダブル、トリプルの3つのタイプを含む）
- **フラット**（3－3－5　レギュラー、拡大型、ランニングの3つのタイプを含む）
- **トライアングル**（3－3－3－3－3　3つの収束型［上昇・下落・対称］とひとつの拡大型［逆対称］を含む4つのタイプ）
- **複合型**（ダブルスリーとトリプルスリーの2つのタイプ）

ジグザグ（5－3－5）

　強気相場における「シングルジグザグ」は、A－B－Cと表示される単純な3つの波の下降パターンである。連続する副次波は5－3－5となり、B波の頂点はA波の始点よりもかなり低くなる（**図1.22**と**図1.23**を参照）。

　弱気相場のジグザグ修正は、下降トレンドとは逆方向に向かう（**図1.24**と**図1.25**を参照）。こうした理由から、弱気相場のジグザグは

図1.24　　　　　図1.25

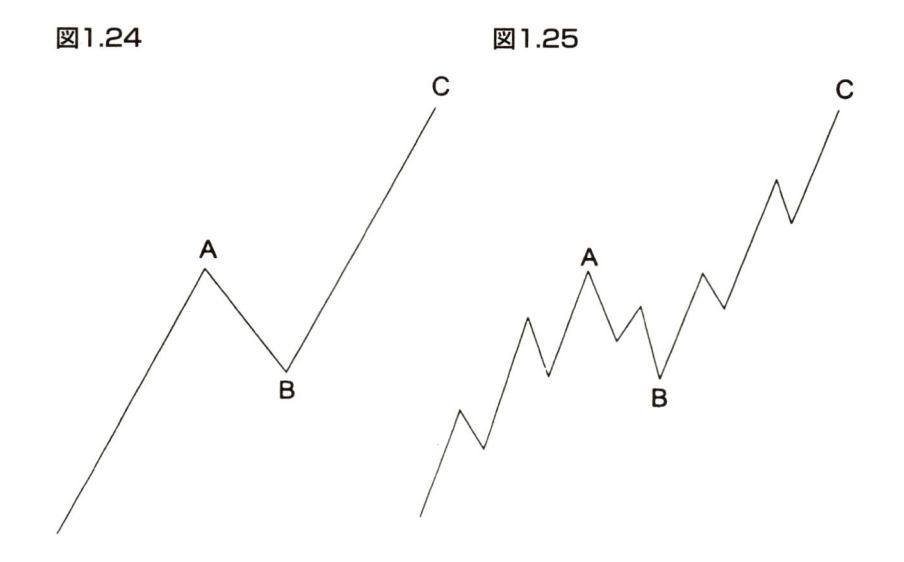

ときに逆ジグザグとも呼ばれる。

　特に最初のジグザグが通常の目標値に達しないときは、ジグザグが連続して２回、多いときには３回ほど出現することもある。このようなときは、各ジグザグの間に「３つの波」をはさみ、「ダブルジグザグ」（**図1.26**を参照）または「トリプルジグザグ」と呼ばれるものを形成する。こうしたフォーメーションは衝撃波の延長に似ているが、それほど頻繁には出現しない。**図1.27**に示した1975年７～10月のダウ工業株平均の修正局面、そして1977年１月～1978年３月のS&P500の修正局面（**図1.28**を参照）はダブルジグザグと呼ばれる形になっている。衝撃波でも第２波がジグザグになることはよくあるが、第４波がジグザグになることはほとんどない。

　ダブルジグザグとトリプルジグザグ、およびダブルスリーとトリプルスリー（これらのパターンについては以下で説明する）に関して、エリオットは当初場当たり的な方法で表記した。彼はその間にはさまれる動きをX波とし、ダブルジグザグの修正局面をA－B－C－X－

図1.26

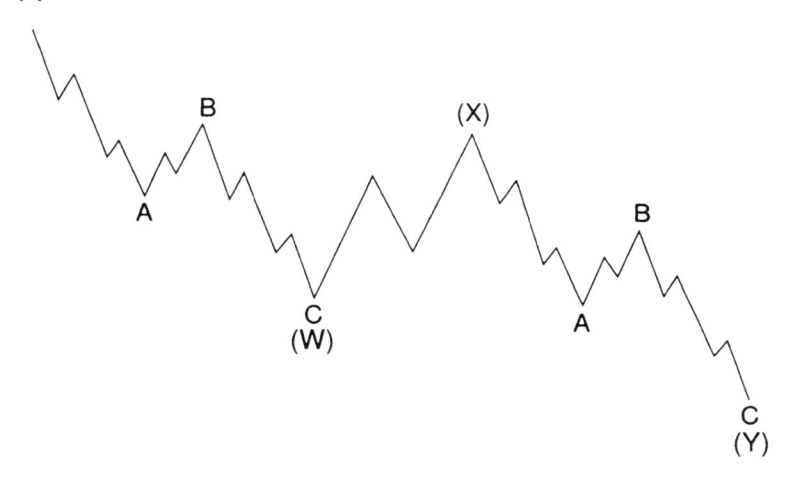

A－B－Cと表記した。しかし残念なことに、この表記法では単純な２つのパターンの副次的なアクション波の段階を正しく表示していない。実際、それらの波が２段階下の波であるときは、修正局面全体というよりもただひとつの段階として表記されてしまう。

われわれはこうした問題を解決するため、次のような有効な表記法を採用してみた。すなわち、ダブルジグザグとトリプルジグザグの修正局面における連続するアクション波をW波、Y波、Z波と表記し、全体のパターンを「W－X－Y（－X－Z）」とカウントする。Wはダブルジグザグやトリプルジグザグの修正局面における最初の修正パターン、Yは二番目、Zはトリプルジグザグの三番目の修正パターンを表す。したがって、（以下で説明するトライアングルのA、B、C、さらにD、Eで表される）それぞれの副次波は、修正局面全体というよりは２段階下の波として正しく見られる。リアクション波であるそれぞれのX波は常に修正波として、通常ではもうひとつのジグザグを形成するものとなる。

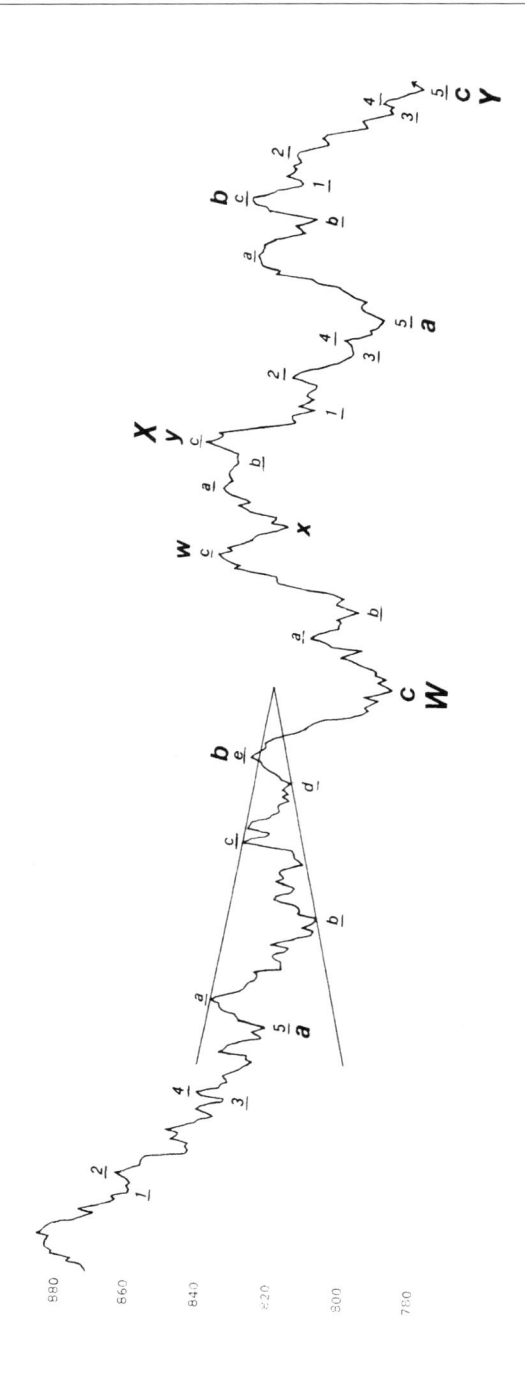

図1.27　1時間足のダウ平均（1975/7/14〜10/1）

図1.28　S&P500

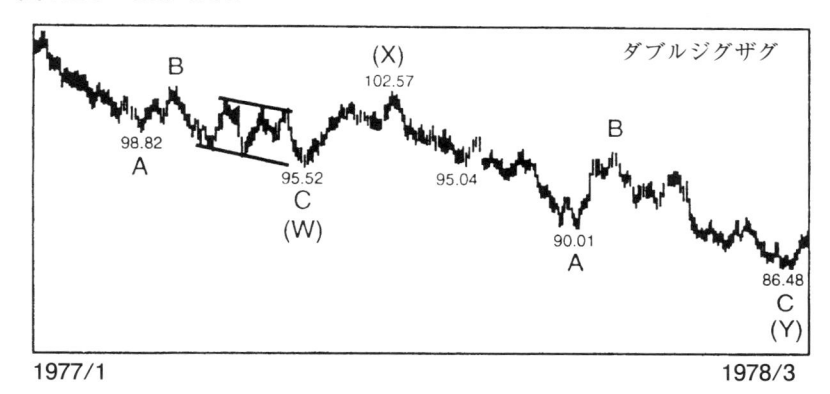

フラット（3-3-5）

　フラットの修正波形は、連続する副次波が3-3-5になるという点でジグザグとは異なる（**図1.29**と**図1.30**を参照）。最初のアクション波であるA波には、ジグザグのときのように完全な5つの波として展開するだけの十分な下落の勢いはなく、したがってリアクション波であるB波も当然のことに相場を逆方向に強く引っ張っていくだけの力を欠いているようであり、A波の始点近くで終了する。また、C波も一般にはジグザグ波としてA波の終点を大きく超えることはなく、その水準をわずかに超えたところで終了する。

　弱気相場でもこうしたパターンは同じであるが、その形は強気相場とは逆になる（**図1.31**と**図1.32**を参照）。

　一般にフラット修正では、それに先立つ衝撃波の値幅がジグザグのときほど大きく帳消しにされることはない。メジャートレンドの勢いが強く、フラット修正がほぼいつでも延長に先立つか、または延長のあとに出現するときほどそうである。その基本的なトレンドの勢いが強いほど、フラット修正は短くなる。衝撃波の第4波がしばしばフラットになるが、第2波がフラットになることはほとんどない。

図1.29

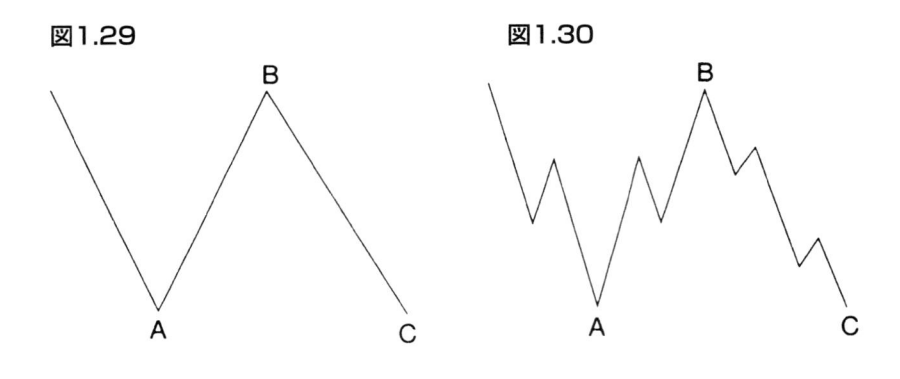

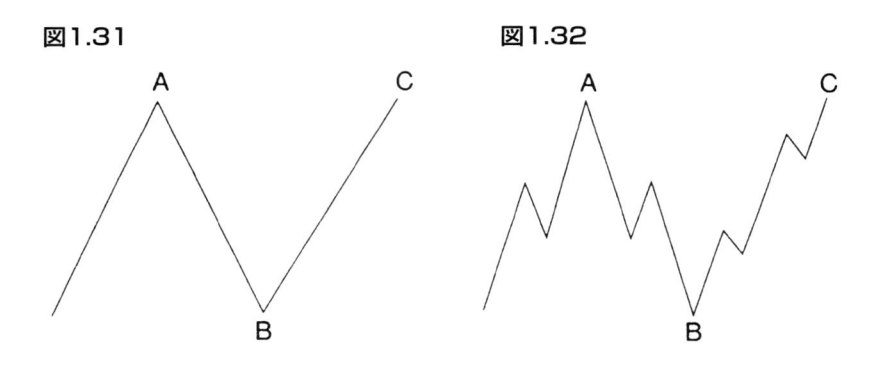

図1.30

図1.31

図1.32

　「ダブルフラット」と呼ばれるパターンもよく見られる。しかし、エリオットはそうしたフォーメーションを「ダブルスリー」と分類している（この用語については本章の後半で論じる）。

　「フラット」という言葉は、３－３－５に細分されるＡ－Ｂ－Ｃ修正の総称として使われる。しかし、エリオットの著書のなかでは、３－３－５修正の３つのパターンはそれぞれの全体的な形の違いに応じて名称付けられている。「レギュラーなフラット（Regular Flat）」修正では、Ｂ波はＡ波のほぼ始点の水準で終了するが、Ｃ波はＡ波の終点をほんの少し超えたところで終了する（**図1.29〜図1.32を参照**）。

図1.33 図1.34

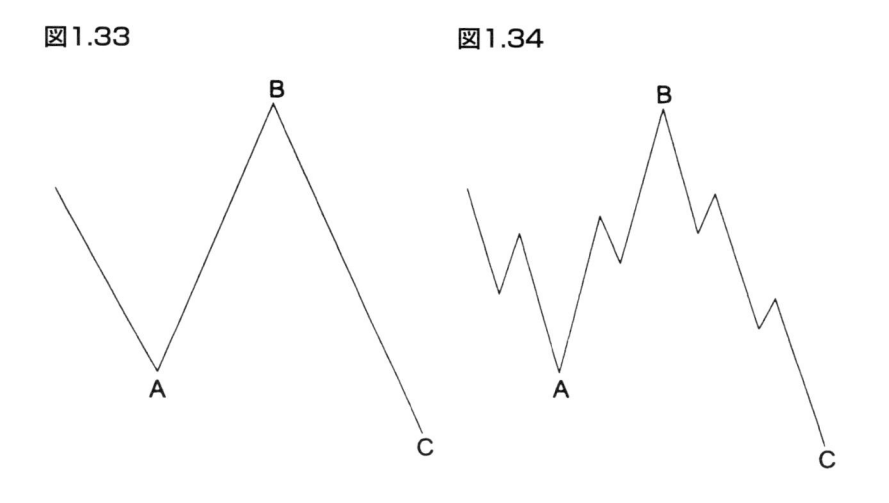

しかし、われわれが「拡大型フラット」と呼ぶタイプのほうがより一般的であり、このパターンではそれに先立つ衝撃波の値幅をかなり超えるような動きが含まれる。エリオットはこうしたタイプを「イレギュラーなフラット（Irregular Flat）」と呼んだが、実際にはこのパターンが「レギュラーなフラット」よりもはるかに頻繁に出現するので、この言葉は適当ではない。

　拡大型フラットでは、３－３－５パターンのＢ波はＡ波の始点を超えて終了するが、Ｃ波はＡ波の終点をいっそう大きく超えて終了する（**図1.33**と**図1.34**の強気相場、**図1.35**と**図1.36**の弱気相場を参照）。1973年８〜11月のダウ平均のフォーメーションは、弱気相場の拡大型フラット修正、または「拡大型逆フラット」であった（**図1.37**を参照）。

　われわれが「ランニングフラット（Running Flat）」と呼ぶ３－３－５パターンの珍しいタイプでは、Ｂ波は拡大型フラットと同じく、Ａ波の始点を大きく超えるが、Ｃ波はそのすべての距離を動くことが

第1部　エリオット理論

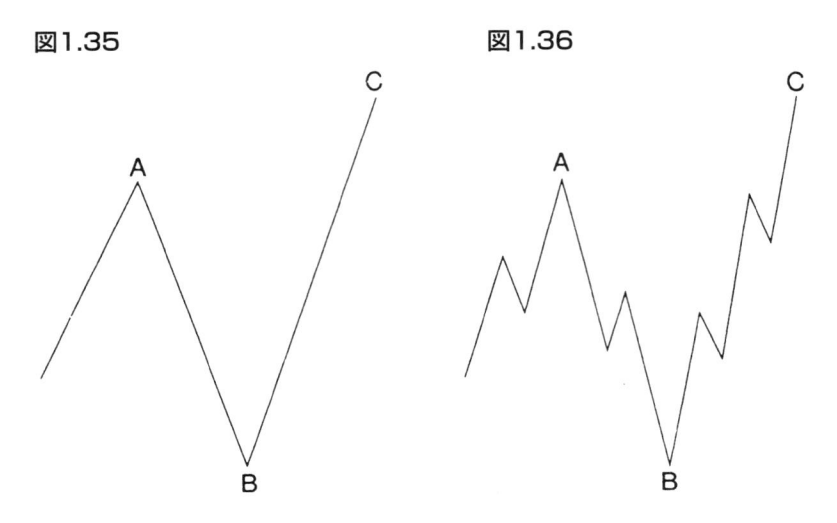

図1.35

図1.36

図1.37　拡大型逆フラット

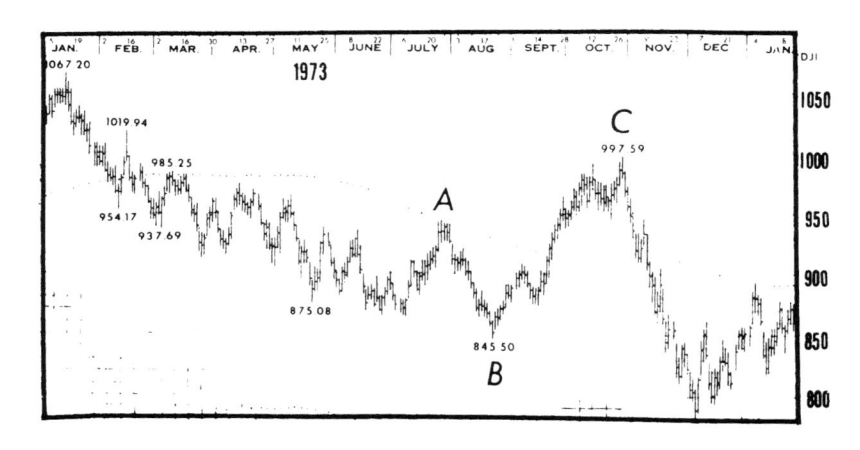

できず、A波の終点の水準までは届かない（**図1.38～図1.41を参照**）。これは明らかにメジャートレンドの方向の力が強いので、その方向のパターンが歪んでしまったケースである。このパターンも常に重要ではあるが、とりわけランニングフラットが出現し、その小さな区分の波動がエリオットのルールに合致していると結論づけられたときは重要である。例えば、予想されるB波が3つの波ではなく5つの

図1.38

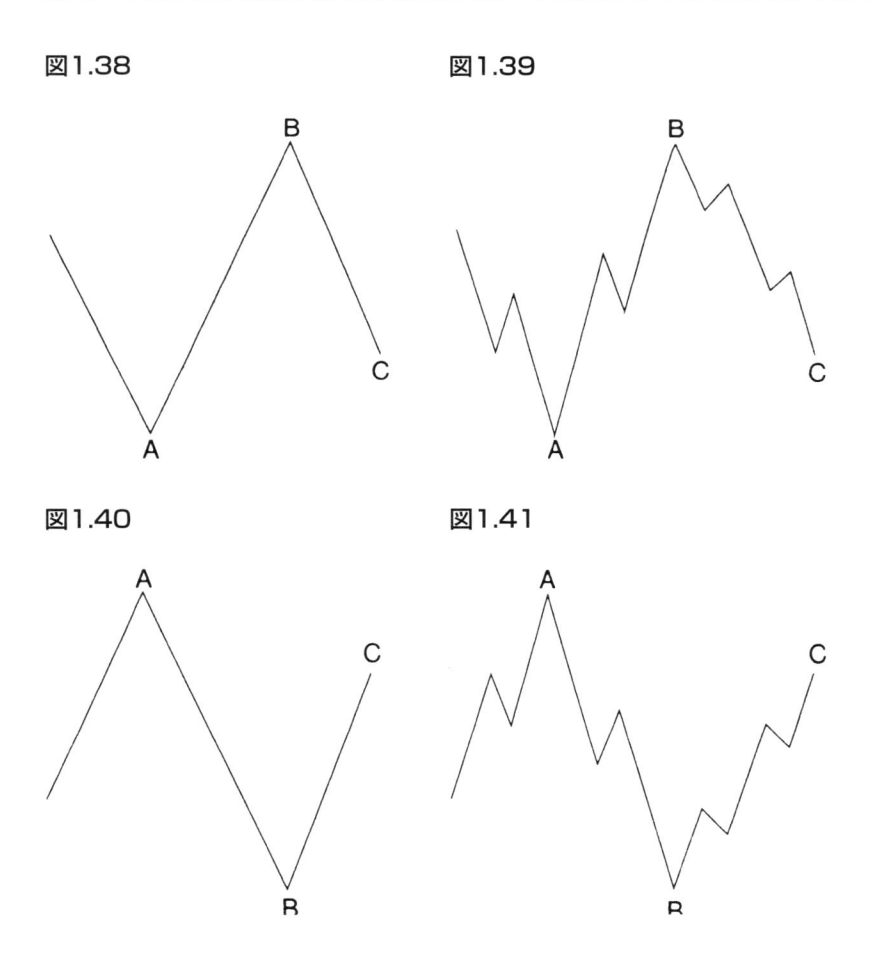

図1.39

図1.40

図1.41

波に分かれるとすれば、B波は次の大きな段階の衝撃波の最初の上昇波である可能性が高い。力強く速い動きの局面でしか出現しないランニングコレクションを認識するときは、隣接する衝撃波のパワーが重要となる。しかし、そうしたときは警告を発しなければならない。これまでの株式相場の記録には、この種の修正パターンの例はほとんど見られないからである。こうした修正パターンであると早まって表記すると、90％の確率で間違ってしまうだろう。これに対し、ランニングトライアングルはかなり頻繁に出現する（これについては以下で検

討する）。

水平トライアングル（三角形）

　トライアングルは売りと買いの力の均衡状態を反映しているようであり、通常では出来高の減少とボラティリティの低下を伴う横ばいの動きとなる。トライアングルのパターンには、3－3－3－3－3に細分され、A－B－C－D－Eと表記される重複的な波が含まれる。トライアングルはA波とC波、B波とD波の終点を線で結んだような形をしている。E波はAとCを結ぶラインに達しないこともあるし、そこを突き抜けることもある。われわれの経験に照らせば、こうしたことは実際にしばしば起こっている。

　トライアングルには収束型と拡大型という2つの種類がある。さらに収束型トライアングルには、対称、上昇、下落の3つのタイプがある（**図1.42**を参照）。収束型よりもまれにしか出現しない拡大型トライアングルには、こうした種類はない。拡大型トライアングルは常に**図1.42**に示したようにしか出現しないことから、エリオットはこの形を「逆対称」のトライアングルと名付けた。

　図1.42に示した収束型トライアングルは、いずれもこれまでの値動きの範囲内に完全に収まっていることから、「レギュラーなトライアングル（Regular Triangle）」と呼ぶことができる。しかし、収束型トライアングルのB波がA波の始点を超えることはそれほど珍しいことではなく、そうなったときは**図1.43**に示したような「ランニングトライアングル（Running Triangle）」と呼ばれる形になる。ランニングトライアングルを含むすべてのトライアングルは横ばいの動きに見えるが、E波の終点ではそれに先立つ波の値幅を実質的に帳消しにする。

　本書には実際のトライアングルのチャートがいくつか掲載されて

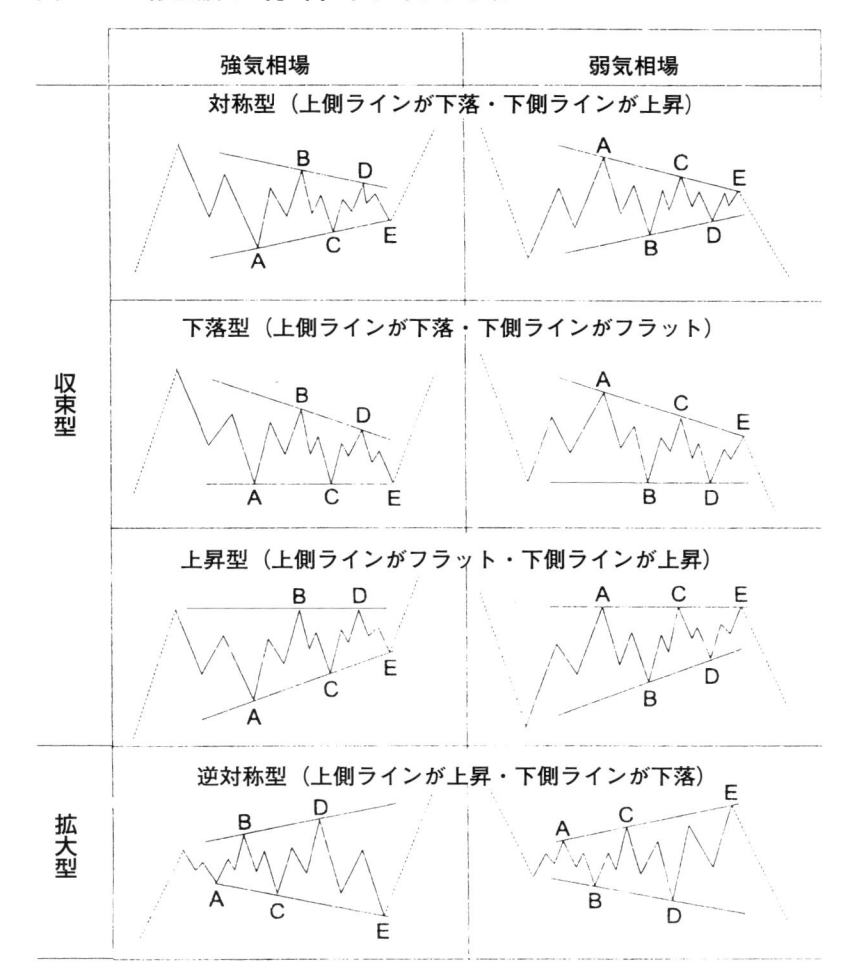

図1.42 修正波の（水平）トライアングル

	強気相場	弱気相場
収束型	対称型（上側ラインが下落・下側ラインが上昇）	
	下落型（上側ラインが下落・下側ラインがフラット）	
	上昇型（上側ラインがフラット・下側ラインが上昇）	
拡大型	逆対称型（上側ラインが上昇・下側ラインが下落）	

いる（図1.28、図3.15、図5.3、図6.9、図6.10、図6.12など）。それらを見ると分かるように、トライアングルのほとんどの波はジグザグであるが、ときにそのひとつ（一般にはC波）はほかの波よりも複雑であり、レギュラーのフラットや拡大型のフラット、もしくは多重的なジグザグの形をしている。まれにその波のひとつ（一般にはE

図1.43

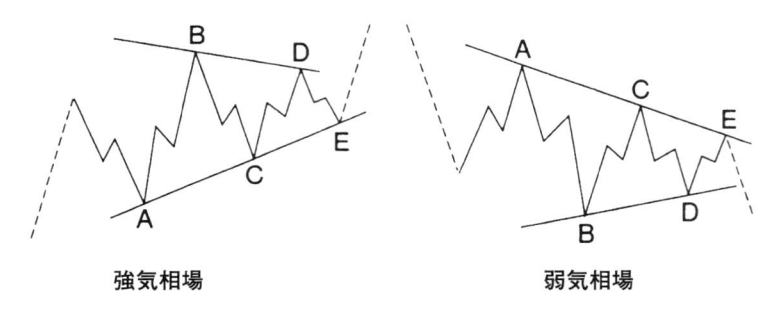

強気相場　　　　　　　　弱気相場

図1.44　銀の9波のトライアングル

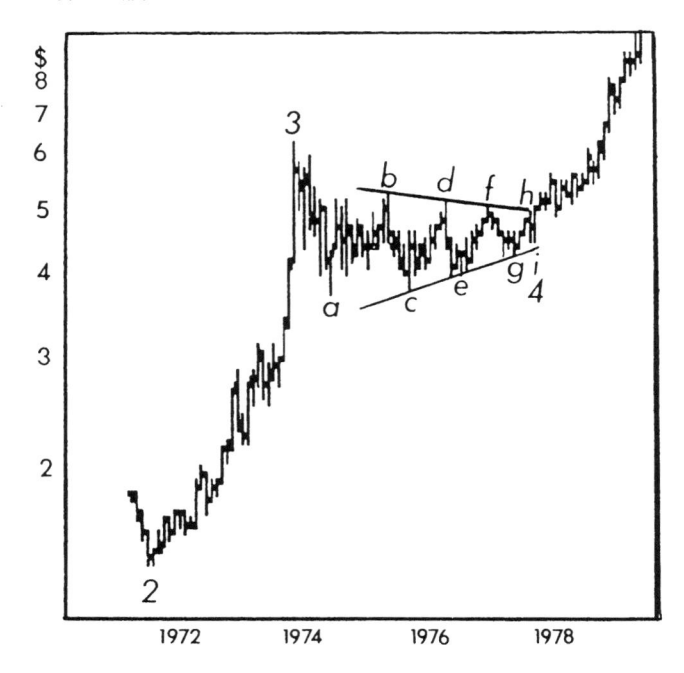

波）がそれ自身でトライアングルになっていることもあり、そうしたときの全体的なパターンは9つの波まで延長する。したがって、トライアングルもジグザグと同じように、延長と似た動きになることもよ

くある。**図1.44**は、1973～1977年の銀相場のその一例である。

　トライアングルは常に、より大きな段階のパターンにおける最後のアクション波に先立つところに出現する。具体的には、衝撃波の第４波、Ａ－Ｂ－ＣのＢ波、またはダブルジグザグやトリプルジグザグ、その複合型の最後のＸ波などである（これについては以下で検討する）。トライアングルはまた、以下で説明する複合的な修正における最後のアクション波のパターンとしても出現するが、一般にはそうしたときでも複合的な修正というよりは、より大きな段階のパターンの最後のアクション波に先立って現れる。衝撃波の第２波がトライアングルの形をとることはかなり珍しいようだが、一般にその原因はトライアングルが修正の一部であり、実際にはダブルスリーとなるという事実にある（その一例として**図3.12**を参照のこと）。

　株式相場でトライアングルが第４波のところに出現すると、第５波はしばしば動きが速く、そのトライアングルの最も広い部分の距離をほとんど動くことになる。エリオットは、トライアングルに続くこうした値動きの速い短い推進波を呼ぶときに、「スラスト（Thrust）」という言葉を使っている。一般にこうしたスラストは衝撃波であるが、エンディングダイアゴナルとなる。力強い相場ではスラストではなく、延長した第５波となる。したがって、もしもトライアングルに続く第５波が通常のスラストを超えるような動きになれば、それは延長波になる可能性が高いというシグナルである。商品相場ではインターミーディエット以上の段階でトライアングルのあとに衝撃波が進行するときは、一般にその波は連続する波のなかで最長の波となる（第６章を参照）。

　トライアングルに関するわれわれの経験に照らせば、**図1.27**とそれ以降の**図3.11**と**図3.12**に示した例のように、収束型トライアングルの上側と下側ラインが頂点に到達する時間は、相場の転換点とほぼ一致する。こうしたことが起こる頻度を考慮すると、波動原理に関

するガイドラインにこのルールを含めてもおそらく正当化されるだろう。

　トライアングルに適用される「水平（Horizontal）」という用語は一般には修正のトライアングルのことを指しているが、「ダイアゴナル（Diagonal）」という用語は先に検討した推進のフォーメーションを指している。このように、「水平トライアングル」と「ダイアゴナルトライアングル」という用語は、波動原理ではそれぞれ特有の形を表している。これらはもっと簡単に「トライアングル（三角形）」「ウエッジ（くさび形）」と言い換えることもできるが、テクニカルアナリストたちは全体の形だけは定義されているが、あまり特定されない小さな区分の形を言い表すときにこうした用語を長期にわたって使用してきたことも念頭に置くべきである。したがって、個別の用語を当てはめたほうが便利であろう。

複合型（ダブルスリーとトリプルスリー）

　エリオットは横ばいの複合型パターンのうち、2つから成る修正パターンを「ダブルスリー」、3つから成る修正パターンを「トリプルスリー」と呼んでいる。シングルのスリーはジグザグやフラットであるが、トライアングルはそうした複合型修正パターンの許容される最後の部分であり、こうしたコンテクストから「スリー」とも呼ばれる。複合型はジグザグ、フラットやトライアングルを含むより単純な修正のタイプで構成されている。それらが出現するのは、延長された横ばいの動きによるフラットな修正局面であるようだ。ダブルジグザグとトリプルジグザグについては、単純な修正パターンの部分はW、Y、Zと表記される。Xで表される各リアクション波は修正パターンの形をしているが、一般にはほとんどジグザグである。多重的なジグザグでは3つのパターンが限界のようであり、そうしたパターンでさえも

図1.45

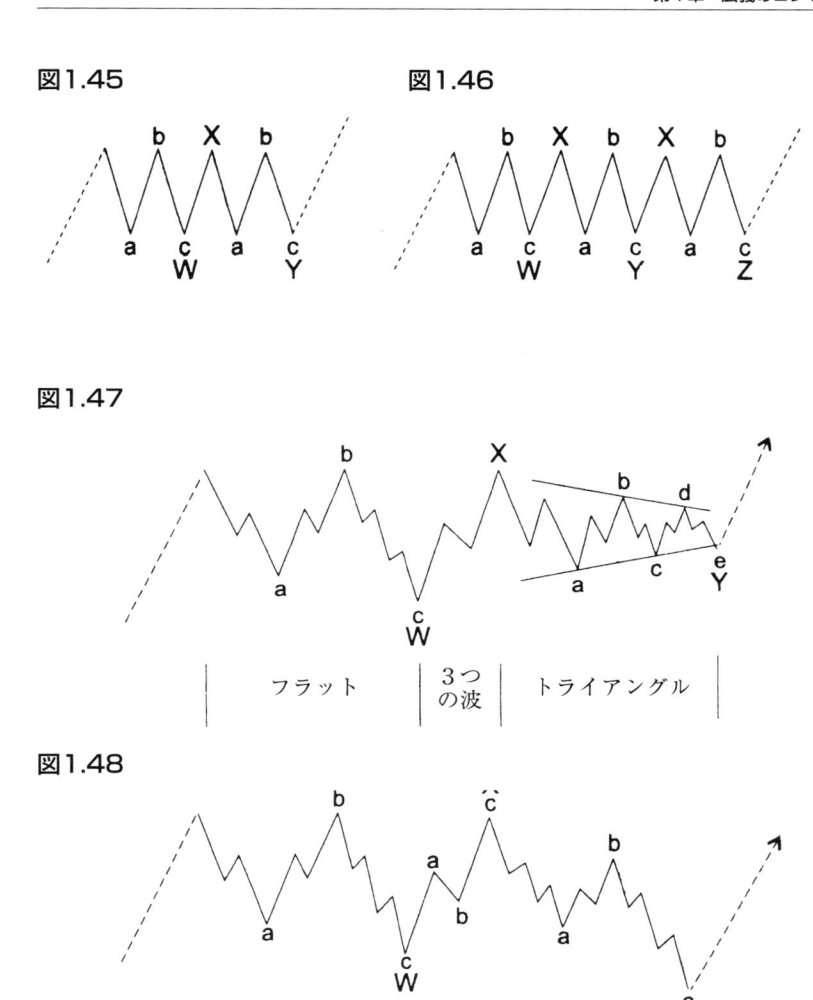

図1.46

図1.47

| フラット | 3つの波 | トライアングル |

図1.48

| フラット | 3つの波 | ジグザグ |

よく見られるダブルスリーほど頻繁には出現しない。

　3つの複合型について、エリオットは異なる時期に異なる名称を付けているが、**図1.45**と**図1.46**に示したパターンは、常に2つか3

つの並列的なフラットの形をしている。しかし、それらのパターンの部分はよく交互の形となる。例えば、**図1.47**に示したように、典型的なダブルスリーではフラットの次にトライアングルが続く形となる（付録に掲載した1983年のチャートも参照のこと）。

図1.48は、フラットにジグザグが続くもうひとつの例を示したものである。これらの図は強気相場の修正局面を表しているので、弱気相場の戻り局面ではこれらの図が逆になるのは当然である。

一般に複合型はその性質から水平となる。これについてエリオットは、「その全体的なフォーメーションはメジャートレンドに対して斜めになる」と述べているが、われわれが検証した範囲では、必ずしもそうはならなかった。そのひとつの理由は、複合型のなかに複数のジグザグやトライアングルが含まれないことにあるようだ。トライアングルが出現するのは、メジャートレンドが最後の動きに入る前であったことを想起してほしい。複合型は自らのこうした性質を自覚し、ダブルスリーやトリプルスリーの最後の波のときだけトライアングルになるようだ。

エリオットが『自然の法則』のなかで示唆しているように、トレンドのこう配は複合型の横ばいのトレンドよりも急であるという違いはあるが（第2章のオルターネーションのガイドラインを参照のこと）、ダブルジグザグとトリプルジグザグは水平ではない複合型として特徴づけられる（**図1.26**を参照）。しかし、ダブルスリーとトリプルスリーはそのこう配と目標という両方で、ダブルジグザグやトリプルジグザグとは異なる。ダブルジグザグやトリプルジグザグでは、最初のジグザグはそれに先立つ波を価格面で十分に修正するほど大きくなることはほとんどない。

一般に前の波の値幅を十分にリトレイスするには、最初の形がダブル（二重）やトリプル（三重）と繰り返して現れる必要がある。しかし、複合型ではよく最初の単純なパターンが前の波の値幅を十分に修

正する。ダブルやトリプルのパターンとなるのは、価格目標が十分に達成されたあとでも、主に修正プロセスの期間が延長していることによるようだ。ときにチャネルラインに届いたり、または衝撃波のほかの修正と結び付きを強めるために、余計な時間が必要になることもある。揉み合い局面が続くと、それに伴う投資家の心理とファンダメンタルズもそれに応じてそのトレンドを延長させる。

　すでにお分かりになったと思うが、「3」＋4＋4＋4……という連続と「5」＋4＋4＋4＋4……という連続の間には質的な違いがある。衝撃波の総カウント数は5、延長になると9や13などとなるが、修正波のカウント数は3、複合型では7や11などになることに注目すべきである。トライアングルはその例外であると思われるが、トリプルスリーの総波数は11とカウントされる。このようにもしも内部の波のカウント数がそれほどはっきりしないときは、単に波を数えることで合理的な結論に達することもある。例えば、ほとんど重複しないで9、13や17と波をカウントできるときは推進波、多くの重複を伴って7、11や15とカウントされるときは修正波である可能性が高い。大きな例外は2つのタイプのダイアゴナルトライアングルで、それらは推進と修正の力の混合型である。

オーソドックスな天井と底

　パターンの終点が関連する価格の際立った水準と異なることがある。そのようなときは、パターンの最中やそれが終了したあとに出現する実際の高値や安値と区別するために、そのパターンの終点を「オーソドックスな天井や底（Orthodox Top or Bottom）」と呼ぶ。例えば、**図1.14**では（3）波のほうが（5）波よりも高いという事実にもかかわらず、（5）波の最終地点がオーソドックスな天井となる。**図1.13**では第5波の最終地点がオーソドックスな底である。**図**

1.33と図1.34では、A波よりもB波のほうが高いが、A波の始点がそれまでの強気相場のオーソドックスな天井となる。また図1.35と図1.36では、A波の始点がオーソドックスな底である。図1.47ではW波の終点で安値を付けているにもかかわらず、Y波の終点がこの弱気相場のオーソドックスな底となる。

波の分析の成否は常にパターンの正しい表記に大きく左右されるという主な理由から、このコンセプトは重要である。波の表記では際立った価格が正しい始点であるという間違った前提に立つと、一時的に波の分析が混乱することもあるが、波形に関する必要条件を忘れないかぎり、再び正しい分析の方向に戻ることができる。さらに、第4章で紹介する予測のコンセプトを適用するときは、オーソドックスな終点を予測し、そこから測定することによって、波の長さと期間をきちんと決定できる。

波の働きとモードのまとめ

本章の初めのところで、波の2つの働き（アクションとリアクション）と、波が担っている構造的な動きの2つのモード（推進と修正）について言及した。ここではそれらすべての種類の波についておさらいし、それぞれの表記をまとめてみよう。

● アクション波の表記は、1、3、5、A、C、E、W、YおよびZ
● リアクション波の表記は、2、4、B、DおよびX

既述したように、「すべての」リアクション波は修正モードで動き、「ほとんどの」アクション波は推進モードで動く。先にアクション波は修正モードで動くこともあると述べたが、それらは次のようなものである。

- エンディングダイアゴナルの第1波、第3波、第5波
- フラット修正のA波
- トライアングルのA波、C波、E波
- ダブルジグザグとダブルスリーのW波とY波
- トリプルジグザグとトリプルスリーのZ波

　上記の波は相対的な方向としてはアクションであるが、修正モードで動くので、われわれはこれらの波を「アクション的な修正波（Actionary Corrective Waves）」と名付けた。

用語の補足説明

目的を表す用語

　あらゆる段階のトレンドでは相場がどちらの方向に向かおうとも、5つの波によるアクションのあとには3つの波によるリアクションが来るが、相場の進行は習慣的に上昇の方向にグラフで表されるアクション的な衝撃波でスタートする（すべてのグラフに表されるそうした上昇の比率は、同じように下落についても当てはまる。例えば、1株当たりの金額の代わりに、1ドル当たりの株数をプロットしてもよい）。最終的にそして最も基本的には、人間の進歩が反映される株式相場の長期的なトレンドは上昇の方向をとる。そうした株価の進歩は常に、より大きな波の段階の衝撃波の進行によってもたらされる。下向きの推進波は修正の単なる一部にすぎず、それゆえに進歩と同義ではない。同じように、上向きの修正波も修正にすぎず、したがって最終的には進歩をもたらさない。こうしたことを踏まえて、波の目的を表し、結果的に進歩をもたらす波と進歩をもたらさない波を便宜上区

別するために、3つの追加的な波の用語が必要となる。

　より大きな波の段階の修正波には含まれない上向きの推進波を「進歩波（Progressive Wave）」と呼ぶことにしよう。それらは1、3や5と表記する。これに対し、そのモードにかかわらず、下降波はどのようなものでも「後退波（Regressive Wave）」と呼ぶことにする。最後にそのモードにかかわらず、より大きな段階の修正波に含まれる上昇波は「進歩・後退波（Proregressive Wave）」と呼ぶ。後退波と進歩・後退波は修正波そのもの、またはその一部である。進歩波だけがトレンドと逆行した力とは独立している。

　読者の皆さんは、一般に使われている「強気相場」といった用語は進歩波、「弱気相場」という用語は後退波を指し、さらに「弱気相場の上昇」は進歩・後退波のことを言っているのが分かるだろう。しかし、例えば「強気相場」「弱気相場」「プライマリー」「インターミーディエット」「マイナー」「ラリー」「プルバック（押し・戻り）」「コレクション（修正）」といった用語の従来の定義には数字の要素が含まれており、したがってかなり恣意的に使われることから、あまり意味のない用語になることもよくある。例えば、20％以上下落した相場を弱気相場と定義する人がいる。この定義に従えば、19.99％の下落は弱気相場ではなく単なる「修正」となるが、20％下げると何でも弱気相場となる。こうした用語には問題の多い数字が含まれている。こうした数字を含むような用語は数多く作られているが（例えば、子熊、母熊、父熊、グリズリーなど）、それらは単に数字を使って区別しているにすぎない。

　これに対し、エリオット波動の用語は質的な要素を含み、正しく定義されている。すなわち、エリオット波動原理の用語はいろいろなコンセプトを反映し、パターンの規模に応じて相互に関連づけられている。このように、波動原理には進歩波、後退波、進歩・後退波といったいろいろな波の段階がある。例えば、グランドスーパーサイクル段

階の修正局面におけるスーパーサイクルのB波と言うとき、一般的には「強気相場」と定義すれば、その規模と期間を示すには十分であろう。しかし、波動原理に従ったその正しい名称は進歩・後退波であり、また従来の用語を使えば弱気相場の上昇局面ということになる。

相対的な重要性を表す用語

波は基本的な重要性の違いに応じて２つの種類に分けられる。われわれは数字で表す波を「基本波（Cardinal Waves）」と呼んでいるが、それらの波は５つの衝撃波という最も重要な波を形成しているからである（**図1.1**を参照のこと）。株式相場はいつでも最も大きな段階の基本波によって確認される。これに対し、英字で表す波を「協和波（Consonant Waves）」とか「二次的な基本波（Subcardinal Waves）」とわれわれは呼んでいるが、それらは単に基本波である第２波と第４波の構成要素としての役割しか果たさず、それ以外の働きはないからである。ひとつ小さな段階の推進波は基本波、同じくひとつ小さな段階の修正波は協和波で構成される。こうした用語を使うのは、そこに２つの的を射た意味が含まれるからである。

「基本（Cardinal）」という用語には、「考え方の体系、構成や枠組みに対する主要な重要性と基本的な重要性」という意味のほかに、波のカウントに使われる主要な数字という意味合いも含まれる。また、「協和（Consonant）」には「あるパターンにおいてほかの部分と調和している」といった意味合いのほかに、英字で表示するのに適している（それらの用語の出典は、Merriam-Webster Unabridged Dictionary）。もっとも、こうした用語を実用的に使うことはほとんどできないので、こうした説明は本章の最後に記載した。しかし、波動原理に関する哲学的または理論的な議論をするときは便利なので、波動原理の専門用語として提示した次第である。

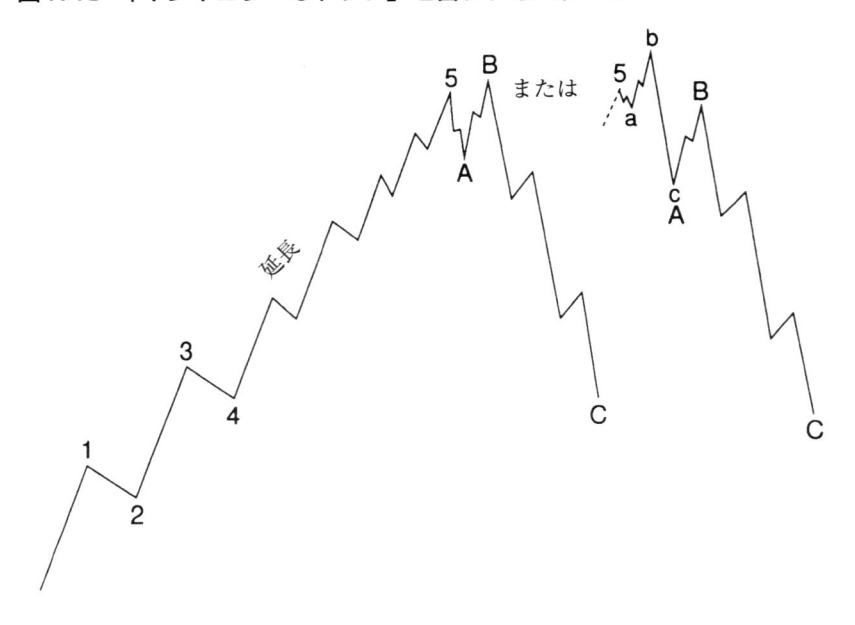

図1.49 「イレギュラーなトップ」と言われるパターン

間違ったコンセプトとパターン

　エリオットは『波動原理』やそれ以外のところで、彼が「イレギュラーなトップ（Irregular Top）」と呼ぶパターンについて論じているが、これは彼が考案したかなり特殊なアイデアである。エリオットによれば、延長した第5波がより大きな波の段階の第5波のところで終了すれば、続く弱気相場ではA波はC波の規模に比べてかなり（驚くほどと言ってもよい）小さな拡大型のフラットになる、もしくはそのようなパターンで始まる可能性が高い（**図1.49**を参照）。そうしたパターンではB波は第5波の終点を超えて新高値を付けることから、「イレギュラーなトップ」と呼ばれる。エリオットはさらに、「こうしたイレギュラーなトップはレギュラーなトップと交互に出現する」と述べている。しかし、彼のこうした論述は正確ではなく、また第2章

で検討する第5波が延長したあとの動きや「修正波の深さ」に関して、われわれが正確に記述しようとしている現象を複雑にするものである。

　問題は、なぜエリオットは釈明しなければならない2つの余計な波を持ち出したのかである。その原因は、実際には第3波が延長したときでも、強引に第5波の延長という形にしてしまう彼の性向にあるようだ。こうした彼の傾向は、1920年代と1930年代に2回にわたってプライマリー段階の第5波が大きく延長したときも顕在化している。第3波の延長を第5波の延長とするために、エリオットは「イレギュラーなタイプ2（Irregular Type 2）」というA－B－C修正パターンを考案した。彼によれば、このパターンではジグザグと同じようにB波はA波の始点の水準には届かず、またランニングコレクションと同様にC波はA波の終点の水準までは下げないという。彼はしばしば第2波のところでこうした表記を行っている。これによって、彼は相場のピークで2つの余計な波を持ち出したのである。

　「イレギュラーなタイプ2」のアイデアは延長の最初の2つの波を取り除いたが、「レギュラーなトップ」のアイデアは天井に残った2つの波を取り扱っている。このように、「これらの2つの間違ったコンセプトは、エリオットの同じ傾向から生み出された」。事実、そのひとつのコンセプトはもうひとつのコンセプトを必要としていた。**図1.50**に示された波のカウントを見ても分かるように、第2波のところのa－b－c「イレギュラーなタイプ2」は、相場のピークのところに表記された「イレギュラーなトップ」を必要としている。実際のところ、こうした間違った表記以外に、波の構成にイレギュラーなものは何もない。

　エリオットはまた、第5波が延長したときは必ず「2回リトレースされる」と述べている。すなわち、第5波がスタートした水準近くまで「最初にリトレースされ」、その水準を超えたところで「2回目のリトレースが起こる」。一般に前の第4波の底のところで価格が修正

図1.50

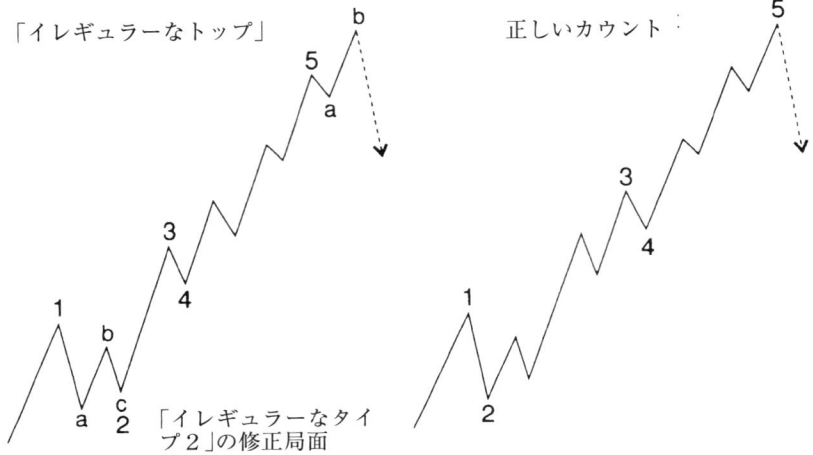

「イレギュラーなトップ」　　　　　正しいカウント

「イレギュラーなタイプ2」の修正局面

されるというガイドラインに従えば、そうした動きが起こるのは当然のことである（第2章を参照）。「2回目のリトレイスメント」は次の衝撃波である。第2章の「第5波の延長に続く動き」のところで論じるように、この用語は延長に続く拡大型フラットのA波とB波にとりわけよく当てはまる。こうした自然な動きに特殊な名称を付けてもあまり意味はない。

　エリオットは『自然の法則』のなかで、「半月（Half Moon）」という形に言及している。それは独立したパターンではなく、弱気相場における下落がときにゆっくり始まり、それ以降に加速し、そして最後はパニック的な突出安で終わるということを単に描写した言葉にすぎない。この形は半対数目盛りのチャートにそうした下降局面をプロットしたり、普通目盛りのチャートに数年にわたる上昇トレンドの動きをプロットしたときに、かなり頻繁に見られる。

　エリオットはまた『自然の法則』のなかで、「A－Bベース（A-B

Base）」と彼が呼ぶ構成に２回言及している。これは相場の下落が完全なカウントで終了したあと、真の５つの波による強気相場がスタートする前に、３つの波による上昇と３つの波による下落が見られることである。しかし、エリオットは波動原理を無理に「13年トライアングルコンセプト（13-year Triangle Concept）」に当てはめようとしていた時期に、このパターンを考案したというのが真実である。

　今日では波動原理のルールの下で、このコンセプトが有効であると受け取る解説者はだれもいない。実際、もしもそのようなパターンが存在するとしたら、波動原理が無効となる結果に終わることは明らかである。われわれはそうした「Ａ－Ｂベース」を見たこともないし、実際にそれが存在するとも思えない。エリオットがこの形を考案したのは、彼の詳細な研究と深い発見にもかかわらず、すでに確立している意見を認めると、相場の分析に対する自らの客観性を著しく損なう（少なくとも一度はあった）という分析家の典型的な弱さを露呈したことを単に示しただけである。

　われわれが知るかぎり、この章では広範な平均株価の動きに出現するすべての波のフォーメーションを取り上げた。波動原理の下では、この章で論じた以外のフォーメーションは存在しない。事実、サブミニュエット段階の波を詳細に見分けるには、１時間足のチャートを見ることがほぼ完璧にふさわしいフィルターであるため、われわれはエリオットの手法では満足にカウントできないサブミニュエット段階以上の波の例を見つけることはできない。実際にサブミニュエットよりもはるかに小さな段階のエリオット波は、コンピューターによる分刻みのトレードのチャートでしか明らかにならない。もっとも、こうしたかなり小さな段階の時間単位当たりの細かな取引データの数字でさえも、証券取引所のフロアやピットで起こっている人間心理の素早い変化を記録すれば、人間の行動に関する波動原理を正確に反映している。

波動原理のルールとガイドラインは、基本的にはすべて実際の相場のムードに当てはまるもので、相場の記録それ自体があろうとなかろうとそれはたいした重要な問題ではない。しかし、波動原理がその威力を大きく発揮するには、自由なマーケットにおける値付けが必要である。20世紀前半の金銀相場のように、価格が政府の命令によって固定されると、そうした制限付きの相場の波は波動原理の分析対象とはならない。そうした価格の記録が自由なマーケットの価格と異なるときは、そうした観点から波動原理のルールとガイドラインを見直すべきである。もちろん、結果的にマーケットはいつでも政府の命令には打ち勝つものであり、政府の介入が可能となるのはマーケットのムードがそれを許容するときだけである。本書で提示した波動原理のすべてのルールとガイドラインは、相場の記録が正確であるということを前提にしている。

　これまでは波のフォーメーションのルールと基本について論じてきたが、次章からは波動原理を使った正しい分析のガイドラインという問題に移っていこう。

第2章

波のフォーメーションに関するガイドライン

Guidelines of Wave Formation

　本章で提示する波動原理のガイドラインは、強気相場の文脈で論述・図解されている。特に除外される場合を除き、このガイドラインは弱気相場にも同じように当てはまるが、そのときの図と意味はいずれも強気相場の場合とは逆になる。

オルターネーション（交互）の法則

　オルターネーションのガイドラインは応用範囲がとても広く、分析家には似たような波が次に現れるようなときでも、実際には違った形になると考えるべきだと警告しておく。これについて、ハミルトン・ボルトンは次のように述べている。

> 「より大きなフォーメーションの波が必然的に交互に出現するということについて、著者は確信が持てない。しかし、その逆のことよりも、こうしたケースを探すべきだということを頻繁に示唆する十分な事例がある」

　オルターネーションは次に何が起こるのかということを正確に示すものではないが、次に起こらないであろうことを示唆する貴重な予告

である。したがって、波のフォーメーションを分析し、将来に起こる可能性を予測するときに、オルターネーションの法則を念頭に置けばかなり有効であろう。ほとんどの人は前回の相場のサイクルがある形になったとき、今回もそれと同じ形になるだろうと考えるが、一般にこのオルターネーションの法則は分析家に対して、そのように考えてはならないと教えるものである。コントラリアン（逆張り投資家）がよく指摘するように、多くの一般投資家が明確になったマーケットの習性に飛びついた日に、相場はそれまでとはまったく違う局面に変化する。しかし、エリオットが続けて言うように、実際にオルターネーションはほとんどマーケットの法則になっている。

衝撃波におけるオルターネーション

　衝撃波の第2波が急こう配の修正となるときは、その第4波は横ばいの修正になると予想される（その逆も同じ）。**図2.1**は、オルターネーションのガイドラインが示唆する上昇や下落の衝撃波における最も特徴的なパターンを示したものである。それを見ると、急こう配の修正には前の衝撃波のオーソドックスな終点を超えるような新高値や新安値は含まれない。それらはほぼいつでもジグザグ（シングル、ダブルまたはトリプルのジグザグ）であり、ときにジグザグで始まるダブルスリーになることもある。

　一方、横ばいの修正にはフラット、トライアングル、ダブルやトリプルの修正パターンが含まれる。一般に横ばいの修正には、前の衝撃波のオーソドックスな終点を超える新高値や新安値が含まれる。まれに第4波のところに出現する新高値や新安値を含まない通常のトライアングルが急こう配の修正になることもあるが、そうしたときは第2波が横ばいという別のパターンになる。衝撃波におけるオルターネーションの考え方は、次のように要約されるだろう。すなわち、2つの修正プロセスのひとつに前の衝撃波の終点まで戻るような動き、また

図2.1

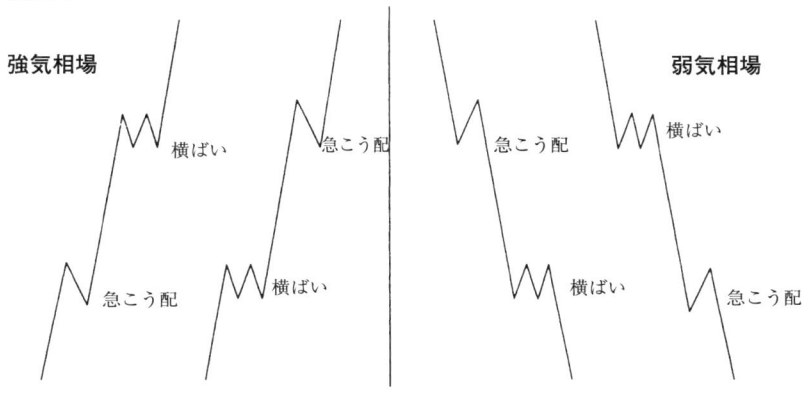

強気相場　　　　　　　　　　　　　　　　　　　弱気相場

　　　　　　横ばい　　　急こう配　　急こう配　　　　横ばい

　　急こう配　　　　　横ばい　　　　　　横ばい　　　　急こう配

はその水準を超えるような動きが含まれたときは、もうひとつの修正波はそうした波形とはならない。

　ダイアゴナルトライアングルでは、その第2波と第4波はオルターネーションにはならない。そうした第2波と第4波の修正は主にジグザグとなる。推進波の長さが交互になるように、延長もオルターネーションの法則に従って出現する。一般に第1波が短いときは第3波が延長し、第5波は再び短くなる。通常では第3波に現れる延長がときに第1波や第5波に出現することもあるが、それもオルターネーションの一例である。

修正波におけるオルターネーション

　修正がA波のフラットなａ－ｂ－ｃ構成で始まるとき、次のB波はジグザグなａ－ｂ－ｃフォーメーションになることが予想され、その逆も同様である（**図2.2**と**図2.3**を参照）。少し考えると、こうしたパターンになることはよく分かるだろう。というのは、最初の図（**図2.2**）では両方の波に上方のバイアス、二番目の図（**図2.3**）では下

図2.2

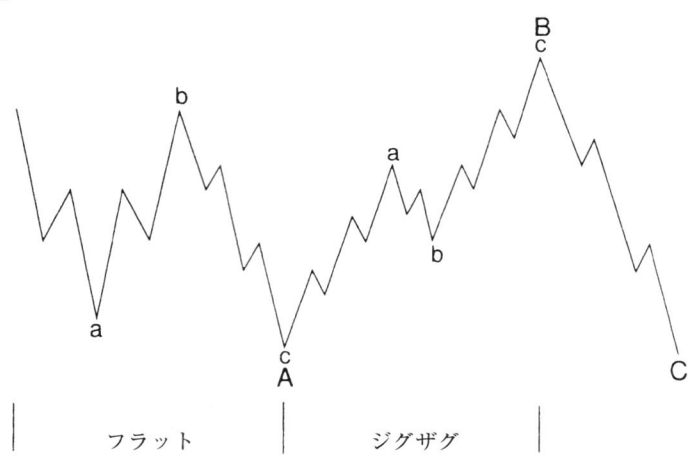

フラット　ジグザグ

図2.3

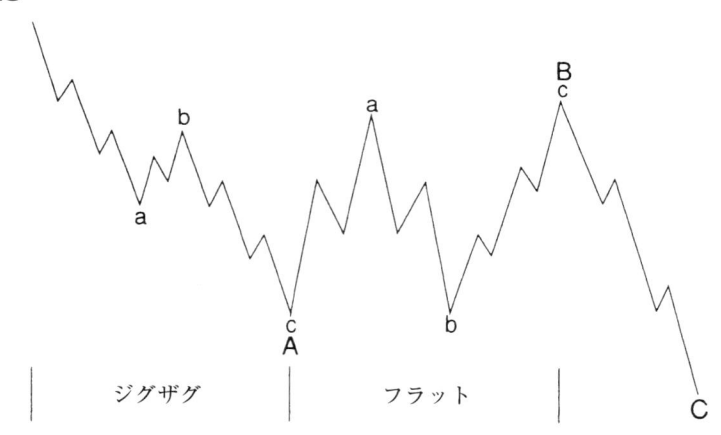

ジグザグ　フラット

方のバイアスがかかっているからである。

　大きな修正がA波の単純なa－b－cジグザグで始まるとき、B波はより複雑に細分されたa－b－cジグザグになることが多いが、これもオルターネーションのひとつである（**図2.4を参照**）。ときにC波がいっそう複雑になることもある（**図2.5を参照**）。こうした複雑

図2.4

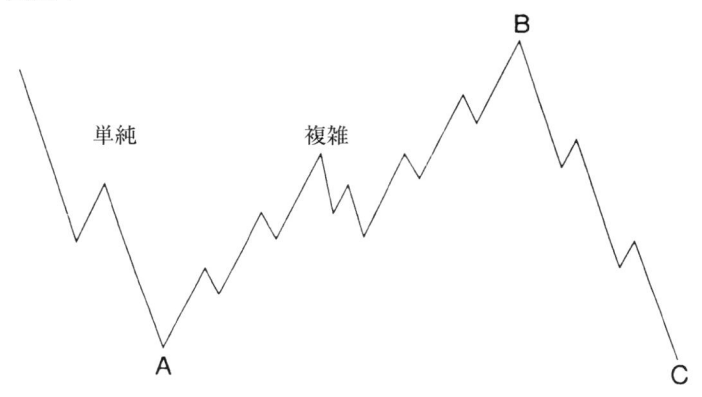

図2.5

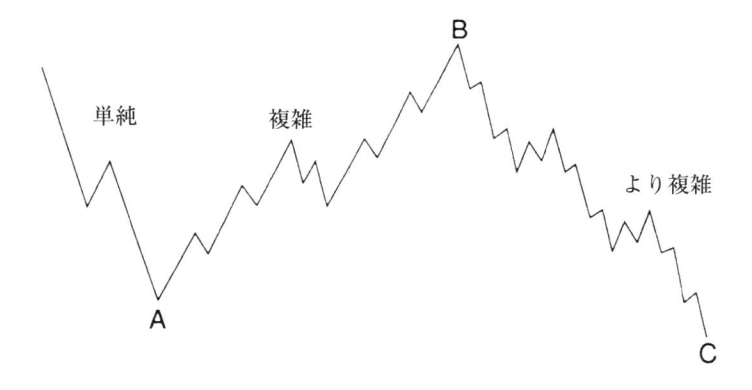

になる順序が逆になることはあまりない。その数少ない一例は、**図2.16**の第4波に見られる。

修正波の深さ

「弱気相場はどこまで下がるのか」という質問に対して、満足のいく答えを示すことができるマーケットアプローチは、エリオットの波動原理を除いてほかにない。その基本的なガイドラインとは、特に第4波自体が修正波であるときは、そうした修正に伴う最大のリトレイスメントはより小さな段階の前の第4波が動いた範囲内に収まり、最も一般的にはその第4波の終点の水準近くで終了することが多いということである。

例1　1929〜1932年の弱気相場

1789〜1932年の期間を分析したとき、われわれはガートルード・シャークが開発し、1977年1月号のサイクルズ誌に発表された指数化してインフレ調整された株価チャートを使用した。それを見ると、1932年のスーパーサイクル波の安値はサイクル段階の前の第4波の範囲内で底を打ったが、1890〜1921年の期間中に拡大型トライアングルが形成されていた（**図5.4**を参照）。

例2　1942年の弱気相場の安値

このケースでは、1937〜1942年のサイクル段階の弱気相場はジグザグとなり、1932〜1937年の強気相場におけるプライマリー段階の第4波の範囲内で終了した（**図5.5**を参照）。

例3　1962年の弱気相場の安値

1962年の④波の急落は、平均株価を1949〜1959年のプライマリー第5波の1956年の高値のちょっと上まで押し下げた。通常であれば、この弱気相場は（4）波の水準、すなわち③波の第4波の修正局面まで達していただろう。しかし、こうしたちょっとした食い違いはこのガ

イドラインがここには当てはまらなかった理由を説明している。すなわち、前の強力な第3波の延長、（4）波における浅いA波と強力なB波は波の構成の強さを示しており、それゆえに実質的な修正幅はそれほど深くはなかったのである（**図5.5**を参照）。

例4　1974年の弱気相場の安値

　1966～1974年のサイクル第Ⅳ波は1942年から上昇した第Ⅲ波全体を修正し終えているが、1974年のその最終的な下落はより小さな段階の前の第4波（プライマリー④波）の領域まで平均株価を押し下げた。**図5.5**にはこのときの状況も示されている。

例5　ロンドン金の1974～1976年の弱気相場

　ここには、価格の修正がより小さな段階の前の第4波の動く範囲内で終了する傾向があるという、もうひとつの相場の例が示されている（**図6.11**を参照）。

　過去20年にも及ぶ小さな段階の波の連続に関するわれわれの分析結果によれば、とりわけその弱気相場が第4波そのものであるときは、その弱気相場の通常の限界はより小さな段階の前の第4波の範囲内にあるという命題は立証される。しかし、このガイドラインに相応の修正を加えると、もしも連続する波の第1波が延長すれば、第5波に続く修正はより小さな段階の第2波の底値が通常の限界となるケースが多い。例えば、ダウ平均の1978年3月に至る下落は1975年3月の第2波の安値でちょうど底を打ち、その第2波は1974年12月の安値から上放れた延長の第1波に続くものである。

　フラットな修正やトライアングルは、特にそれ以降に延長が続くと、一般にはわずかな値幅で第4波の領域に到達しないことがある（例3を参照）。ときにジグザグが深く切り込み、より小さな段階の第2波

の領域に下落することもある。もっとも、こうしたことはほとんどジグザグ自体が第2波であるときだけに起こるものである。「ダブルボトム」はしばしばこのようにして形成される。

第5波の延長に続く動き

　過去20年以上にわたるダウ平均株価の時間ごとの変化を累積的に観察した結果、われわれはエリオットが波の延長とそれに続く株価の動きに関する自らの研究結果の一部を不正確に論述していたという確信を強めている。株価の値動きに関するわれわれの観察結果から得られた最も重要な経験上のルールに照らせば、上昇する第5波が延長したときは、次の修正は急こう配となるが、延長したその第5波の副次的な第2波の安値水準でサポートされる。**図2.6**に示したように、修正がそこで終了したり、またはＡ波だけがそこで終わることもある。実例の件数はそれほど多くはないが、Ａ波がこの水準で反転する確率はかなり高い。**図2.7**は、ジグザグと拡大したフラット修正の両方を示したものである。**図5.5**にはⅡ波のⒶ波の安値でジグザグが現れたケース、**図2.16**には第4波のＡ波のａ波の安値で拡大型フラットが出現したケースが示されている。また、**図5.5**を見ても分かるように、（Ⅳ）波のａ波は1921～1929年の第Ⅴ波が延長した⑤波の（2）波近くで底を打っている。

　一般に延長した第2波の安値はより大きな段階の直近の第4波の価格帯、またはその近辺となることから、このガイドラインは前のガイドラインとほぼ類似した株価の動きを意味している。しかし、その正確さには目を見張るものがある。一般に第5波が延長したときは、その直後に速いリトレイスメントが起こるという事実はそのガイドラインにさらなる価値を付加している。こうしたことが起こるのは、特定の水準で株価がドラマチックに反転するという事前の警告であり、こ

図2.6　　　　　　　　　図2.7

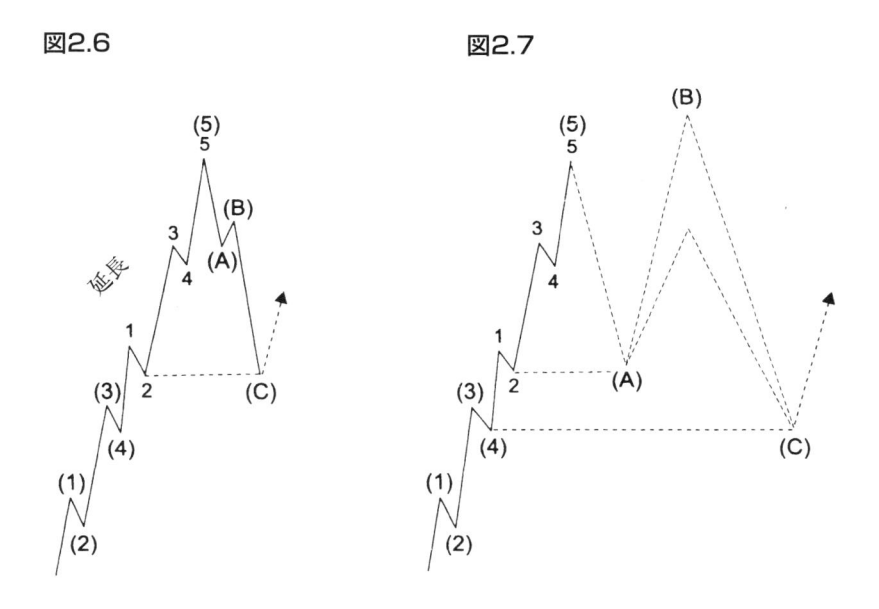

れは知識をパワフルに結集した株式相場のシグナルである。もっとも、このガイドラインは株価がひと回り以上大きな段階の第5波で終了するときは当てはまらないこともある。しかし、**図5.5**に示したような動きでは、少なくともその水準が引き続き潜在的な支持線、または一時的な支持線であることを示唆している（**図2.6**と**図2.7**を参照）。

波の均等性

　波動原理のガイドラインのひとつは、連続する5つの波における推進波の2つは、時間とその大きさという点で均等になる傾向があることである。一般にこのことはひとつの波が延長するときは、延長しない残りの2つの波にも当てはまり、第3波が延長するときはとりわけそのようになる。完全に均等にならないときは、0.618倍が次に起こる可能性の高い関係である（これについては第3章と第4章を参照の

こと)。

波がインターミーディエット段階よりも大きいときは、通常では株価の関係はパーセントで表記したほうがよい。したがって、1942～1966年の大きく延長されたサイクル波の上昇過程では、プライマリー①波は49カ月間で120ポイントの129％上昇、またプライマリー⑤波は40カ月間で438ポイントの80％上昇(129％×0.618)となったが、この上昇率は126カ月続いたプライマリー第3波の324％という上昇率とは大きく異なっている(**図5.5**を参照)。

一方、波がインターミーディエット段階以下のときは、一般に株価の均等性を見るときは普通目盛りで表示されるが、それはパーセント表示とほとんど変わらないからである。したがって1976年末の上昇局面では、第1波は47取引時間で35.24ポイント、第5波は同じ時間で34.40ポイントの上昇となる。このように波の均等性(Wave Equality)に関するガイドラインは、驚くほど正確であることが多い。

波のチャートを付ける

A・ハミルトン・ボルトンはいつも1時間ごとの終値折れ線チャートを付けていたし、われわれもまた付けている。エリオットが『波動原理』のなかに1938年2月23日～3月31日の1時間足チャートを掲載していることから、彼自身も確かに同じ習慣を実行していたと思われる。エリオット波動の実践家や波動原理に興味を抱いている人であればだれでも、ウォール・ストリート・ジャーナル紙やバロンズ紙に掲載されているダウ平均の1時間ごとの変動をチャートに付けることは有益であることが分かるだろう。それは1週間のうちわずか数分しか必要としない簡単な作業である。

バーチャートは素晴らしいが、各足の時間内ではなく、次の足に変わる前後の変動が反映されてしまうので誤解を生じやすい。すべての

チャートを実際にプリントアウトしたものも利用すべきである。ダウ平均株価として公表されるいわゆる「始値」や「理論上の日足」の数字は、特定の時間帯の平均値を反映した統計値ではない。その始値は異なる時間に寄り付く構成銘柄の始値の合計値であり、また日足の数字も各銘柄が高値・安値を付ける時間は違っているが、そうした個別銘柄の日中の高値・安値を合計した数値である。

　波の分類の主な目的は、株式相場が進展するなかで今がどの位置にあるのかを知ることにある。株価の小さな動きが全体として複雑ではない形で進行し、動きが速く、衝動的な相場にあっても、特に衝撃波のカウントがはっきりしているかぎり、株価の現在の位置を特定することはそれほど難しいことではない。このようなとき、すべての副次波もとらえるためには、短期のチャートが必要である。

　しかし、特に修正局面の不活発な相場やチョッピーな相場では、波の構成はいっそう複雑に、そして動きの遅い展開になりがちである。こうした局面では、比較的長期のチャートが株価の動きをはっきりした効果的なパターンの形にまとめてくれるだろう。波動原理を正しく読み取れば、次の横ばいのトレンドを予測できることもある（例えば、第２波がジグザグのとき、第４波の形を予想する――など）。もっとも、そうした予想をするときでも、複雑さと不活発さという２つの相場の特徴は、分析家を最もイライラさせるものである。しかし、そうした相場もひとつの現実なので、そうした局面もあるということを念頭に置くべきだ。そのような時期には素早く動く衝撃波のときに利益を確定し、しばらく相場から離れることを強く勧めたい。相場は聞く耳を持たないので、相場が大きく動くことを期待することはできない。相場が休むときは、われわれもまた休むべきだ。

　株式相場を正しくフォローする方法は、半対数目盛りのチャートを使うことである。そうすれば、ヒストリカルな相場の動きをパーセントベースだけで分かりやすく記録できる。投資家は平均株価が動いた

ポイント数字ではなく、パーセントで表された損益に関心を示す。例えば、1980年のダウ平均の10ポイントの動きは、今ではわずか1％の動きにすぎない。1920年代初めには、10ポイントは10％の動きに相当したので、それはかなり重要な変動だった。しかし、チャート付けをやさしくするため、特に普通目盛りとの違いが大きくなるときは、長期のチャートでは半対数目盛りだけを使用することをお勧めする。普通目盛りは時間ごとの波をフォローするときに使用するのがよいだろう。ダウ平均の800ドルにおける40ポイントの上昇は、パーセントベースでは900ドルの40ポイントの上昇とそれほど大差はない。このように、比較的短期の動きに普通目盛りを使うと、チャネリングのテクニックもかなりうまく機能する。

チャネリング

エリオットは、主に平行なトレンドのチャネルを引くと、しばしばかなり正確に衝撃波の上側と下側のラインを引くことができると述べている。したがって、皆さんも波の目標値を予測したり、将来のトレンド形成の手掛かりを得るために、できるだけ早期にそうしたチャネルを引くことをお勧めする。

衝撃波のチャネリング（Channeling）では、まず最初に少なくとも３つの基準点が必要である。**図2.8**に示したように、第２波が終了したら、次は１と３を結び、２からそれと平行な線を引く。こうしてできたチャネルの下側のラインは、次の第４波の予想される下限となる（多くの場合、第３波がかなり延長すると、当初の始点は最終的なチャネルの基点ではなくなる）。

もしも第４波がチャネルの下側ラインに届かない地点で終了すると、第５波の上限を予想するために、新たにチャネルを引き直さなければならない。それにはまず最初に、第２波と第４波の終点を結ぶ。もし

第2章 波のフォーメーションに関するガイドライン

図2.8 仮のチャネル

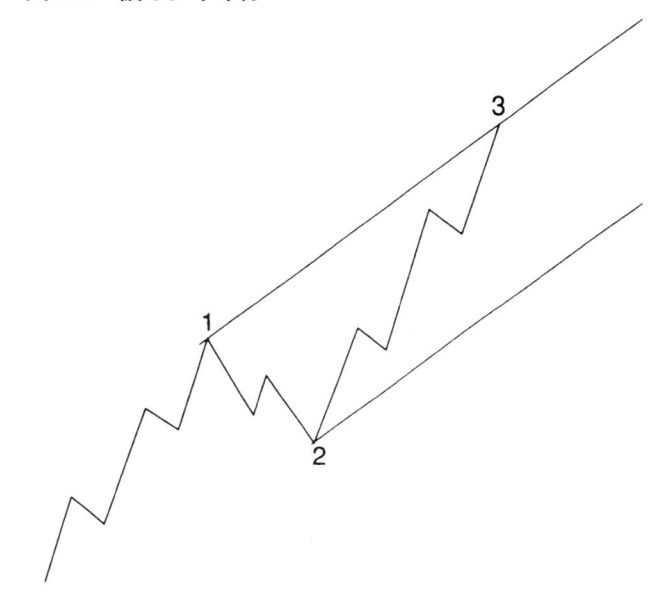

図2.9 最終的なチャネル

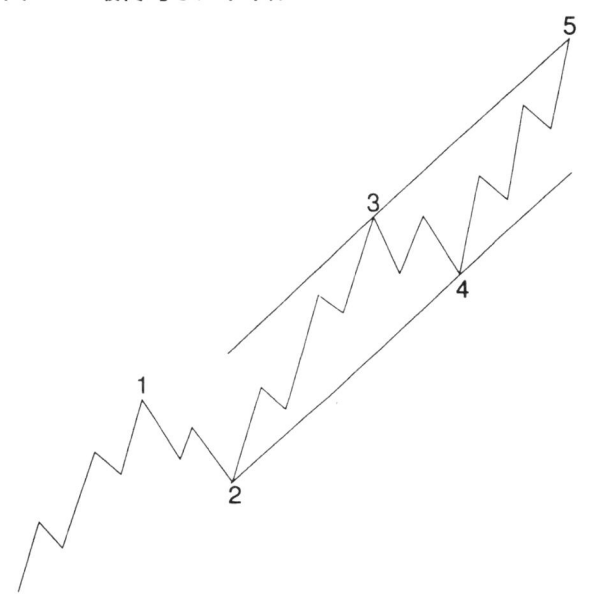

も第1波と第3波が通常の波であれば、第3波の終点から延長した上側のチャネルラインが次の第5波の予想される上限となる確率はかなり高い（**図2.9**を参照）。しかし、第3波がほぼ垂直に伸びるなど異常に強いときは、その頂点から引かれる平行な線もかなり急こう配となる。これまでの経験によれば、第1波の頂点を通るベース線によるチャネルはかなり有効であり、そのことは1976年8月～1977年3月の金相場のチャート（**図6.12**）を見ても分かる。ときに潜在的な2本の上向きのトレンドラインを引いて、そのチャネル内の波のカウントと出来高の特徴に注目し、波のカウントによって正当化される適切な行動をとることも有効であろう。

すべての波の段階のトレンドが、ほぼ同時に出現することを忘れてはならない。例えば、プライマリー第5波におけるインターミーディエット第5波は、その波がこの2つの段階の上側ラインに同時に達したときに終了することが多い。また、スーパーサイクル段階の上放れは、株価がサイクル段階の上側ラインに達したときとほぼ同時に終了することが多い。

上放れ

平行なチャネルやダイアゴナルトライアングルの収束する2本のラインにおいて、第5波が上側ラインに近づいたときに出来高が減少すれば、それは第5波の終点がその上限のラインに接するか、またはそれに届かないことを示唆している。その反対に、第5波が多くの出来高を伴って上側ラインに接近すれば、それは株価がその上側ラインを上抜くシグナルであり、エリオットはそうした株価の動きを「上放れ（Throw-over）」と呼んだ。上放れ地点の近くで小さな段階の第4波が上側ラインのすぐ下で横ばいの動きをしているときは、まもなく第5波が大量の出来高を伴って最終的にその上側ラインを上抜くことに

図2.10

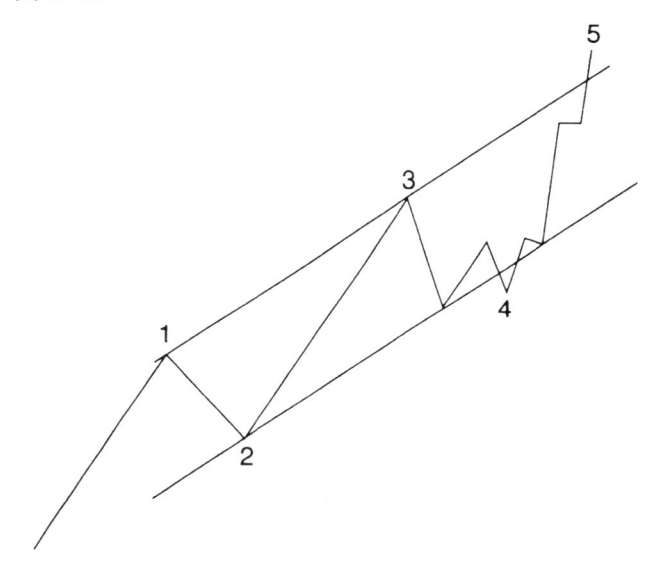

なる。

　もっとも、上放れが起こる前には、それに先立つ第4波または第5波の副次的な第2波が「下放れる（Throw-under）」こともある（『波動原理』に掲載された**図2.10**を参照）。上放れは下側のトレンドラインを割り込んだ株価がその直後に急反転することで確認される。また、下降相場でも同じ特徴を持つ上放れが起こることもある。エリオットは、より小さな段階のチャネルはよく最後の第5波で上抜かれるので、大きな段階で上放れが起こったときに、それよりも小さな段階の上放れの波を確認するのは難しいと適切に警告している。**図1.17**、**図1.19**や**図2.11**は、そうした上放れの実例を示したものである。

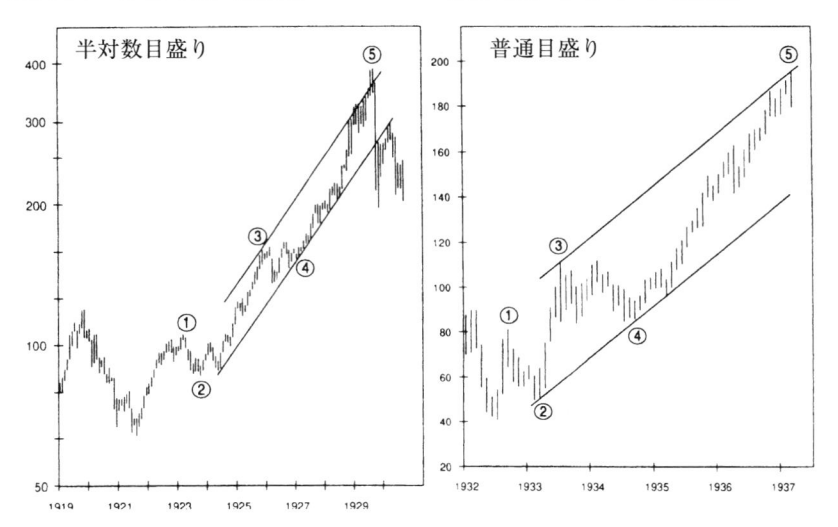

図2.11 ダウ平均（月足）　　図2.12 ダウ平均（月足）

目盛り

　エリオットは、「インフレが進行しているときは半対数目盛り（Scale）でチャネリングを表記すべきだ」と述べている。今日まで波動原理の信奉者はだれもこのエリオットの言葉を疑わなかったが、われわれの実証結果に照らせば、この前提は正しくない。エリオットの目に半対数目盛りと普通目盛りのチャートが大きく違って見えたのは、おそらく彼のプロットしていた波の段階が異なっていたことも、その原因のひとつであると思われる。一般には波の段階が大きくなればなるほど、半対数目盛りのチャートのほうが見やすくなる。一方、半対数目盛りで表された1921〜1929年のほぼ完璧なチャネル（**図2.11**）と、普通目盛りで表された1932〜1937年の強気相場（**図2.12**）を見ると、それぞれ適正な目盛りでプロットされたときにかぎり、同じ段階の波がエリオットの正しいトレンドチャネルを形成し

ているのが分かる。1920年代の強気相場を普通目盛りで表すと、株価は上側のチャネルラインを上抜いて加速し、また1930年代の強気相場を半対数目盛りで表すと、株価が上側のチャネルラインに大きく届かないチャートになる。

インフレに関するエリオットの主張に関連して言うと、1920年代には緩やかなデフレ傾向が続き、CPI（消費者物価指数）は年平均0.5%の下落となったが、1933～1937年にはCPIの年平均上昇率が2.2%という緩やかなインフレ基調となっている。こうした経済的な背景を考慮すると、インフレが半対数目盛りを使う理由にならないことは明らかであろう。実際、この２つの図のチャネリングの違いにもかかわらず、サイクル段階の２つの波は驚くほど似ている。株価の上昇率はほとんど同じであり（６倍と５倍）、またいずれも第５波が延長しているうえ、底から第３波のピークまでの上昇率もほとんど同じである。この２つの強気相場の大きな違いといえば、それぞれの波の形と時間の長さだけである。

半対数目盛りが必要となるのは、大衆投資家の心理的な理由がどうであれ、せいぜい加速のプロセスにある波を表記するときだけである。ひとつの株価目標とそれまでの時間の長さをプロットするときは、普通目盛りと半対数目盛りのどちらに適した波のこう配を調整することによって、いずれも同じ基点から申し分のない仮定上のエリオット波動のチャネルを描くことができるだろう。

このように、普通目盛りか半対数目盛りのどちらで平行なチャネルを描いたらよいのかという問題は、この問題に対する考え方が異なるかぎり、これからも正しい答えは出てこないだろう。もしも自分が使っている目盛りのチャートで、どの地点でも株価が２本の平行なライン内にきちんと収まらないときは、正しい観点でチャネルが観察できるように、ほかの目盛りに変えてみよう。しかし、相場のあらゆる動きをとらえるには、常に普通目盛りと半対数目盛りの２つのチャート

を併用しなければならない。

出来高

　エリオットは波のカウントを検証し、波の延長を予測するツールとして出来高（Volume）を使っていた。彼は、強気相場では株価の変化のスピードに応じて、出来高が自然に増減する傾向に気づいていた。修正局面の後半に出来高が減少すると、それは売り圧迫が弱まったことを示唆することが多い。出来高が最低になる時点と相場の転換点はよく一致する。プライマリー段階以下の通常の第5波では、出来高は第3波のときよりも減少する傾向にある。プライマリー段階以下の上昇する第5波の出来高が第3波とほぼ同じ、または第3波よりも増加したときは、第5波が延長することになる。第1波と第3波がほぼ同じ長さになったときも、ときにこうした結果になることが予想されるが、第3波と第5波の両方が延長するというケースはあまり見られない。

　プライマリー以上の波の段階では、上昇する第5波で出来高が増加する傾向になるが、それは単に強気相場に対する参加者が長期にわたって自然と増えてきた結果である。実際にエリオットは、プライマリー段階以上の強気相場の終点では、出来高が最も多くなる傾向になると述べている。既述したように、最終的には平行なチャネルの上側ライン、またはダイアゴナルトライアングルの抵抗線の上放れ地点で、出来高が突然急増することが多い（ダイアゴナルトライアングルの第5波がより大きな段階の値動きを含むチャネルの上側ラインのところで終了するときは、その地点はよく一致する）。

　こうした貴重な論述のほかに、われわれは本書のいろいろなところで、出来高の重要性を詳しく述べている。出来高が波のカウントや延長の予想の手掛かりとなるとき、出来高はとりわけ重要である。エリ

図2.13

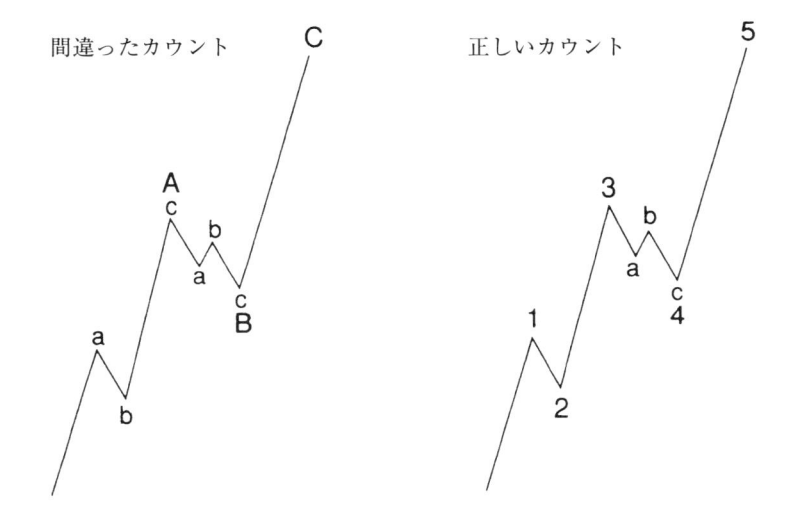

間違ったカウント　　　　　正しいカウント

オットはかつて、出来高は波動原理のパターンとは独立した存在であると述べたことがあったが、われわれはそれを裏付ける納得できる証拠を見つけることはできなかった。

正しい姿

　波の全体的な姿は、正しい形で図解すべきである。図2.13の最初の3つの波をひとつのA波と表記することによって、連続する5つの波を無理に3つの波とカウントすることもできるが、それは正しいカウント法ではない。そのような歪んだカウント法を許しておけば、エリオット波動の分析はそのよりどころをなくしてしまうだろう。もしも第4波が第1波の頂点のかなり上で終了すれば、長い第5波は衝撃波として分類すべきである。こうした仮定のケースでは、A波は3つの波で構成されているので、B波はフラットな修正局面と同じく、A波の始点近くまで下げると予想されるが、実際には明らかにそうはな

らない。ひとつの波に含まれる副次波のカウントが波の分類の手掛かりとなることもあるが、その反対に全体的な波の正しい形が副次波の正しいカウントのガイドになることが多い。

　最初の２つの章のこれまでの考察から、波の「正しい姿（The Right Look）」が明らかになったと思う。われわれの経験に照らせば、波動原理のパターンは幾分融通がきくという根拠だけで、不釣り合いな波の関係や歪んだパターンを反映するような波のカウントを許容すれば、相場と感情的にかかわることも許されることになるので、そうしたことは極めて危険である。

　エリオットは、波の「正しい姿」はすべての段階のトレンドで同時にはっきりすることはないと警告している。したがって、波の姿が最もはっきり現れる段階に焦点を絞ることがその解決策となる。もしも１時間足チャートが混乱するようなものだったら、一歩下がって日足や週足のチャートを見てみる。その反対に、週足チャートでは相場の可能性があまりにも多岐にわたるようなときは、より長期のチャートの方向がはっきりするまでは、比較的短期のチャートの値動きを注視する。一般に動きの速い相場で小さな波を分析するときは短期のチャート、動きの遅い相場では長期のチャートを使うのがよいだろう。

波の個性

　波の個性（Wave Personality）という考え方は、波動原理を大きく拡大解釈したものである。この考え方には、人間の行動をいっそう個性的に波動原理の方程式に当てはめるというメリットがある。

　連続するエリオット波におけるそれぞれの波の個性は、それが具体的に表現する群集心理の不可分の一部を反映している。悲観から楽観へ、そして楽観から悲観へと移っていく群衆の心理は、波の構造の関係する時点で似たような環境を作り出しながら、その都度同じような

図2.14　理想的なエリオット波の進行

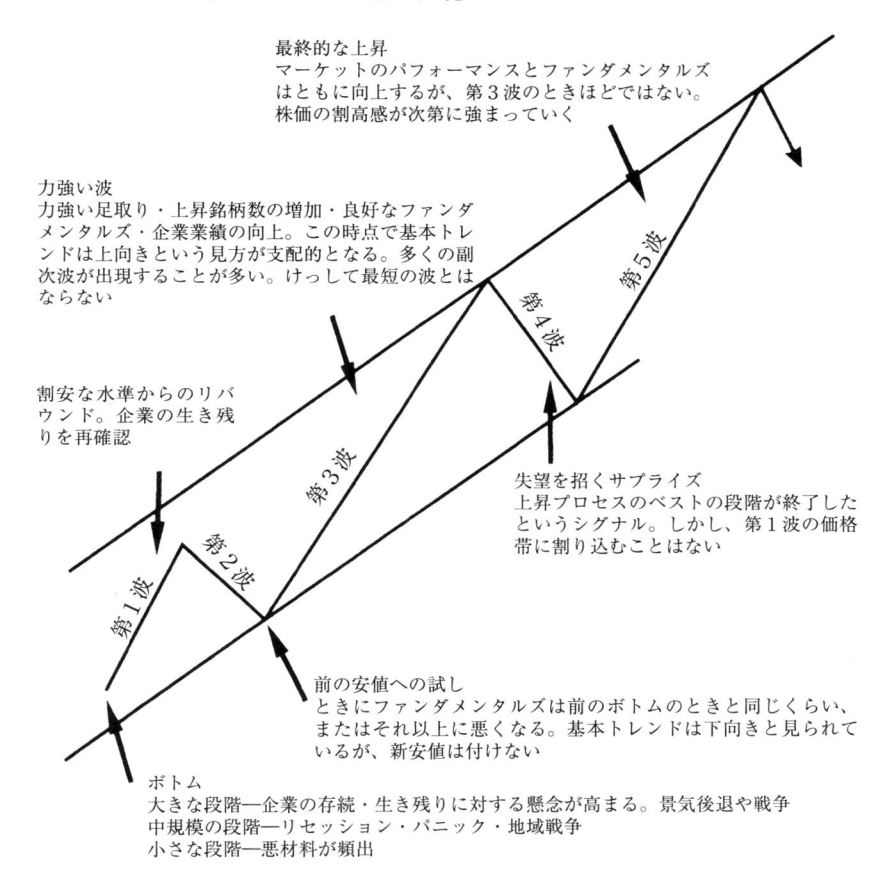

最終的な上昇
マーケットのパフォーマンスとファンダメンタルズはともに向上するが、第3波のときほどではない。株価の割高感が次第に強まっていく

力強い波
力強い足取り・上昇銘柄数の増加・良好なファンダメンタルズ・企業業績の向上。この時点で基本トレンドは上向きという見方が支配的となる。多くの副次波が出現することが多い。けっして最短の波とはならない

割安な水準からのリバウンド。企業の生き残りを再確認

失望を招くサプライズ
上昇プロセスのベストの段階が終了したというシグナル。しかし、第1波の価格帯に割り込むことはない

前の安値への試し
ときにファンダメンタルズは前のボトムのときと同じくらい、またはそれ以上に悪くなる。基本トレンドは下向きと見られているが、新安値は付けない

ボトム
大きな段階—企業の存続・生き残りに対する懸念が高まる。景気後退や戦争
中規模の段階—リセッション・パニック・地域戦争
小さな段階—悪材料が頻出

道をたどっていく。それぞれの波形の個性は、それがグランドスーパーサイクルやサブミニュエットといった波の段階を問わず、かなりはっきりしている。こうした波の特徴は、次の連続する波では何が起こるのかを警告するだけでなく、ほかの理由では波のカウントがはっきりしなかったり、またはいろいろと異なる解釈ができるようなときは、波が進行しているときに現在の株価の位置を知らせてくれることもあ

る。

　波が進行するプロセスでは、すでに知られているすべてのエリオットのルールに照らしても、いくらかの異なる波のカウントが完全に許容されるときがある。こうしたときこそ、波の個性を知っていることが極めて重要となる。ひとつの波の特徴を知っていれば、もっと大きい複雑なパターンを正しく解釈できることもよくある。以下の波の特徴は主に強気相場について述べたものであるが（**図2.14**と**図2.15**を参照）、それらはアクション波が下向きでリアクション波が上向きという局面についても、逆の形で当てはまる。

1. **第１波**　大ざっぱに見て、第１波の約半分は「基礎作り」の部分であり、したがって第２波によって大きく修正されることが多い。しかし、それまでの弱気相場における一時的な上昇局面に比べて、この第１波の上昇はテクニカル的に見てもかなり建設的であり、出来高や上昇する銘柄数も次第に増加してくる。しかし、ほとんどの投資家はまだ最終的にメジャートレンドは下向きであると考えているので、引き続き多くの空売りが出てくる。彼らは最終的に「株価が戻れば売り」のスタンスをとり、そのチャンスをうかがっている。第１波の残りの50％は、1949年の修正局面や1962年の下落の失敗などによって形成された大きなベース、または1962年と1974年の大幅な下落のあとを受けて上昇する。こうしたスタートを切った第１波はダイナミックであり、リトレイス幅もかなり小さい。

2. **第２波**　第２波は第１波の上げ幅の多くをリトレイスすることが多く、このときまでに積み上がった利益の多くは第２波が終了するまでに帳消しされる。第２波の進行中には恐怖心が支配的となり、多くのプレミアムもはげ落ちるので、利益の帳消しは特にコ

ールオプションの買いで顕著になる。この時点では、ほとんどの投資家は弱気相場に再び逆戻りしたと考える。しかし、第2波の出来高がかなり少なく、またボラティリティも小さいことは、売り圧力が出尽くしていることを示唆している。

3. **第3波** 第3波には目を見張るような特徴が数多くある。その波は大きく力強く、この時点のトレンドはもはや疑う余地のないものとなる。投資家の自信が戻ってくるにつれて、ファンダメンタルズの好材料が次第に増えてくる。一般に第3波では値動きと出来高は最も大きく、連続する波のなかで第3波は最も多く延長する。もちろん、第3波の副次的な第3波などは、あらゆる連続波のなかで最も力強く変動する波となる。そうした波のところではよくブレイクアウト、「コンティニュエーションギャップ（トレンドの半ばで出現し、トレンドの継続を確認するギャップ）」、大商い、上昇する銘柄の急増、主なダウ理論に基づくトレンドの確認、株価の急上昇の動きなどが見られ、波の段階に応じて時間足、日足、週足、月足や年足などのチャートで大きな陽線が出る。第3波にはほとんどすべての株式が参加する。Ｂ波の個性と同じく、第3波の個性も波が進行するにつれて、波のカウントに関する最も重要な手掛かりを示してくれる。

4. **第4波** 同じ波の段階の第4波は第2波とは異なるというオルターネーション（交互）の法則によって、第4波の深さと波形はある程度予測が可能である。第4波はよく横ばいの動きとなり、最後の第5波のベースを作る波となる。最初に遅行株に何らかの動きを与えるのは第3波の強さだけなので、第4波の進行中に遅行株はすでに天井を打って下げに転じ始める。こうした相場の最初の崩れは、第5波の進行中にもまだ確認されないが、基調の弱さ

図2.15　理想的な修正波

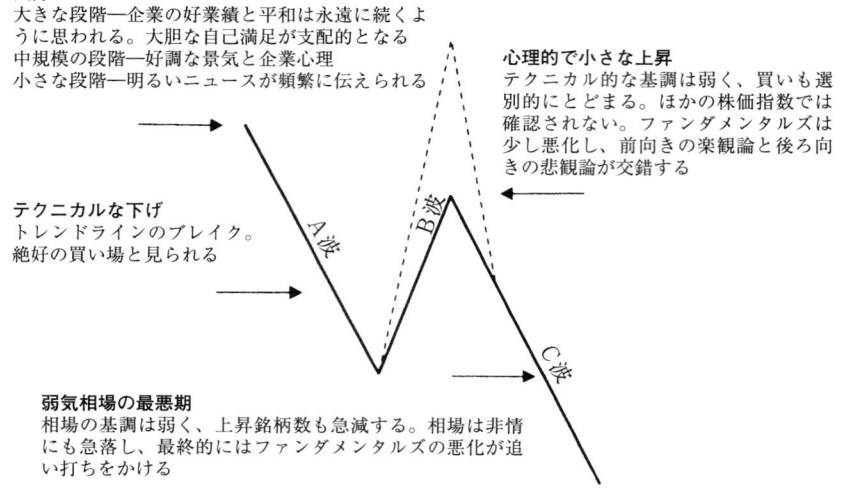

天井
大きな段階──企業の好業績と平和は永遠に続くように思われる。大胆な自己満足が支配的となる
中規模の段階──好調な景気と企業心理
小さな段階──明るいニュースが頻繁に伝えられる

心理的で小さな上昇
テクニカルな基調は弱く、買いも選別的にとどまる。ほかの株価指数では確認されない。ファンダメンタルズは少し悪化し、前向きの楽観論と後ろ向きの悲観論が交錯する

テクニカルな下げ
トレンドラインのブレイク。絶好の買い場と見られる

弱気相場の最悪期
相場の基調は弱く、上昇銘柄数も急減する。相場は非情にも急落し、最終的にはファンダメンタルズの悪化が追い打ちをかける

を示唆するわずかなシグナルとなる。

5. **第5波**　一般に第5波は上昇する銘柄数という点では、第3波ほどダイナミックではない。もしも第5波が延長し、第5波の副次的な第3波の動きが第3波より速いとしても、その最大のスピードは依然として第3波には及ばない。また、サイクル以上の段階では一般に連続する衝撃波の進行中に出来高は増加するが、第5波の出来高が増えるのはプライマリー以下の段階で第5波が延長したときだけである。そうした場合を除いて、通常では第5波の出来高は第3波よりも少ない。相場の初心者はよく長期トレンドの最後に株価の「噴き上げ」を期待するが、ヒストリカルなデータを検証しても、相場のピークで株価が最も勢いよく上昇した

というケースは見られない。たとえ第5波が延長しても、その副次的な第5波はそれ以前の波よりもダイナミックには上昇しない。第5波の進行中には、上昇する銘柄数が次第に減少するにもかかわらず、楽観的な見方がピークに達する。しかし、その値動きも前の修正波の上昇と比較すればよいといった程度のものである。例えば、1976年末のダウ平均の上昇はそれほど興奮すべきものでもなく、その年の4月、7月、9月の修正波の上昇（マイナーな株価指数や累積騰落ラインにはあまり影響を及ぼさなかった）と比較しての推進波であった。第5波が引き起こす楽観的見方のひとつの証しとして、第5波の上昇が終了した2週間後に行った投資顧問会社の調査結果によれば、第5波が新高値を付けることはなかったにもかかわらず、何と「弱気率」は4.5％というヒストリカルな統計のなかでは最低を記録したのである。

6. **A波** 弱気相場のA波が進行しているとき、一般に投資界はこの反動は次の上昇局面の上げ幅に応じた単なる下げであると考える。個別銘柄のパターンではテクニカル的には本当に最初のマイナス的な裂け目であるにもかかわらず、一般投資家は買いサイドに殺到する。A波は次のB波の波形を決定づける。A波が5つの副次波で構成されるとB波はジグザグ、A波が3つの波であれば、B波はフラットやトライアングルになることを示唆している。

7. **B波** B波はまやかしである。それはダマシ、強気の落とし穴、投機家のパラダイス、端株投資家の熱狂的な心理、または愚かな機関投資家の自己満足の表現（もしくはその両方）である。B波は数少ない銘柄に的を絞ることが多く、ほかの平均株価でもあまり確認されないので（これについては第7章のダウ理論について論じたところを参照）、テクニカル的に強いということはほとん

どなく、ほぼいつでもC波に完全にリトレイスされることになる。もしもアナリストが「この相場は何かが変だ」と自問するときは、おそらくほとんどはB波のときであろう。拡大型トライアングルにおけるX波とD波が、修正波として上昇するときは、ともに同じ特徴を備えている。この点について説明するときは、次のようないくつかの例を挙げれば十分であろう。

——1930年の上昇修正は、1929～1932年のA－B－Cジグザグの下降におけるB波だった。ロバート・レアはその著『ザ・ストーリー・オブ・ザ・アベレージ（The Story of the Averages）』のなかで、その感情的な雰囲気を次のようにうまく表現している。

「……多くの観察者はそれを強気相場のシグナルと考えた。私は1929年10月に満足のいく売りのポジションを整えたあと、12月初めから空売りしたことを思い出す。翌年の１～２月に、株価はゆっくりしているが着実に上昇して前の高値を上抜いたとき、私はパニック状態になり、大きな損失を覚悟で空売り株を買い戻した。……私は、全体としてこの上昇が1929年の下げの66％以上はリトレイスするかもしれないということを忘れていた。ほぼすべての投資家は、新たな強気相場に突入したと公言していた。投資顧問会社もかなり強気であり、増加しつつあった出来高は1929年のピーク時よりも高水準に上った」

——1961～1962年の上昇は、（ａ）－（ｂ）－（ｃ）の拡大型のフラット修正における（ｂ）波だった。1962年初めの天井では、それ以前にはそしてそれ以降にも見たこともないような前代未聞のPER（株価収益率）で株式が取引されていた。株価の上昇に参加する累積的な銘柄数はすでにピークに達していたが、その水準

は1959年の第3波の頂点に並ぶものであった。

——1966～1968年の上昇は、サイクル段階の修正パターンのⒷ波だった。一般投資家はもはや感情的にしか物を見ることができなかった。通常では良好なファンダメンタルズに裏付けられた二流株が第1波と第2波に整然と参入してくるものであるが、この時期には「低位株」が投機的な熱狂のなかで急騰した。ダウ工業株平均はこの上昇局面を通して納得のいかないほど苦労して高値を追っていったが、結局は二流株指数の異常な新高値を確認することはなかった。

——ダウ運輸株平均は1977年にＢ波で新高値を付けたが、惨めなことにダウ工業株平均では確認されなかった。航空株とトラック株は振るわず、石炭運搬鉄道株だけがエネルギー関連株のひとつとしてその上昇に参加していった。このように、平均株価指数に参加する株式数はかなり少なく、一般に上昇銘柄数が増加するのは修正ではなく、衝撃波の特徴であることを再び確認することになった。

——金相場におけるＢ波の特徴については、第6章を参照のこと。

——一般論として、インターミーディエット以下の段階のＢ波では一般に出来高は減少する。しかし、プライマリー以上の段階のＢ波では前の強気相場に比べて、一般に大衆投資家の広範な参加を背景として出来高は増加する。

8．**Ｃ波**　下落するＣ波は、一般に破壊という点では圧倒的である。Ｃ波は下降相場の第3波であり、そうした第3波の多くの特徴を持っている。現金を除いてほとんど逃避先がないというのも、この下落期間である。この時期にはＡ波とＢ波のときに抱いていた幻想は打ち砕かれ、恐怖心が取って代わるようになる。Ｃ波は

持続性があり、その規模も大きい。1930～1932年はＣ波だった。1962年もＣ波であり、1969～1970年と1973～1974年もＣ波として分類される。より大きな弱気相場における上方修正の上昇Ｃ波はとてもダイナミックであり、特にＣ波が５つの波で展開すれば、新たな上昇相場がスタートしたと間違えられるほどである。例えば、1973年10月の上昇は逆拡大型フラット修正のＣ波だった（**図1.37**を参照）。

9. **Ｄ波** 拡大型トライアングルを除くすべてのＤ波では、よく出来高が増加する。その理由はおそらく、非拡大型トライアングルのＤ波は一部に修正波を含むハイブリッド波であり、Ｃ波のあとに続いてもそのすべての下げ幅をリトレイスすることはないという点で、第１波の特徴も兼ね備えているからであろう。修正波のなかで上昇するＤ波は、Ｂ波と同じくまやかしである。1970～1973年の上昇は、サイクル段階の大きな第Ⅳ波のなかのⒹ波であった。その当時の平均的な機関投資家のファンドマネジャーのスタンスを特徴づける「迷うことはない」という自己満足は、多くの文書に残されている。上昇する銘柄数は再び少なくなり、値を上げるのはニフティ・フィフティ（素晴らしい50銘柄）とグラマーストック（人気株）に絞られていた。運輸株平均と多くの株式はすでに1972年に天井を打ち、ニフティ・フィフティ以上の高いPERを確認することはなかった。米政府は大統領選挙を控えて、全体的な株高期間中の架空の繁栄を維持するために、全力でインフレ政策を推進していた。前のⒷ波を「まやかし」と呼んだのは、うまい表現だった。

10. **Ｅ波** トライアングルのＥ波は多くのマーケットウオッチャーにとって、株価が天井を打ったあとの新たな下降トレンドのド

第2章 波のフォーメーションに関するガイドライン

図2.16 ダウ平均の1時間足（1978年）

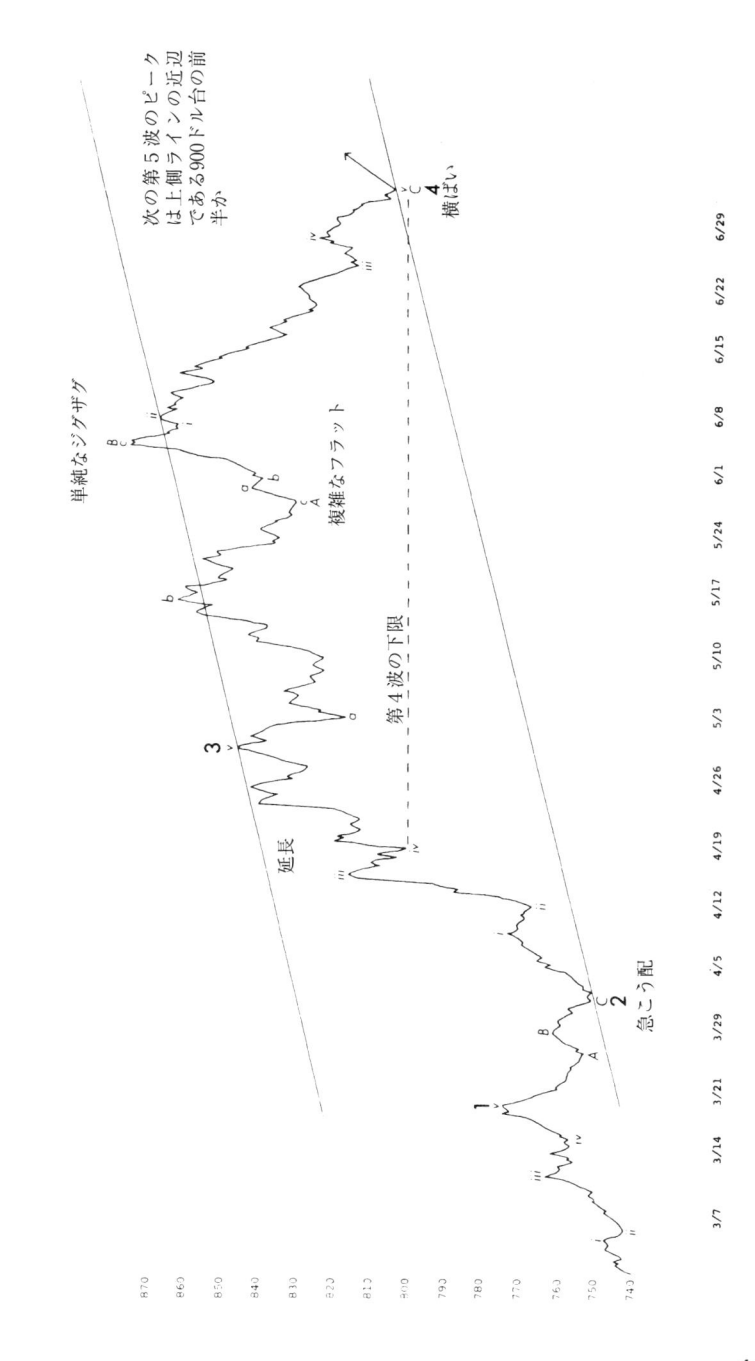

単純なジグザグ

次の第5波のピークは上側ラインの近辺である900ドル台の前半か

複雑なフラット

第4波の下限

延長

急こう配

横ばい

ラマチックなスタートに見える。Ｅ波ではほとんどと言っていいほど、そのトレンドを助長するような強力な材料が出てくる。Ｅ波の時期には、トライアングルの下側ラインを一時的に下抜くダマシのブレイクダウンなど、市場参加者の弱気の心理に拍車をかけるような動きが相次ぐが、来る大きな反転上昇に備えなければならないのもまさにこの時期である。このように、最後の下降波であるＥ波は、最後の上昇波である第５波と同じように、感情的な心理を伴う波である。

　これまで述べてきたそれぞれの波の特徴は絶対的なものではなく、したがってルールというよりはガイドラインとして解釈すべきである。しかし、それでもその有効性を損なうことにはならないだろう。例えば、ダウ平均の最近の値動き（時間足）を示した**図2.16**では、1978年３月１日の安値から上昇していったマイナー段階の最初の４つの波が進行している。それらは初めから終わりまで、具体的には各波の長さから出来高のパターン（この図には示されていない）、トレンドのチャネル、波の均等性のガイドライン、延長波に続くａ波のリトレイスメント、第４波の予想される安値、副次波の完全なカウント、オルターネーション（交互）の法則、フィボナッチ数列とフィボナッチ比率の関係に至るまで、まさに教科書に書いたようなエリオット波の動きになっている。そのなかでただひとつの変則的なパターンは、第４波の大きな長さである。1976～1978年の下降相場における0.618のリトレイスメントに照らせば、次の妥当な上値目標として914ドルに注目すべきであろう。

＊　　＊　　＊　　＊　　＊

　ガイドラインには例外があるが、そうした例外がなければ、相場の

分析は確率ではなく、正確な科学のようなものになってしまうだろう。しかし、波の構造に関するガイドラインをよく知っていれば、大きな自信を持って波をカウントできるだろう。実際に株価の動きを利用して波のカウントを確認したり、また波のカウントを利用して株価の方向を予測することもできる。

エリオット波動のガイドラインではマーケットのモメンタムや投資家のセンチメント分析など、従来のテクニカル分析の多くの領域もカバーしている。したがって、これまでのテクニカル分析はエリオット波の構造から現在の株価の位置を確認するときに役立つという点で、その価値はいっそう大きなものとなる。その意味ではエリオット波動を分析するときに、従来のテクニカル分析も併用することをぜひともお勧めする。

基礎を学ぶ

第1章と第2章で述べたいろいろなツールの知識があれば、熱心な投資家はプロレベルのエリオット波動の分析ができるだろう。このテーマについてあまり熱心に勉強しなかったり、それらのツールを厳密に適用しない投資家は、実際に試みる前に早々とギブアップしてしまうだろう。最良の学習プロセスは1時間足のチャートを付けることであり、すべての可能性に対して心をオープンにしながら、株式相場のあらゆる動きをエリオット波動のパターンに適合してみることである。そうすれば、徐々に目からうろこが落ち、自分が見ているものに絶えず驚くようになるだろう。

投資手法をいつも最も有効な波のカウント法に合致させながら、ほかの解釈もできるということを知っていれば、予期しない事態にもうまく適応できるようになるだろう。これができれば、そうした別の解釈の可能性を直ちに株式相場の見方に取り入れて、変化し続けるあら

ゆる相場の環境にも対応できるということを忘れてはならない。波形のルールを厳しく順守することは、無限の可能性を比較的狭い範囲に限定するうえで大きな価値があるかもしれないが、いろいろなパターンに柔軟に対処できれば、マーケットで今何が起こっていようとも、「そんなことはあり得ない」といった叫びを発することはなくなる。

「君があり得ないことを消去していけば、そのあとに残ったものは、それがどれほどありそうもないと思われても、それは真実に違いないよ」。これはアーサー・コナン・ドイル著『4人の署名』のなかで、シャーロック・ホームズが忠実な相棒のワトソン博士に雄弁に語った言葉である。このアドバイスには、エリオット波動で成功するために知っておくべきことが要約されている。最高のアプローチは演繹法である。エリオットのルールが認めないことを知っていれば、残ったものはそれがどれほどありそうもないと思われても、正しい物の考え方であると演繹できる。

波の延長、オルターネーション（交互）の法則、波の重複、チャネリング、出来高などに関する波動原理のすべてのルールを適用すれば、ちょっと想像できる以上のものすごい兵器を保有できる。多くの人々にとって不幸なことは、そうしたアプローチには考えることと作業が必要であり、それらのルールがメカニカルなシグナルを出してくれることはほとんどないということである。しかし、こうした考え方（消去法という基本的な考え方）は、エリオットがわれわれに与えてくれたものから、最高のものを引き出すことができる。何と面白いことではないか。ぜひとも試してみてほしい。

そうした演繹法の一例として、**図1.14**の1976年11月17日以降のダウ平均株価の値動きをもう一度見てほしい。波の番号と上側・下側のラインが表記されていなかったら、一定のフォーメーションが形成されているとは見えないだろう。しかし、波動原理をガイドとすれば、波の構成の意味は明確になる。次はどのような動きになるのか、自分

で予想してみていただきたい。以下はその日以降のダウ平均の値動きに関するロバート・プレクターの分析であるが、これはその前日にメリルリンチに送付したリポートの内容を要約したA・J・フロストあての書簡から抜粋したものである。

　「これは最近のトレンドラインのチャートに関する現在の私の意見をまとめたものですが、1時間足のチャートだけでこうした結論に達しました。私の分析では、1975年10月にスタートしたプライマリー第3波はまだそのコースを終了しておらず、プライマリー段階のインターミーディエット第5波は今も進行中です。特に重要なことは、1975年10月～1976年3月の上昇は5つの波ではなく3つの波であり、5月11日の動きが失敗に終わったときだけ、この波は5つの波として終了しただろうと確信していることです。
　しかし、そうした失敗の可能性に続く波形は、私が正しかったと満足させるようなものではありません。というのは、956.45ドルに向かう最初の下落は5つの波であり、それに続く次の全体的な波形は明らかにフラットであるからです。したがって、私は3月24日以降には修正第4波であると考えています。この修正波は拡大型トライアングルのフォーメーションの条件を完全に満たしており、もちろんそれは単なる第4波にすぎません。そこに引かれたトレンドラインは極めて正確であり、したがって最初の重要な下げ幅（3月24日～6月7日の55.51ポイント）に1.618を乗じた89.82ポイントという下値目標幅もかなり正確であると思われます。インターミーディエット第3波のオーソドックスな高値（1011.96ドル）から89.82ポイントを減じた922ドルが下値目標となります（この目標は先週の11月11日にクリアしたが、1時間足のザラ場の安値は920.62ドル）。ここから現在のインターミーディエット第5波は新高値に向かい、プライマリー第3波が終了す

ると予想されます。

　こうした解釈のただひとつの問題点は、エリオット波動に照らせば、一般に第4波はより小さな段階の前の第4波の価格帯を割り込むまでは下げないものですが（この場合の安値は2月17日の950.57ドル）、もちろんこの水準がすでに下抜かれていることです。しかし、こうしたルールは絶対的なものではないと思われます。逆対称型トライアングルのフォーメーションの次には、その三角形の最も広い幅のところまで株価は上昇すると予想されます。その水準は1020～1100ドルと見られますが、トレンドラインの上限である1090～1100ドルには届きません。

　また、第3波の副次的な第1波と第5波は、その時間と大きさという点で均等になる傾向があります。副次的な第1波は2カ月間（1975年10月～12月）で10％変動したので、副次的な第5波も約100ポイント上昇して1977年1月にピークを付ける（1020～1030ドル）と予想されますが、それでも上側のトレンドラインには再び届きません。このチャートのそれ以降の部分を見ると、こうしたすべてのガイドラインが株価の将来の方向を予測するうえで、どれほど役立つのかが分かるでしょう」

　クリストファー・モーリー（アメリカのジャーナリスト・小説家）はかつてこう言った。「ダンスは少女にとって素晴らしいトレーニングだ。男の子が実際に何かをしでかす前に、彼らがしようとしていることを予想するうえで、ダンスは少女が学ぶべき最初の方法である」。これと同じように、波動原理はその分析家を訓練し、株価が実際に動く前にその予想される動きを判断できるようにする。

　ちょうど自転車乗りを覚えた子供がけっしてそれを忘れないように、エリオット波動の「タッチ（感触）」をマスターすれば、生涯にわたってそれを利用することができる。そうなれば、株価の転換点をとら

えることはかなり日常的な経験となり、特に難しいということもなくなるだろう。さらに、エリオット波動を知ることによって、株価が進行するなかで現在がどの位置にあるのかを自信を持って判断できれば、株価の大きな変動に対しても心理的な心の準備ができるし、現在のトレンドを直線的に将来に延長するという多くの人々が犯す分析上の間違いからも解放されるだろう。最も重要なことは、波動原理はしばしば来る株式相場の前進や後退期間の相対的な「規模」を事前に知らせてくれることである。こうした株価のトレンドと調和を保って生活すれば、株式市場における成功と失敗ははっきりと区別されるだろう。

実際の適用

　分析ツールの実際の目的は、買い（または空売りの買い戻し）場の安値、売り（または空売り）場の高値を見つけることにある。トレーディングや投資のシステムを開発するときは、そのときの状況のニーズに応じて常にフレキシブルで決定的、しかも攻撃的かつ保守的な一定の考え方のパターンを取り入れるべきだ。エリオットの波動原理はそうしたシステムではないが、それを作り上げる基礎としては比類のないものである。

　多くの分析家はエリオットの波動原理を客観的なものとして扱ってはいないというのは事実であるが、波動原理はどこから見ても客観的な研究の成果である。もしくは、コリンズが言ったように、「テクニカル分析の規律ある形態のひとつ」である。ボルトンはよく、「学ぶのが最も難しいことのひとつは、自分が見たものを信じることだ」と言っていた。もしもあなたが自分の見たものを信じることができないとすれば、ほかの何らかの理由で自分のそうした考え方を分析プロセスに取り込んでいることになる。その時点で、あなたの波のカウントは主観的なものとなり、価値がなくなる。

それならば、どのようにすれば不確実な相場の世界で客観的でいられるのか。自らの分析の正しい目標を理解すれば、それはそれほど難しいことではない。

　エリオットの波動原理を知らないと、株式相場の値動きの可能性は無限に拡大していくようだ。波動原理とは、まず第一に「そうした無限の可能性を限定し」、次に将来の株価の方向に関して「相対的な確率の順序をつける」手段である。エリオットが緻密に決めたルールは、有効な代替の可能性を最小限に減らしてくれる。そのなかの最高の解釈はしばしば「優先的なカウント（Preferred Count）」と呼ばれ、最も多くのガイドラインの基準を満たすものである。そのほかの解釈は、この優先的なカウントに応じて順序づけられる。

　これにより、優れた分析家は波動原理のルールとガイドラインを客観的に適用するときに、一般にはそうした可能性の数と、特定の時間に予想されるいろいろな結果の確率の順序について予測を立てる。そうした確率の順序は確実につけられるだろう。しかし、そうした確率の順序に関する確実さは、一定の結果が得られることの確実さと同じではない。将来の株式相場の動きを確実に知ることはほとんどできないからだ。高い確率で特定の出来事が起こることを予測できるアプローチでさえも、しばしば間違うことがあるということを理解し、その事実を受け入れるべきだ。

　一方、ときに「代替的なカウント（Alternative Count）」と呼ばれる次善の解釈を絶えず更新することによって、その結果に対して心の準備をすることができる。波動原理を適用するというのは確率の作業なので、代替的な波のカウントを常に持っておくというのは、波動原理を正しく使うための必要条件である。株式相場の動きが予想したシナリオどおりにいかないとき、そうした代替的なカウントを当てはめれば、それは直ちに新しい優先的なカウントになるだろう。今乗っている馬から落ちたときは、別の馬に乗ればよい。

常に優先的な波のカウントに従って投資すべきだ。しかし、同じ投資スタンスのときでも２つ、または３つといったベストの波のカウントが可能なときもある。いつでも代替的な波のカウント法を準備しておけば、優先的なカウントが間違っていたときでも、利益を上げることができるだろう。例えば、間違って目先の安値をかなり重視していたようなとき、もっと大きなレベルで見ると、さらに新安値を付ける可能性が分かることもある。株価が目先の安値を付けたあと、必要な５つの波ではなく、明らかに３つの波で上昇したときもそれに似たケースである（３つの波による上昇は上方への修正の可能性が高いからだ）。このように、株式相場の転換点のあとに起こることは、リスクをかなり先取りして予想される安値や高値を確認・拒否することが多い。

　株価がそうした転換点をはっきりと示唆してくれないときでも、波動原理はやはり大きな価値を持っている。ほとんどの分析アプローチは、それがファンダメンタルズ、テクニカルやサイクル的なものを問わず、自分が間違っていたときにその見方やポジションを強いて反転させてくれるようなものは存在しない。これに対し、エリオットの波動原理はストップロスを置くときでも、本来の客観的な方法を示してくれる。波動分析は価格のパターンをベースとしているため、完成したと確認されたパターンはすでに終了したか、またはまだ終わっていないかのどちらかである。株価が方向を変えるときは、その転換点をとらえられるだろう。しかし、株価が明らかに完成したパターンを超えて進行したら、その結論は間違っていたことになるので、リスク資金は直ちに引き揚げるべきである。

　もちろん、緻密な分析を重ねても、はっきりした優先的な解釈ができないときもある。そうしたときは、波のカウントがそれ自身の解答を示してくれるまで待つべきだ。しばらくすると混乱した状況は次第にはっきりし、転換点が間近に迫っているという確率は突然、そして

胸が高鳴るほど100％に近づいてくる。

　そうした決定的な状況を確認できる能力は素晴らしいものであるが、波動原理はひとつの分析法にすぎない。しかし、波動原理は予測のガイドラインを示してくれる。そうしたガイドラインの多くは明確であり、驚くほど正確な結果を出すことも少なくない。もしも株式相場にある種のパターンが現れ、それがはっきりした形状をとるようなときは、多少の変則パターンがあるかもしれないが、一定の価格と時間の関係が繰り返される可能性が高い。実際にこれまでの経験がそうしたことを立証している。

　われわれのすべきことは、次の株価がどちらに向かうのかを事前に予測することである。目標値を決めるひとつのメリットは、株価の実際の動きをフォローするときの目安を置くことである。こうすれば、何かが間違っていたときは直ちに警告を受け、また株価が予想した方向に進まないときは、より正しい解釈に訂正することができる。事前に目標値を設定するもうひとつのメリットは、ほかの投資家が失望しながら保有株を手仕舞っているときに買い、良好な環境で自信を持って買ってくるときに売るための、心の準備を整えることである。

　あなたがどれほど確信していようとも、波の構造でリアルタイムに起こっていることから目をそらせば、利益を手にすることはまったく不可能である。最終的に株価はひとつのメッセージであり、値動きの変化はまもなく株価の方向が変化することを示唆している。そうしたときに本当に知らなければならないのは、買い、売り、または静観するのかを決めることである。そうした決定はチャートを一目見れば分かることもあるが、詳細な分析作業によってやっと理解できるときもある。

　しかし、自らの知識とスキルを総動員しても、マーケットで資金をリスクにさらすという試練に完全に備えられるものは何もない。つもり売買（ペーパートレーディング）、ほかの投資家の売買を見る、シ

ミュレーションのトレードを繰り返す——こうしたことをもってしてもダメである。売買法を上手に適用するという重要な条件をクリアして初めて、そのためのツールを手にするという投資の第一歩を踏み出す。そしてその方法に基づいてそのことを実行できたとき、自らの感情を克服するという真の作業と直面する。このように、分析と利益を上げることは２つの異なるスキルである。戦場で戦うこと以外に、実践を学ぶ方法はない。投機的なトレードを学ぶには、投機的なトレードをする以外にない。

　もしもトレーディングや投資をしている1000人のなかで成功している１人のマネをしようと決めたときは、総資産のほんの一部の資金を充てるべきだ。そうすれば、その第一段階が終わったとき、ほぼ確実に失うであろうその資金の喪失の原因を究明すれば、残りの資金で生活していけるだろう。そして資金を失った理由が分かり始めたら、やっと第二段階（自分の感情をコントロールするという道の長いプロセス）に進むことができる。この作業の準備はほかのだれもしてはくれず、自分でするしかない。

　しかし、われわれはあなたが株価を分析するときの正しい基礎を提供することはできる。数え切れないほど多くの投資家のトレーディングや投資のキャリアにおいて、最初は必ず価値のない分析アプローチをするものだ。そのときにわれわれはこう断言したい。「エリオットの波動原理を学びなさい」。波動原理はあなたに株式投資の「正しい考え方」を教え、株式投資で成功するための道へあなたを最初から導いてくれるからである。

第3章

波動原理の歴史的および数学的な背景

Historical and Mathematical Background of the Wave Principle

　フィボナッチ級数は13世紀の数学者であるピサのレオナルド・フィボナッチによって発見された（実際には再発見された）。この驚くべき人物の歴史的な背景の概要を述べ、次に彼の名前を持つ数列（厳密に言うと、これは単なる数字ではなく数列である）についてかなり詳しく論じることにしよう。エリオットが『自然の法則』を著したとき、彼はそのなかでフィボナッチ級数が波動原理の数学的な基礎になったと説明している（波動原理の背後にある数学についてもっと詳しく知りたいときは、ウォルター・E・ホワイト著『マセマティカル・ベイシス・オブ・ウエーブ・セオリー［Mathematical Basis of Wave Theory］』を参照のこと）。

ピサのレオナルド・フィボナッチ

　暗黒時代はヨーロッパでほぼすべての文化が消滅した時代だった。この時代は、西暦476年のローマ帝国滅亡から約1000年の中世の初めまで続いた。この時代を通じてヨーロッパでは数学と哲学は衰えたが、暗黒時代が東洋までは広がらなかったことから、インドとアラビアではそれらの学問が大きく開花した。やがてヨーロッパが徐々にその文化的な停滞状態から脱し始めるにつれて、地中海は文化の河として発

展し、インドとアラビアから商業や数学、そして新しい考え方などが流入してきた。

　中世の初期にピサは堅固な城壁で守られた都市国家となり、その海辺は当時の商業革命を反映して繁栄した商業の中心地となった。ピサの城壁のなかでは、皮革、毛皮製品、綿、羊毛、鉄、銅、スズ、香料などが取引され、金が重要な貨幣として流通していた。港には重量が400トン、全長が25メートルにも上るいろいろな船舶が満ちあふれていた。ピサの経済は、皮革と造船や鉄製品などが支えていた。ピサの政治は今日の基準に照らしてもうまく運営されていた。例えば、共和国の元首にはその任期が終わるまで給料は支払われなかった。というのは、元首の任期が終了したときにその行政について調べられ、彼が給料を受けるに値するかどうかが決められたからである。事実、フィボナッチはその検査官のひとりだった。

　レオナルド・フィボナッチは、優れた商人であり、また市の役人の息子として1170～1180年に生まれ、ピサにある多くの塔のひとつに住んでいたと思われる。その当時の塔は作業場や要塞、そして住居として使用され、その狭い窓からは矢を射ることができた。また、攻撃の意図を持って近づいてくる見知らぬ人々に対して、沸騰するタールを注ぎかけられるように作られていた。フィボナッチが存命していたとき、ピサの斜塔として知られる鐘塔が建設されていた。大聖堂と礼拝堂はすでに数年前に完成していたので、この塔はピサで建設される予定の三大建築物の最後のものであった。

　レオナルドはすでに学生時代に、商売用の計算機としてヨーロッパで広く使われていた算盤の使い方を含めて、税関や当時の商売の実務にも精通していた。彼の母国語はイタリア語だったが、フランス語やギリシャ語、さらにはラテン語も含む数カ国語を学び、それらを流ちょうに話すことができた。

　レオナルドの父は北アフリカのボギアの税関史に任命された直後、

息子の教育を完成させるために、レオナルドに一緒に任地に行くように命じた。こうしてレオナルドは父の仕事のために、たびたび地中海周辺を訪れるようになった。エジプトにもよく行ったが、その旅を終えたあとに、レオナルドは有名な『算盤の書（Liber Abaci）』を出版した。この本は世紀の偉大な数学的発見のひとつ、いわゆる記数法の最初の数字として0を置く10進法をヨーロッパに紹介することになった。0、1、2、3、4、5、6、7、8、9という親しみのある記号を含むこの方式は、現在世界中で使用されているヒンズー・アラビア方式として知られている。

　数値方式やケタの値の方式のもとでは、ほかの数字と一緒に一列に配置されて表される数字の実際の価値は、その基本数字の価値だけでなく、その列の位置によっても変わってくる（例えば、58と85は異なる価値を持っている）。すでに何千年も前にバビロニア人や中央アメリカのマヤ人たちは、こうした数値やケタの値の方式を独自に発展させてきたが、それらの計算法はほかのいろいろな点でも使いにくかった。こうした理由から、初めてゼロとケタの値を使用したバビロニア方式はギリシャはもとより、ローマの数学体系にも取り入れられなかった。

　ギリシャやローマの計算法はⅠ、Ⅴ、Ⅹ、Ｌ、Ｃ、Ｄ、Ｍの7つの記号で構成され、それらの記号には非数字的なケタの値が付与されていた。これらの非数字的な記号を使用する計算法では、加減乗除は容易な作業ではなかった（特に大きな数字を扱うとき）。これを逆説的に見ると、ローマ人はこうした問題を克服するために、アバカス（Abacus＝算盤）として知られた数字を使った非常に古い道具を使用していた。この道具は数字をベースとし、しかもゼロの原理を含んでいたので、ローマ人の計算法には必要な補足機能として広く使われていた。

　当時の簿記係や商人は、この算盤を頼りに実務を処理していた。フ

ィボナッチは『算盤の書』のなかでこの算盤の基本原理について述べたあと、旅行中にもこの新しい計算法を使い始めた。そして彼の尽力によって、やさしい計算法であるこの新しい方式は最終的にヨーロッパに伝えられた。その結果、従来のローマ数字は次第にアラビア数字の体系に取って代わられていった。この新しい方式のヨーロッパへの導入は、700年以上も前にローマが滅亡して以来、数学分野における最初の偉業であった。フィボナッチは中世時代を通じて数学を生かし続けただけでなく、いっそう高度な数学の分野と物理学・天文学・技術工学などの関連分野においても、偉大な発展の基礎を築いた。

後世の人々はフィボナッチをほとんど忘れ去ってしまったが、彼は疑いもなくその時代の人であった。彼の名声は、自ら科学者であり、また学者でもあったフリードリヒ2世がわざわざピサを訪れて、彼を捜し出したほどであった。フリードリヒ2世は神聖ローマ帝国の皇帝、そしてシシリーとエルサレムの王であり、またヨーロッパとシシリーにおける最も高貴な2つの家柄の子孫でもあり、当時の最も強大な君主であった。彼の考えは絶対君主のものであり、彼はローマ皇帝という華やかさにいつも取り囲まれていた。

フィボナッチとフリードリヒ2世は1225年に出会ったが、2人の出会いはピサの町にとって非常に重要な出来事であった。皇帝はトランペット奏者、廷臣、騎士、役人、見せ物の動物などの長い行列の先頭で騎乗していた。皇帝がこの有名な数学者の目の前に差し出した問題のいくつかは、『算盤の書』に詳しく述べられている。フィボナッチは皇帝が出した問題を明確に解き、彼は王宮で永久に歓待されることになった。フィボナッチが1228年に『算盤の書』を改訂したとき、彼はその改訂版をフリードリヒ2世に献呈した。

レオナルド・フィボナッチが中世の最も偉大な数学者であったというだけでは、まったく控えめな言い方であろう。彼は全部で3つの数学書を書いた。すなわち、1202年に出版され、1228年に改訂された『算

盤の書』、1220年に出版された『幾何学演習（Practica Geometriae）』、そして『2次方程式の書（Liber Quadratorum）』の3冊である。

　彼を称賛するピサの市民は1240年に、彼を「思慮ある学識者」として文献に記録し、そしてごく最近ではブリタニカ百科事典のジョセフ・ギース上級編集長は、将来の学者たちはいずれは「世界の偉大な知的先駆者のひとりとして、ピサのレオナルドを正当に評価するだろう」と述べている。幾時代を経て、彼の著書はようやくラテン語から英語に翻訳されつつある。興味ある読者のために付記すると、ジョセフとフランシス・ギースの共著『ピサのレオナルドと中世の新しい数学（Leonard of Pisa and the New Mathematics of the Middle Ages）』はフィボナッチの時代と彼の作品に関する優れた論文である。

　フィボナッチは中世の最も偉大な数学者だったが、彼の数少ない記念碑は斜塔からアルノ川を横切ったところにある小さな彫像と、ひとつはピサに、もうひとつはフローレンスにある彼の名前を持つ2つの通りだけである。ピサの55メートルの大理石の塔を訪れる人々のほとんどが、フィボナッチのことを聞いたこともないし、彼の彫像を見たこともないというのは本当に不思議なことである。1174年にその塔を建て始めた建築家はボナンナという人で、彼はフィボナッチと同時代人であった。この2人の人物は世界に大きな貢献をしたが、後者（フィボナッチ）が前者（ボナンナ）よりもはるかに大きな影響力を持っていたということはほとんど知られていない。

フィボナッチ級数

　『算盤の書』のなかでは、今日フィボナッチ級数として知られる1、1、2、3、5、8、13、21、34、55、89、144……と無限に続く数列が引き起こす問題が提起されている。その問題とは次のようなものである。

第1部　エリオット理論

　「囲いのなかにいる1対のウサギが2カ月目から新しい1つがいを産むとすれば、1対のウサギから1年間にいくつのつがいのウサギが産まれるのか」

　その解答にたどり着くと、次のようなことが分かる。最初のウサギのつがいを含めて、それぞれのウサギのつがいは成長するまでに1カ月を必要とするが、一度産み始めると毎月新しい1つがいを産むことになる。最初の2カ月の初めにはつがいの数は同じで、数列は1、1となる。この最初のつがいは2カ月目に最終的には2倍になるので、3カ月目の初めには2つのつがいがいることになる。この2つのつがいのうち、年をとったつがいが翌月に3番目のつがいを産むので、4カ月目の初めには数列は1、1、2、3に拡大する。これら3つのつがいのうち、年をとった2つのつがいは子供を産むことができるが、最も若いつがいは産むことができないので、ウサギのつがいの数は5となる。

　次の月には3つのつがいが子供を産むことになるので、数列は1、1、2、3、5、8となる。**図3.1**は、幾何級数的に家族が増大していくウサギの家系図を示したものである。この数列を数年間続けると、その数は天文学的なものとなる。例えば、100カ月後にはウサギのつがいは354224848179261915075となる。こうしたウサギの問題から提起されたフィボナッチ級数には多くの面白い性質があり、その構成要素の間にはほぼ一定の関係が存在する。

　この数列の隣接した2つの数字の合計は、数列の次の大きな数字となる。すなわち、1＋1＝2、1＋2＝3、2＋3＝5、3＋5＝8……と無限に続いていく。

図3.1　ウサギの家系図

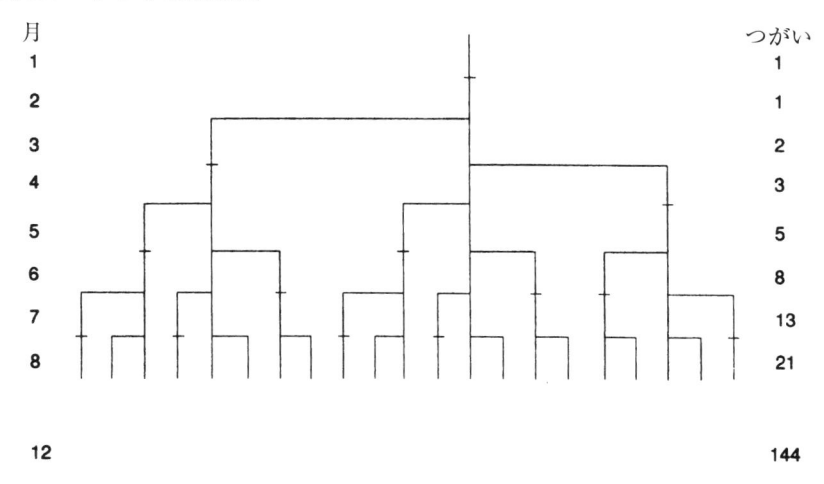

月		つがい
1		1
2		1
3		2
4		3
5		5
6		8
7		13
8		21
12		144

ウサギの夫妻は12カ月間に144つがいの家族を持つことになる

黄金比率

　数列の最初のいくつかの数字を除いて、それ以降の連続する2つの数字の関係は、1つ前の小さな数字の比率はほぼ0.618、1つ後ろの大きな数字の比率はほぼ1.618になっている。このように、数列の1つ前の数字の比率はファイ（ϕ）と呼ばれる0.618034……という無理数に近いものとなる。このほか、2つ前の数字の比率はほぼ0.382で、その逆数は2.618である。1～144のフィボナッチ数列の関係については、**図3.2**のフィボナッチ比率表を参照してほしい。

　ファイに1を加えた数は、1をファイで割った数に等しくなり（すなわち、1＋0.618＝1÷0.618)、ファイはこうした性質を持つただ1つの数である。ファイのこうした方程式の一例を示すと次のようになる。

図3.2 フィボナッチ比率表

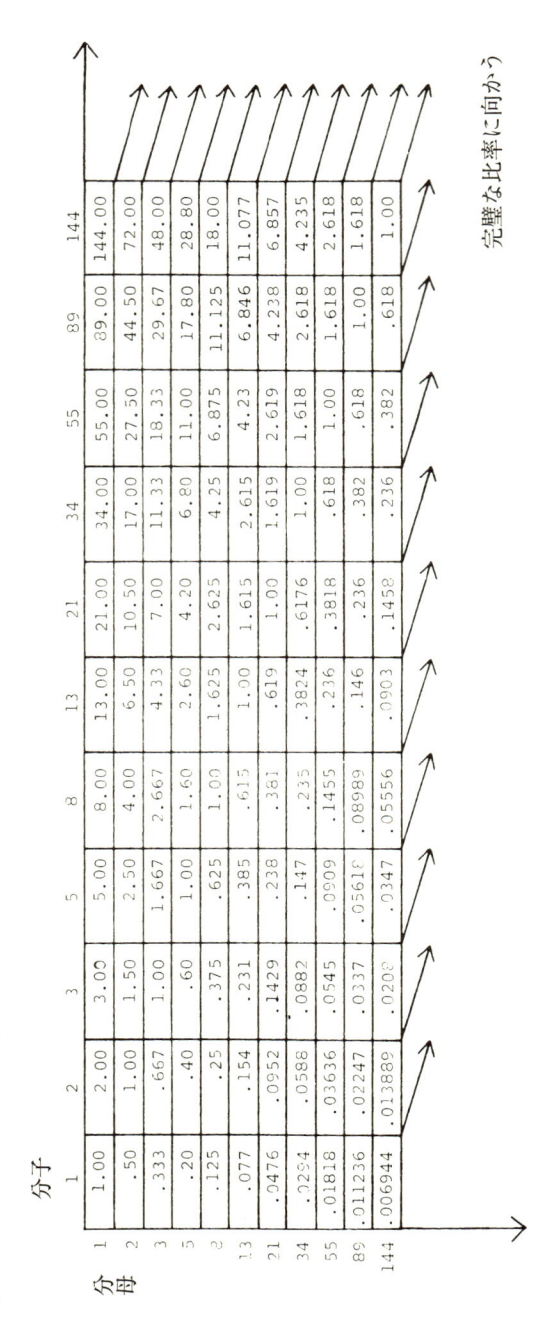

分子

分母	1	2	3	5	8	13	21	34	55	89	144
1	1.00	2.00	3.00	5.00	8.00	13.00	21.00	34.00	55.00	89.00	144.00
2	.50	1.00	1.50	2.50	4.00	6.50	10.50	17.00	27.50	44.50	72.00
3	.333	.667	1.00	1.667	2.667	4.33	7.00	11.33	18.33	29.67	48.00
5	.20	.40	.60	1.00	1.60	2.60	4.20	6.80	11.00	17.80	28.80
8	.125	.25	.375	.625	1.00	1.625	2.625	4.25	6.875	11.125	18.00
13	.077	.154	.231	.385	.615	1.00	1.615	2.615	4.23	6.846	11.077
21	.0476	.0952	.1429	.238	.381	.619	1.00	1.619	2.619	4.238	6.857
34	.0294	.0588	.0882	.147	.235	.3824	.6176	1.00	1.618	2.618	4.235
55	.01818	.03636	.0545	.0909	.1455	.236	.3818	.618	1.00	1.618	2.618
89	.011236	.02247	.0337	.05618	.08989	.146	.236	.382	.618	1.00	1.618
144	.006944	.013889	.0208	.0347	.05556	.0903	.1458	.236	.382	.618	1.00

完璧な比率に向かう

$0.618^2 = 1 - 0.618$
$0.618^3 = 0.618 - 0.618^2$
$0.618^4 = 0.618^2 - 0.618^3$
$0.618^5 = 0.618^3 - 0.618^4$

または、

$1.618^2 = 1 + 1.618$
$1.618^3 = 1.618 + 1.618^2$
$1.618^4 = 1.618^2 + 1.618^3$
$1.618^5 = 1.618^3 + 1.618^4$

これら4つの主な比率の相互に関連する性質について、もう少し例を挙げておこう。

$1.618 - 0.618 = 1$
$1.618 \times 0.618 = 1$
$1 - 0.618 = 0.382$
$0.618 \times 0.618 = 0.382$
$2.618 - 1.618 = 1$
$2.618 \times 0.382 = 1$
$2.618 \times 0.618 = 1.618$
$1.618 \times 1.618 = 2.618$

1と2を除くフィボナッチ数の4倍に特定のフィボナッチ数を加えると、別のフィボナッチ数が得られる。それらは次のようなものである。

$3 \times 4 = 12$　$12 + 1 = 13$

第1部　エリオット理論

```
 5×4＝20    20＋1＝21
 8×4＝32    32＋2＝34
13×4＝52    52＋3＝55
21×4＝84    84＋5＝89
```

　この新しい数列は、4を掛ける数字Xの素列の3つ先のフィボナッチ数で始まっている。こうした関係はおそらく成り立つだろう。というのは、2つおきのフィボナッチ数の間の比率は4.236であり、その逆数および4.236と4の差はともに0.236であるからだ。4以外の倍数を掛けたときはこれとは異なる数列となるが、それらもすべてフィボナッチ比率に基づいている。

　フィボナッチ級数についてもう少しこうした現象を挙げると、次のようなものがある。

1．連続する2つのフィボナッチ数は公約数を持たない。
2．フィボナッチ数列の数にそれぞれ1、2、3、4、5、6、7……と番号を振ると、4番目のフィボナッチ数（3）を除いて、素数（1とその数自身でしか割り切れない数字）の番号のところは、やはり素数のフィボナッチ数になっている。同じように、4番目のフィボナッチ数を除いて、すべての合成数（1とその数自身のほかに約数を持つ数字）のところは、やはり合成数のフィボナッチ数である（以下の表を参照）。

フィボナッチ数──素数（P）と合成数（C）

P	P	P	X	P		P				P		P			
1	1	2	3	5	8	13	21	34	55	89	144	233	377	610	987
1	2	3	4	5	6	7	8	9	10	11	12	13	14	15	16
			X		C		C	C	C		C		C	C	C

3. 連続する10個のフィボナッチ数の合計は11で割り切れる。

4. あるフィボナッチ数までのすべてのフィボナッチ数の合計に1を加えた数は、最後に加えたフィボナッチ数の2つ先のフィボナッチ数に等しい。

5. 1から始まる連続するフィボナッチ数のそれぞれの2乗の合計は、常に最後のフィボナッチ数にその次の数字を掛けた数と等しい。

6. あるフィボナッチ数の2乗から、その数の2つ前のフィボナッチ数の2乗を引くと、常にフィボナッチ数になる。

7. すべてのフィボナッチ数の2乗は、その数の前の数とその数の後ろの数を掛けた数に、1を加減したものと等しくなる。1を足すか、引くかは、その数列で交互になる。

8. n番目のフィボナッチ数F_nの2乗と次のフィボナッチ数F_{n+1}の2乗を足すと、(2n+1)番目のフィボナッチ数に等しくなる。この「$F_n^2 + F_{n+1}^2 = F_{2n+1}$」というフィボナッチ数列の算式は、直角三角形の3辺の関係に当てはまる。すなわち、2つの短い辺の2乗を足した数と最も長い辺の2乗は等しくなる。図の直角三角形では、$5^2 + 8^2 = \sqrt{89}^2$という関係が成り立つ。

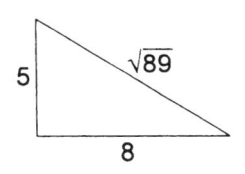

9. 以下の式は、数学で最も広く使われる2つの無理数パイ（$\pi = 3.1416$）とファイ（$\phi = 0.6180339$）の関係を示すフィボナッチ数列の算式である。

$$F_n \fallingdotseq 100 \times \pi^2 \times \phi^{(15-n)}$$

（$\phi = 0.618\cdots\cdots$、n＝フィボナッチ数列のn番目、F_n＝フィボナッチ数列のn番目の数。すなわち、$F_1 \fallingdotseq 1$、$F_2 \fallingdotseq 2$、$F_3 \fallingdotseq 3$、

$F_4 ≒ 5$ ……)

例えば、n = 7のときの算式は次のようになる。

$F_7 ≒ 100 × 3.1416^2 × 0.6180339^{(15-7)}$
　　$≒ 986.97 × 0.6180339^8$
　　$≒ 986.97 × 0.2129 ≒ 21.01 ≒ 21$

10. 筆者の知るかぎり、これまで指摘されたことのない心引かれる現象のひとつは次のようなものである。それは２つのフィボナッチ数の比率は、ほかのフィボナッチ数の1000分の１に非常に近い数になり、その差はさらに別のフィボナッチ数の1000分の１になる（**図3.2**のフィボナッチ比率表を参照）。したがって、昇べきフィボナッチ数においては次のようになる。

　同一のフィボナッチ数は1.00、または0.987 + 0.013
　隣接するフィボナッチ数は1.618、または1.597 + 0.021
　１つおきのフィボナッチ数は2.618、または2.584 + 0.034

一方、降べきフィボナッチ数においては次のようになっている。

　隣接するフィボナッチ数は0.618、または0.610 + 0.008
　１つおきのフィボナッチ数は0.382、または0.377 + 0.005
　２つおきのフィボナッチ数は0.236、0.233 + 0.003
　３つおきのフィボナッチ数は0.146、または0.144 + 0.002
　４つおきのフィボナッチ数は0.090、または0.089 + 0.001
　５つおきのフィボナッチ数は0.056、または0.055 + 0.001
　６つから12個おきまでのフィボナッチ数は、差0.034を持つフ

ィボナッチ数の1÷1000の比率の関係になっている。

　この分析で面白いことは、13個おきのフィボナッチ数の間の比率は、数列の初めの0.001（1÷1000）に戻るということである。すべての点において、われわれは「類は友を呼ぶ」、すなわち「無限に続く再生産」という神の創造物を真に所有している。これはその信奉者が特徴づけたように、「すべての数学的な関係のなかで最も揺るぎのない」性質を表している。

　最後に、$\sqrt{5}=2.236$、$(\sqrt{5}+1)\div 2=1.618$、$(\sqrt{5}-1)\div 2=0.618$という関係からも分かるように、波動原理のなかで5は最も重要な数字であり、5の平方根はファイに対する数学的なカギとなっている。

　1.618（または0.618）は、黄金比率とか中庸として知られる。この比率は見た目にも、また耳に対する響きも良く、生物学、音楽、芸術、建築などに広く取り入れられている。ウィリアム・ホッファーは1975年12月号のスミソニアン・マガジン誌のなかで、次のように述べている。

　　「……1対0.618034の比率は、トランプカード、パルテノン神殿、ヒマワリ、カタツムリの殻、ギリシャの壺、宇宙の渦巻き状の星雲などの形における数学的な基礎になっている。ギリシャ人たちはその芸術と建築の多くをこの比率に基づいていた。彼らはこの比率を「中庸」と呼んでいた。

　　フィボナッチの神秘的なウサギたちは、ほとんど予期せぬところでひょっこり現れる。その数は疑う余地もなく神秘的な自然の調和の一部を成しており、感じも見た目も、そして耳に響く音としても素晴らしい。例えば、音楽は8度音程に基づいている。ピアノではこれを8つの白鍵と5つの黒鍵の計13鍵によって表している。耳に最も満足を与える音楽的な和音が長6度であるという

ことは、けっして偶然ではない。Ｅ音はＣ音に対して、0.62500の比率で振動する。正確には中庸からわずかに0.006966だけずれているが、その長６度の比率は内耳の蝸牛（偶然にも対数らせん状に作られている器官）において、心地よい振動を引き起こす。

自然界においてフィボナッチ数と黄金らせんが連続して起こることは、芸術においてなぜ１：0.618034の比率が非常に心地よいのかを正確に説明している。人間は中庸に基づく芸術に生命のイメージを見ている」

自然は、最も微細な構成要素や最も進歩的なパターンにおいて黄金比率を使っている。脳の微小管やDNA分子（**図3.9**を参照）などの極小の形から、惑星までの距離や期間などの巨大な空間に至るありとあらゆるところに黄金比率を使っているのである。このように、黄金比率は準結晶の配列、ガラスに反射した光、脳や神経の組織、音符の配列、植物や動物の構造など、いろいろな現象に関係している。最新の科学は、自然界には実際に基本的な比例の原則が存在することを証明している。ところで皆さんは、読者は体の５つの腕や足やしっぽのうち、２本の腕で本書を持っている。その腕は３つの部分から成り、５本の指を持っている。さらに指は３つの部位に分かれている。この５－３－５－３の関係は波動の原理を示唆している。

黄金分割

どのような長さでも小さい部分と大きな部分の比率が、大きな部分と全体との比率に等しくなるように分割できる（**図3.3**を参照）。その比率はいつでも0.618である。

黄金分割は自然界の至るところで見られる。事実、われわれ人間の身体は外のり寸法から頭部の長さに至るすべてが、黄金分割のつづれ

図3.3

織りになっている（**図3.9**を参照のこと）。ピーター・トンプキンズによれば、「プラトンは『ティマイオス』のなかで、ファイ、そしてその結果としての黄金分割の比率を、すべての数学的な関係のなかで最も拘束力があるものと考えていた。そして、ファイを宇宙の物理学を解くカギと考えていた」。

16世紀にヨハネス・ケプラー（ドイツの天文学者）は、黄金分割または「神の分割（Divine Section）」に関する著書のなかで、黄金分割がほぼすべての創造物を説明しており、とりわけ「類は友を呼ぶ」という神の創造物を象徴化していると述べている。人間はへそのところで黄金分割の比率に分割されている。その統計的な平均は約0.618である。その比率は男と女では別々に適用されるが、これは「類は友を呼ぶ」ということが創造された素晴らしい象徴である。人類の進歩も「類は友を呼ぶ」ことの創造なのだろうか。

黄金長方形

黄金長方形の縦と横の辺は、1.618対1の比率になっている。黄金長方形を作るときは一辺が2単位と2単位の正方形で始め、正方形の一辺の中央から反対側にある角のどちらか一方に直線を引く（**図3.4**を参照）。

三角形EDBは直角三角形である。ピタゴラスは紀元前550年ごろに、直角三角形の斜辺の2乗は他の2辺のおのおのの2乗の和に等しいこ

図3.4

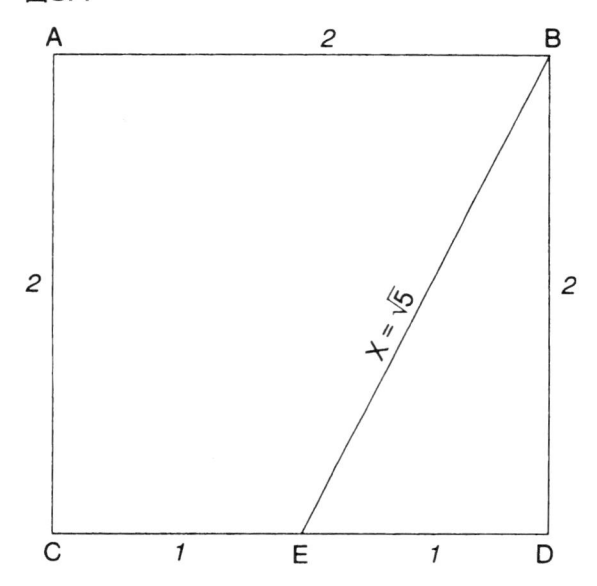

とを証明した。したがって**図3.4**の場合は、$X^2 = 2^2 + 1^2$となる。直線EBの長さは$\sqrt{5}$である。黄金長方形を作る次のステップは、直線CDを延長し、長さが$\sqrt{5}$または2.236に等しくなるように直線EGを引く（**図3.5**を参照）。完成すれば、長方形AFGCと長方形BFGDは黄金長方形である。その証明は次のとおりである。

$CG = \sqrt{5} + 1$	$DG = \sqrt{5} - 1$
$FG = 2$	$FG = 2$
$CG \div FG = (\sqrt{5} + 1) \div 2$	$DG \div FG = (\sqrt{5} - 1) \div 2$
$\quad = (2.236 + 1) \div 2$	$\quad = (2.236 - 1) \div 2$
$\quad = 3.236 \div 2$	$\quad = 1.236 \div 2$
$\quad = 1.618$	$\quad = 0.618$

長方形の縦と横の辺が黄金比率になっているので、定義上としてこ

図3.5

$x = \sqrt{5}$

$\sqrt{5}$

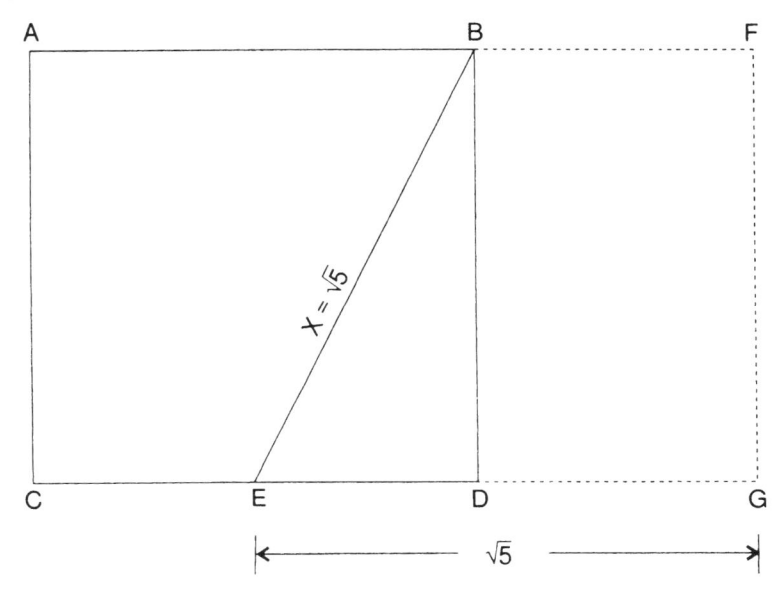

の長方形は黄金長方形となる。

　芸術作品は黄金長方形を知ることによって非常に高度化した。特に文明が高度に開花した古代エジプトとギリシャ、そしてルネサンス期には、黄金長方形の価値と使用に多くの芸術家が心引かれていった。レオナルド・ダ・ビンチは黄金比率に大きな意味を与えていた。黄金比率に心地良さを見つけたダ・ビンチは、「正しい姿を持たないものはダメだ」と述べている。彼は自らの作品の魅力を高めるために意識的に黄金長方形を使っていたので、彼の多くの絵画は正しい姿をしていた。古代や現代の建築家たち（なかでも最も有名な建築家はアテネのパルテノン神殿を建設した人たち）は、自らのデザインのなかに意識的に黄金三角形を取り入れている。

　明らかにファイの比率は、いろいろな形を見る人に一定の効果を与える。実験者たちは、人々がファイの比率に美的な心地良さを感じると結論づけている。例えば、いろいろな形の長方形のなかからひとつ

だけ選べと言われたとき、一般に平均的に選ばれるのは黄金長方形に近い長方形であることが分かっている。また、自分の最も好きな方法で1本の棒にもう1本の棒を交わらせるように言われると、われわれは一般にファイの比率に分割するように交差させてしまう。窓、額縁、建物、本、墓地などでは、よく黄金三角形に近い形で線が入れられている。

　黄金分割において、黄金三角形の価値は単に美しいということだけにとどまらず、明らかに機能的な役割にもある。数ある例のなかで最も際立ったものは、DNAの二重らせんそのものが規則的な間隔を持つねじれのなかで、正確な黄金三角形を形成していることである（**図3.9**を参照）。

　黄金分割と黄金三角形は自然と人間が作った審美的な美しさの静的な形として表れているが、また審美的に心地良い躍動感、成長または進歩の整然とした進行のなかにも内在していることは、それらが宇宙における最も際立った形のひとつ、すなわち黄金らせんという効果的な形をしていることを見てもよく分かる。

黄金らせん

　黄金長方形を使えば、黄金らせんを作ることができる。**図3.5**に示したような黄金長方形を正方形に分割していくと、黄金長方形はどんどん小さくなっていく（**図3.6**を参照）。こうしたプロセスは理論的には無限に続けることができる。このようにしてできた内へ内へと渦巻く正方形には、A、B、C、D、E、F、Gと記号が振られている。

　互いに黄金比率の関係にある点線は対角線として長方形を二等分し、渦巻く正方形の理論的な中心点を指し示している。**図3.7**に示したように、このほぼ中心点から形が大きくなっていく順序で、それぞれの渦巻く正方形の接点をつなぐとらせんを描くことができる。正方形が

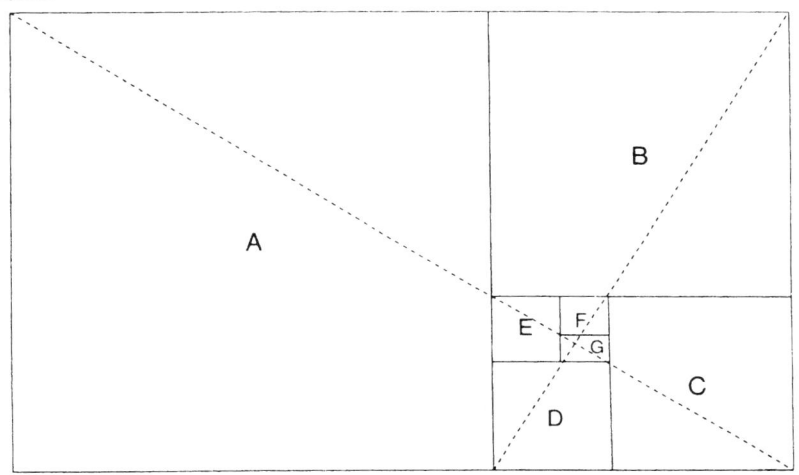

第3章 波動原理の歴史的および数学的な背景

図3.6

図3.7

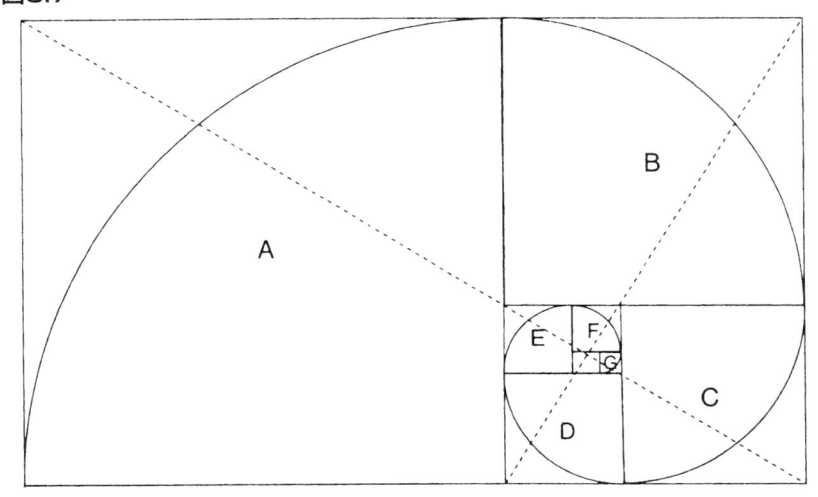

141

図3.8

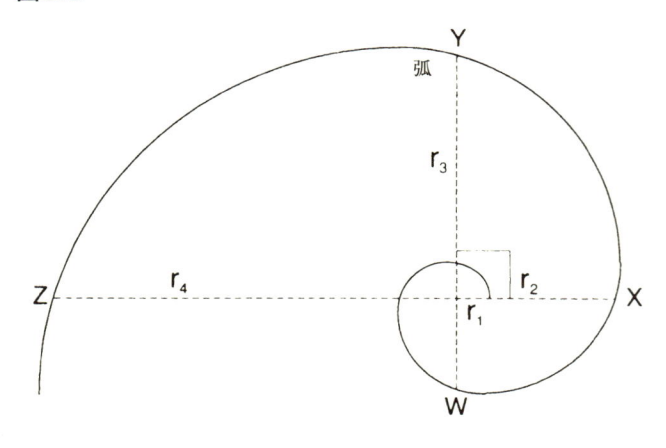

$$\frac{r_2}{r_1} = \frac{r_3}{r_2} = \frac{r_4}{r_3} = \ldots = \frac{r_n}{r_{n-1}} = \underline{1.618}$$

$$\frac{d_2}{d_1} = \frac{d_3}{d_2} = \ldots = \frac{d_n}{d_{n-1}} = \underline{1.618}$$

($d_1 = r_1 + r_3$, $d_2 = r_2 + r_4$, ...)

$$\frac{弧\ XY}{弧\ WX} = \frac{弧\ YZ}{弧\ XY}, \ldots = \frac{弧\ XZ}{弧\ WY} = \underline{1.618}$$

$$\frac{弧\ WY}{直径\ (WY)} = \frac{弧\ XZ}{直径\ (XZ)}, \ldots = \underline{1.618}$$

内や外に渦巻くにつれて、その接続点は対数らせんを描き出す。

　対数らせんが進行していくどの点においても、その直径に対する弧の長さの比率は1.618である。さらに、それぞれの直径と半径が90度で交わるかぎり、半径に対する直径の比率は1.618である（**図3.8**を参照）。

　対数または等角らせん形としての黄金らせんは、境界がなく一定の形をしている。どの点からでも、らせんは内と外へ無限に進んでいく。内側の中心点に達することはなく、また外側には無限に広がっていく。

もしも**図3.8**に示したような対数らせんの中心点を顕微鏡でのぞいたとすれば、数光年にわたって外へ伸びていくのと同じに見えるだろう。

ユークリッドの幾何学的な形は典型的な静止状態を暗示するが（たぶん楕円形は例外）、らせんは動き（すなわち、成長と衰退、拡大と収縮、進歩と退歩など）を示唆する。対数らせんは宇宙全体で見られる自然の成長の現象を本質的に表している。それは、小は原子粒子の動きから、大は銀河系に至るすべての大きさを内包している。デビッド・バーガミニが『マセマティックス（Mathematics）』のなかで指摘しているように、彗星の尾は太陽から対数らせんを描きながら遠ざかっていく。クモは対数らせん状にクモの巣を作る。バクテリアは対数らせん状に点を結ぶような速度で増殖していく。隕石が地球の表面に衝突するときは、対数らせんに相応したようなくぼみを作り出す。電子顕微鏡に準結晶を映すと、対数らせん状になっているのが分かる。松ぼっくり、タツノオトシゴ、カタツムリの殻、軟体動物の殻、海洋波、シダ、動物の角、ヒマワリやヒナギクなどの種の曲線状の配列など、ありとあらゆるものが対数らせん形をしている。

また、ハリケーンの雲、渦巻き、宇宙の銀河系なども対数らせん状に旋回している。互いに黄金分割の比率にある3本の骨で構成される人間の指でさえも、枯れていくポインセチア（鑑賞植物）と同じらせん状になっている（**図3.9**を参照）。**図3.9**には、宇宙のいろいろなものに対数らせんが影響を及ぼしている一例が示されている。宇宙の10億年の時間と光年は松ぼっくりと渦巻く銀河系を分離したが、その形はまったく同じである。おそらく基本的な法則である1.618という比率が、自然のダイナミックな現象を支配しているのであろう。このように、黄金らせんは自然界の壮大な形のひとつとして、終わりのない拡大と縮小の力として、そしてダイナミックなプロセスを支配する不変の法則として、象徴的な形をとってわれわれの目の前に広がっている。それらすべての根底にあるのは、中庸としての1.618の比率である。

図3.9

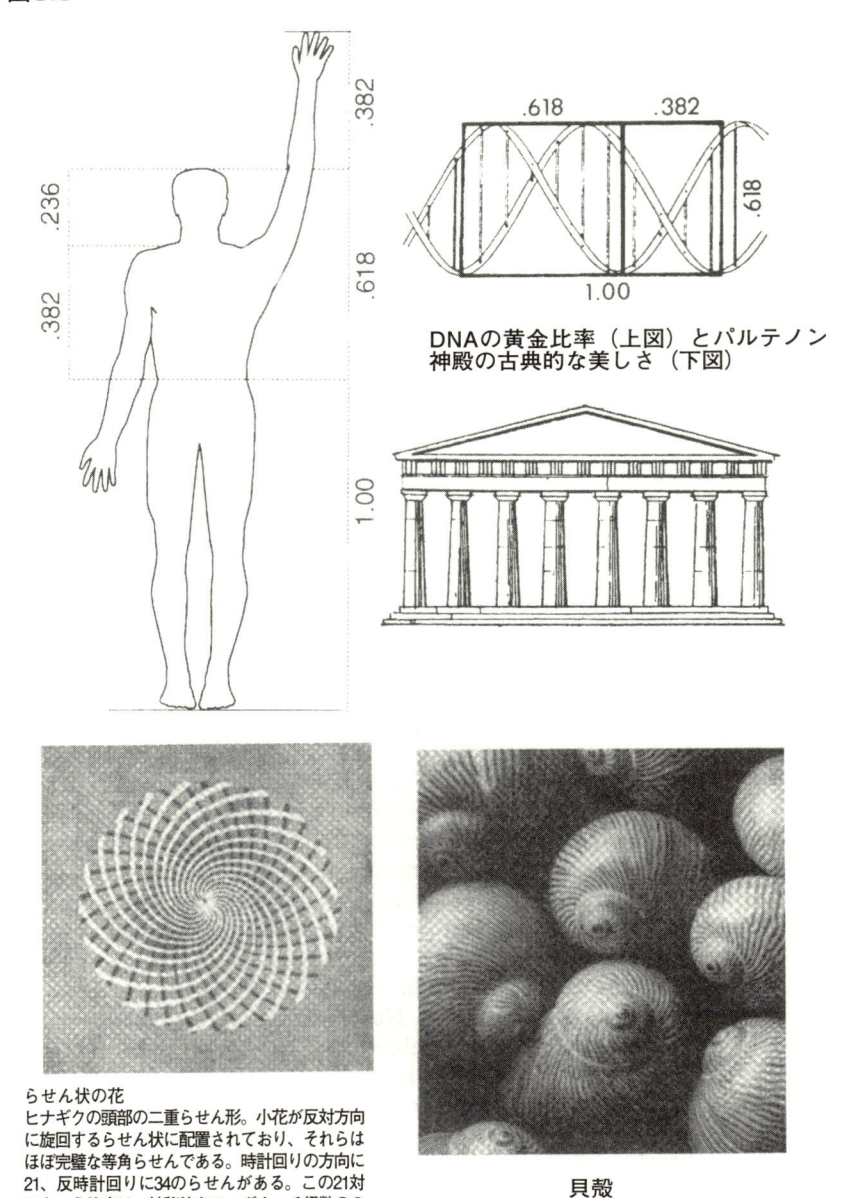

DNAの黄金比率（上図）とパルテノン神殿の古典的な美しさ（下図）

らせん状の花
ヒナギクの頭部の二重らせん形。小花が反対方向に旋回するらせん状に配置されており、それらはほぼ完璧な等角らせんである。時計回りの方向に21、反時計回りに34のらせんがある。この21対34という比率は、神秘的なフィボナッチ級数の2つの近隣する数字の比率に近似している。

貝殻

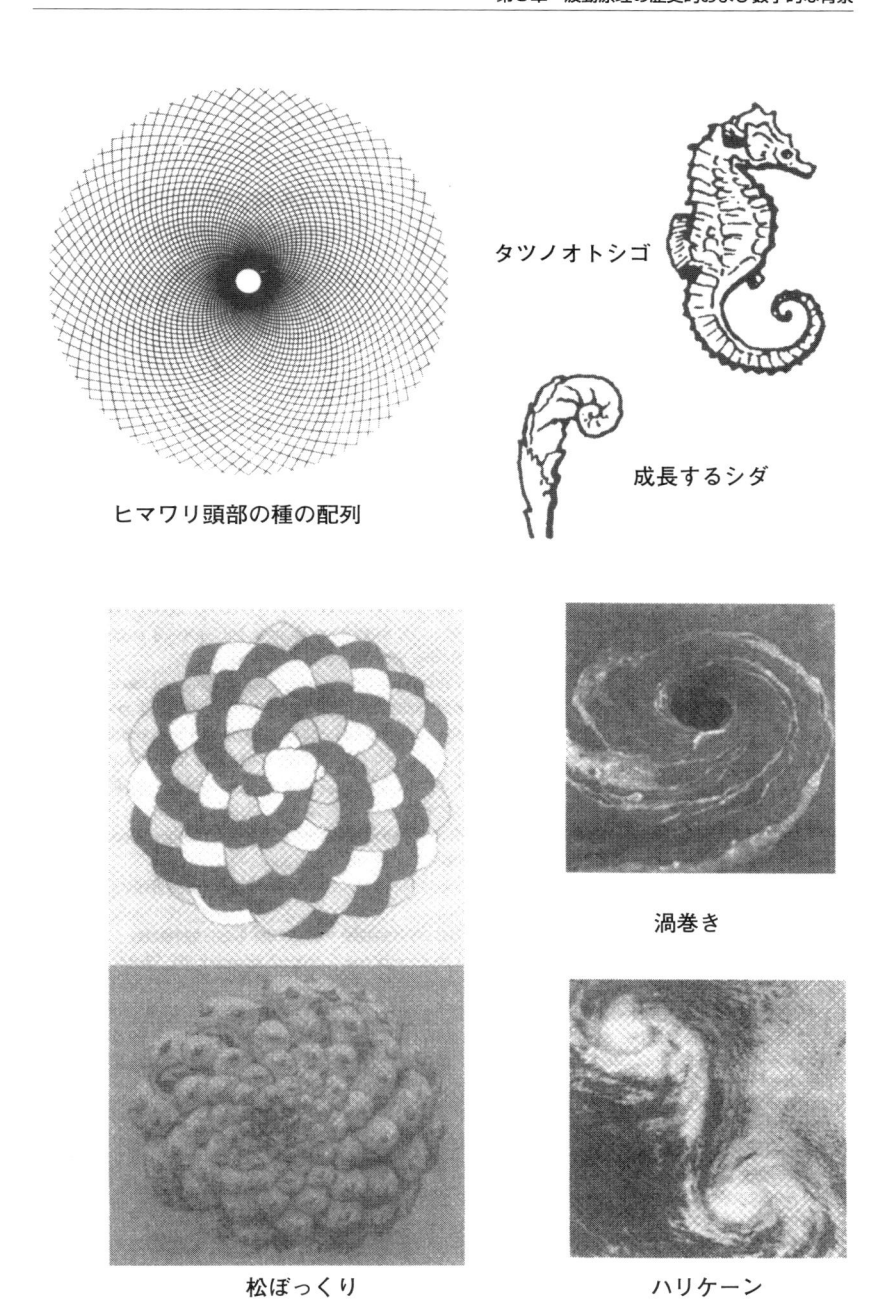

第3章 波動原理の歴史的および数学的な背景

ヒマワリ頭部の種の配列

タツノオトシゴ

成長するシダ

渦巻き

松ぼっくり

ハリケーン

145

第1部 エリオット理論

電子顕微鏡で見た準結晶（イスラエル・テクニオン工科大学のシェクトマン博士が撮影）

枯れていくポインセチアの葉

動物の角

泡箱の原子核粒子

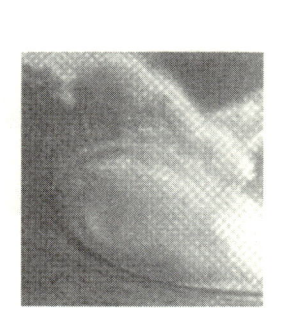

波

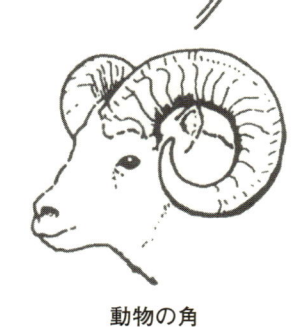

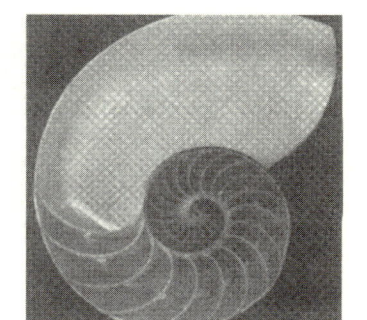

オウムガイ

第3章 波動原理の歴史的および数学的な背景

らせん状の銀河系

ファイの意味

　各時代の最高の知性の人々は、宇宙にあまねく存在するこの現象の価値を深く理解していた。歴史をひもとくと、こうした数学の公式にとりわけ魅せられた傑出した知識人たちの例であふれている。ピタゴラスは、すべての線分が次の小さな線分に対して黄金比率になっている5点星を自らの秩序のシンボルとして選んだ。かの有名な17世紀の数学者であるヤコブ・ベルヌーイは、自分の墓石に黄金らせんを刻み込むように言った。アイザック・ニュートンは自分のベッドのヘッドボード（頭板）に黄金らせんを刻んだ（この頭板は米ニューハンプシャー州ニューボストンにある米重力協会が保存している）。歴史上最も初期の有名な黄金らせんの愛好家は、エジプトのギザのピラミッドを建設した建築家たちで、今からほぼ5000年も前のその建造物を見ると、彼らがすでにファイのことを知っていたことが記録されている。エジプトの技師たちは意識的に大ピラミッドに黄金比率を取り入れ、ピラミッドの三角形の側面に底辺の半分の1.618倍の高さを与えたので、ピラミッドの垂直の高さは底辺の半分の1.618倍の平方根と同じ長さになった。

　『シークレッツ・オブ・ザ・グレート・ピラミッド（Secrets of the Great Pyramid）』の著者であるピーター・トンプキンズによれば、「この関係はヘロドトスの報告が本当に正しかったことを示している。すなわち、ピラミッドの高さの2乗は$\sqrt{\phi} \times \sqrt{\phi} = \phi$となり、その三角形の側面の面積は$1 \times \phi = \phi$である」。さらにこれらの比率を使うとき、エジプトの設計者たちは明らかに北半球の縮尺模型を作るためにパイとファイを使っていた。そのアプローチは数学的にかなり高度なものだったので、円を正方形に、球を立方体にするという偉業を成し遂げた（その面積と体積はいずれも同じである）。それに匹敵する偉業は、そのときから4000年以上たった今でもまだ現れていない。

このように大ピラミッドのことにちょっと触れると、次から次へといろいろな疑問点が頭に浮かんでくるが（それは当然であろう）、その形に同じように魅せられた天才的な科学者、数学者、芸術家、そして哲学者たちは数知れない（プラトン、ピタゴラス、ベルヌーイ、ケプラー、ダ・ビンチ、ニュートンなど）。ピラミッドを設計・建設した人々も明らかに、同じような傑出した科学者、天文学者、数学者、そして技術者たちであった。彼らは明らかに黄金比率を未来永劫にわたって、最高の重要性を持つものとして祭っておきたかったのであろう。のちにもこの黄金比率に魅せられた古代ギリシャや啓蒙主義時代の最高の知性の人々が同じような試みをしているが、そのこと自体がその重要性を示している。

　ところで、ピラミッドに関する「なぜ」という疑問は、いろいろな研究者から出されている。しかし、そうした疑問点がときにどれほど的外れのものであろうとも、そうした問い掛けはわれわれ自身で観察しようという好奇心を引き起こす。大ピラミッドが建設されてから何世紀もたつが、それは偉大な宇宙の神秘を理解するに値する自分を証明しようとした人々にとって最初の神殿として使われたと推測される。物事の単なる表面的な現象に惑わされることなく、その真の姿を発見した人々だけが、宇宙のいろいろな神秘、すなわち永遠の秩序と成長の複雑な真実を理解できるのである。

　それならば、そうした「神秘」にはファイが含まれるのだろうか。これについてトンプキンズは、「ルネ・シュワラー・ド・リュビッツ（フランスの錬金術師）の言うように、古代エジプト人たちはファイをひとつの数字ではなく、創造的な機能とか無限に続く再生産のシンボルと考えていた。彼らにとって、ファイは生命の情熱、男性の精子の動き、聖ヨハネの教えのロゴスを表していた」と説明している。ギリシャ語のロゴス（Logos）はヘラクレスやそれ以降の異教徒たち、ユダヤ人やキリスト教の哲学者たちによって、宇宙の合理的な秩序、内在

する自然の法則、物事の内に潜んでいる生命を与える力、世界を支配し、あらゆる地域にあまねく存在する普遍的な構造の力——など、さまざまに定義されてきた。

こうした壮大ではあるが、少しあいまいな先人たちのロゴスの定義を見ると、彼らは自分の知覚していたものをはたして本当に理解していたのだろうかと思うだろう。彼らには自然の成長パターンを明らかにするようなグラフや波動原理もなく、自分たちが認識する構造的な原則が自然界を形成していると述べていた。こうした普遍的な構造の力が世界を支配し、あらゆる地域に存在するという古代の哲学者たちの認識が正しいとすれば、それと同じ力が人間の世界にも存在し、われわれを支配していると言ってもよいのではないだろうか。

そうした力が人間の身体や脳、DNAなどを含む宇宙を支配し、それがファイという形で現れているならば、人間の活動も同じようにファイを反映したものではないのだろうか。もしもファイが宇宙の成長の力であるとすれば、それは人間の生産的な能力を進化させる原動力ではないだろうか。もしもファイが創造的な機能のシンボルであるとすれば、それは人間の創造的な活動も支配しているのではないか。もしも人間の進歩が「無限に続く」生産と再生産に基づいているとすれば、そうした進歩はファイのらせん的な形をとり、その形は人間の生産能力を評価する動き（いわゆる株式相場など）のなかで認識できるというのは不可能ではない、もしくは理にかなったことではないだろうか。

エジプトの賢者たちは明らかに、一見するとランダムに見えることの背後に、宇宙の秩序と成長を支配する隠れた真実があることを知っていた。1980年代の現代の「カオス理論」がその考えを再発見した。これと同じように、株式市場でも適当な考えで表面的にそう見えることではなく、真の姿に目を向けるならば、そうしたマーケットも正しく理解できるとわれわれは考えている。株式相場はそのときのニュー

スに反応したランダムで無秩序な動きをしているのではなく、人間の進化という整然とした構成を極めて正確に記録している。

このコンセプトを、天文学者のウィリアム・キングスランドが著した『現実と理論における大ピラミッド（The Great Pyramid in Fact and In Theory）』のなかの次のような言葉と比較してみよう。すなわち、エジプトの天文学と占星学は「人間の進化の大きなサイクルと関係している極めて深遠な科学」である。波動原理は人間の進化の大きなサイクルを説明し、それがなぜ、どのように現れているのかを明らかにしている。しかも波動原理はミクロとマクロのあらゆる現象を網羅し、それらはすべて不変の形をとる躍動と変化の逆説的な原則に基づいている。

宇宙に構造と統一をもたらしているのはこの形である。生命が無秩序とか混沌としていることを示すものは、自然界には何もない。「宇宙」という言葉は「ひとつの秩序」を意味する。生命が形を持つとすれば、そのときには生命の現実の一部である人間の進化も秩序と形を持つであろうという可能性を否定することはできない。ひいては、人間の生産的な企業を評価する株式相場もまたある秩序と形を持っている。株式相場を理解しようとするすべてのテクニカル分析は、こうした秩序と形の基本原則に依存している。しかし、エリオットの理論はほかのすべてのテクニカル分析を超えている。その理論によれば、その形がどれほど小さい、または大きかろうとも、「その基本的な形は依然として不変である」。

エリオットは二番目の研究論文で、「波動原理」というよりは「自然の法則――宇宙の神秘」というタイトルを使い、自然の法則をあらゆる人間活動に適用している。彼はそのなかで、自然界は単にひとつの単純な形の代わりに、数多くの形とプロセスを創造したので、波動原理は宇宙の神秘であるとまで言っている。しかし、既述したように、歴史上最も偉大な科学者のなかには、おそらくエリオットのこうした

言葉に賛同する人もいるだろう。少なくとも、波動原理が宇宙の最も重要な神秘のひとつであるということに異論はないだろう。

らせん的な株式相場におけるフィボナッチ

　われわれは、株式相場が多くの自然現象と同じ数学的な基本原理に基づいて動くということを理論化し、またそうであることを観察できるのだろうか。その答えは「イエス」である。エリオットがその最後の統一的な結論のなかで説明したように、波動の進行にも自然現象と同じ数学的な基本原理がある。フィボナッチ級数では波の数が決まっており、それらは株価全体の動きを形成している（第1章の初めで述べたように、基本的な波動は5対3の関係になっている）。

　図1.4で最初に示したように、株式相場の基本的な構成は完全なフィボナッチ級数を生み出している。修正波を最も単純な表現で表せば、1本の下降直線である。また、衝動波を最も単純に表現すると1本の上昇直線となる。完全なサイクルは2本の直線である。次の複雑な段階では、その数は3、5、8となる。**図3.10**に示したように、この連続は無限に続いていく。波動がフィボナッチ数列を生み出すという事実は、「人間が集団的に表現した感情は、この数学的な自然の法則のカギとなる」ことを示している。

　ここで**図3.11**と**図3.12**のフォーメーションを比較してみよう。これらの図は内に向かう黄金らせんの自然の法則を示しており、フィボナッチ比率に支配されている。それぞれの波の前の波との関係は0.618である。事実、ダウ平均株価のポイント単位の距離はフィボナッチ数学を反映している。1930～1942年の動きを直線で表した**図3.11**を見ると、株価のスイングはそれぞれおよそ260、160、100、60、38ポイントになっており、これはフィボナッチ比率の減衰表である2.618、1.618、1.00、0.618、0.382に極めて類似している。

図3.10

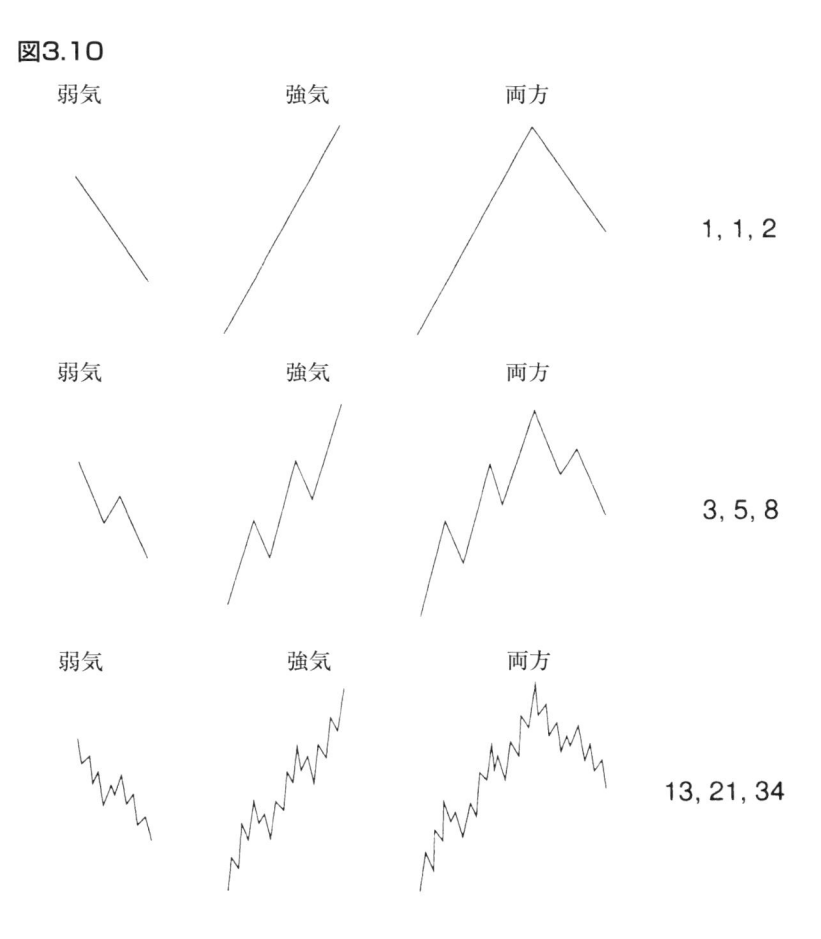

弱気	強気	両方	
			1, 1, 2
			3, 5, 8
			13, 21, 34

　図3.12に示した1977年の上昇修正波であるＸ波からスタートすると、スイングはほぼ正確に55ポイント（Ｘ波）、34ポイント（ａ〜ｃ波）、21ポイント（ｄ波）、13ポイント（ｅ波のａ波）、8ポイント（ｅ波のｂ波）となっており、これはフィボナッチ級数そのものである。スタートから終わりまでのネットの上昇幅は13ポイントで、このトライアングル（三角形）の頂点はこの修正の動きのスタート水準である930ドルに位置している。この水準は6月に続いて起こる反射的な上昇のピークの水準でもある。これらの波の実際のポイント数を偶然の一致、

第1部 エリオット理論

図3.11 ダウ平均のフィボナッチ・リトレイスメント（1930～1941年）

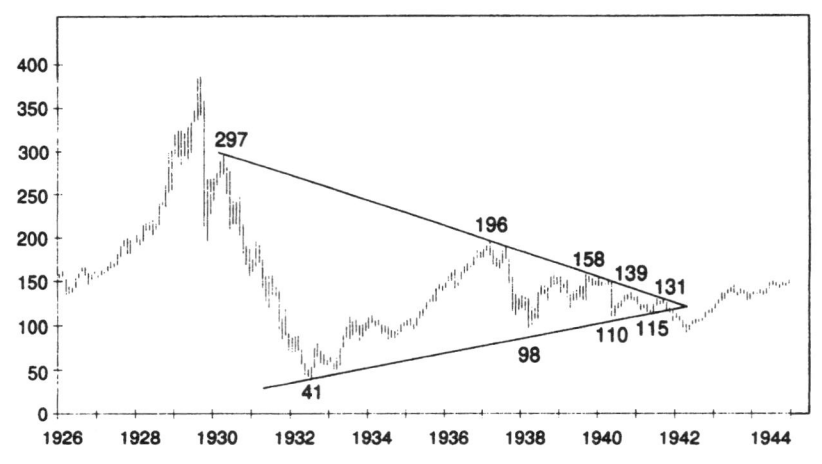

図3.12 対称型トライアングルのフィボナッチの長さ

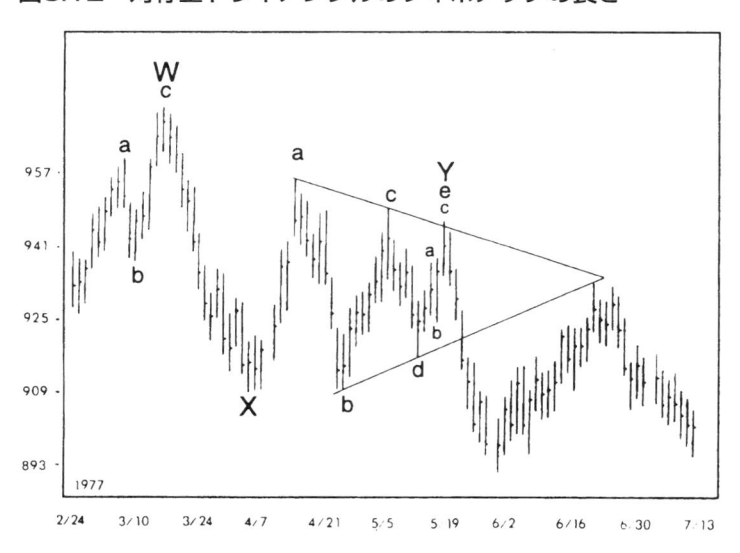

またはある形の一部であると考えようとも、連続したそれぞれの波の間に一定の0.618という比率が正確に現れるという事実は、けっして偶然の出来事ではないことは明らかである。なお、マーケットのパタ

図3.13

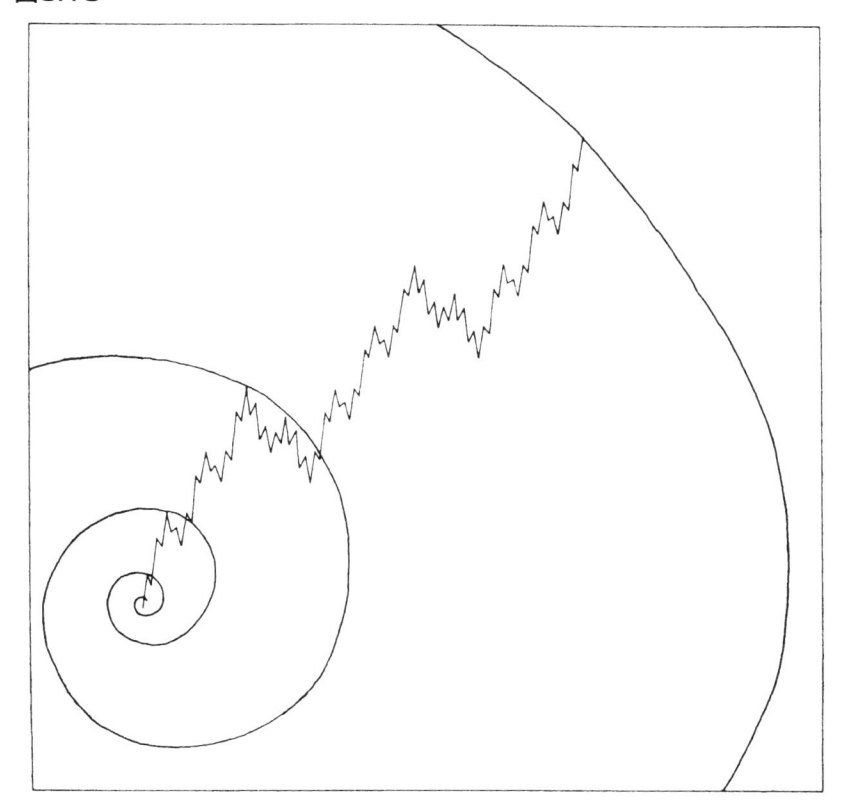

ーンにフィボナッチ比率が出現することについては、第4章と第7章でかなり詳しく検討する。

　それならば、株式相場のフィボナッチに基づく動きは、らせん的な進展を反映しているのだろうか。それに対する答えも「イエス」である。**図1.6**にも示したように、株式相場の進行に関するエリオットの理想化されたコンセプトは、対数らせんを形成する素晴らしい基礎がベースとなっている（**図3.13**はその大まかなイメージ図）。この対数らせんを形成する連続するそれぞれの波の頂点は、幾何学的な拡大の接点である。

第1部 エリオット理論

図3.14 いろいろな波動パターンのフィボナッチ級数的な構成

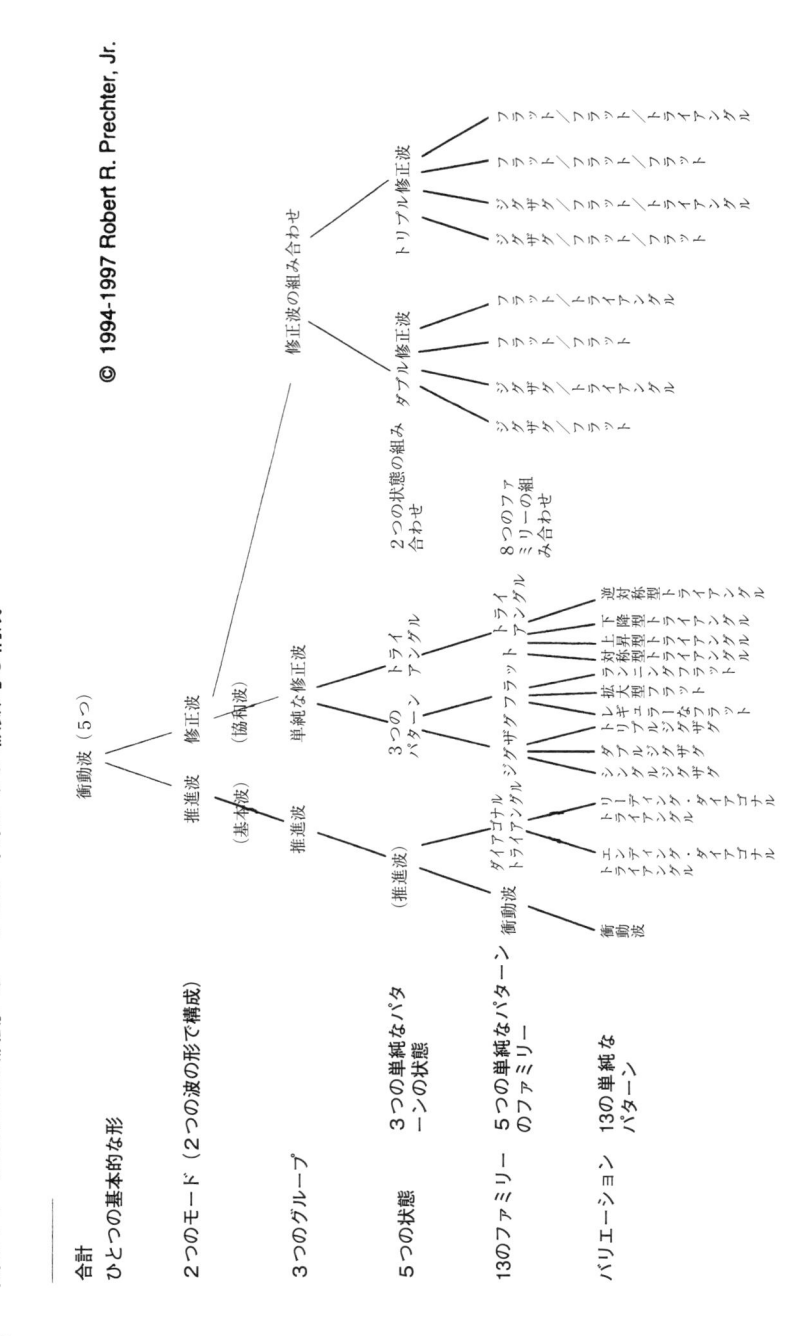

© 1994-1997 Robert R. Prechter, Jr.

合計
- ひとつの基本的な形
- 2つのモード（2つの波の形で構成）
- 3つのグループ
- 5つの状態
- 13のファミリー　5つの単純なパターンのファミリー
- バリエーション　13の単純なパターン

衝動波（5つ）
　推進波（基本波）
　　推進波
　　ダイアゴナルトライアングル
　　　エンディング
　　　リーディング
修正波（協和波）
　単純な修正波
　　3つのパターン
　　　ジグザグ
　　　フラット
　　　トライアングル
　　　　シングル
　　　　ダブル
　　　　トリプル
　　　　ジグザグ
　　　　ダブルジグザグ
　　　　トリプルジグザグ
　　　　レギュラー
　　　　拡大型
　　　　ランニング
　　　　三尊型
　　　　対称型
　　　　上昇型
　　　　下降型
　　　　逆対称型
修正波の組み合わせ
　2つの状態の組み合わせ　ダブル修正波
　　8つのファミリーの組み合わせ
　　　ジグザグ/フラット
　　　ジグザグ/トライアングル
　　　フラット/フラット
　　　フラット/トライアングル
　トリプル修正波
　　ジグザグ/フラット/フラット
　　ジグザグ/フラット/トライアングル
　　フラット/フラット/フラット
　　フラット/フラット/トライアングル

156

フィボナッチとらせんというこの2つの重要な点において、人間の生産企業の社会学的な評価は、自然界で見られるほかの成長の形も反映している。すなわち、「それらもすべて同じ原則に基づいている」という結論になる。

波動原理の構成におけるフィボナッチ数学

エリオット波動の整然とした複合的な構成でさえも、フィボナッチ級数を反映している。複合的な波動パターンのフィボナッチ構成を示した**図3.14**を使って具体的に説明すると、まずトップには（5つの連続した波で構成される）ひとつの基本的な形、次に2つの波のモード（Mode）が位置するが、それらは推進波（数字で表した基本波に細分される）と修正波（文字で表した協和波に細分される）で構成される。続いて波の単純なパターンである3つの状態が位置するが、それらは5つの波と3つの波、そして（5波と3波の両方の特徴を持つ）トライアングルである。次は衝動波、ダイアゴナルトライアングル（斜行三角形）、ジグザグ、フラット、トライアングルという5つの単純なパターンのファミリー（Family）となる。その下に13の単純なパターンのバリエーションが位置する（衝動波、エンディング・ダイアゴナルトライアングル、リーディング・ダイアゴナルトライアングル、ジグザグ、ダブルジグザグ、トリプルジグザグ、レギュラーなフラット、拡大型フラット、ランニングフラット、収束型＝対称型トライアングル、下降型トライアングル、上昇型トライアングル、拡大型＝逆対称型トライアングル）。

修正モードには単純と複合の2つのグループがあり、合計では3つのグループとなる。修正波の組み合わせは（ダブル修正とトリプル修正という）2つの状態があり、合計では5つの状態となる。ひとつの組み合わせに対しては（必要に応じて）ただひとつのトライアングル

とひとつのジグザグが対応するので、修正波の組み合わせは全部で8つのファミリーとなる。すなわち、ジグザグとフラット、ジグザグとトライアングル、フラットとフラット、フラットとトライアングル、ジグザグとフラットとフラット、ジグザグとフラットとトライアングル、フラットとフラットとフラット、フラットとフラットとトライアングルなど、ファミリー数は全部で13となる。単純なパターンとその組み合わせのファミリー数の合計は21である。

図3.14は、こうした波動パターンの組み合わせをツリー状に示したものである。波動パターンのいろいろな組み合わせ、または二次的な波のパターンのバリエーションをリストアップすると、それらの波動パターンがどのように進展していくのかがよく分かる（例えば、どの波が拡大するのか、どの波が交互に出現するのか、衝動波にはダイアゴナルトライアングルが含まれるのか、トライアングルのそれぞれの組み合わせにはどのような種類のトライアングルが含まれるのか──など）。

こうした波動パターンを序列化したツリーでは、許容できる範囲内で波のバリエーションを意図的に変更してもよい。こうした波動パターンのフィボナッチ級数的な構成にも見られるように、フィボナッチに関する原則にもフィボナッチ級数が反映されているようだということそれ自体が考察に値するものである。

ファイと加算級数

以下の章でも示すように、株式相場の動きは黄金比率に支配されている。そしてフィボナッチ数そのものでさえも、しばしば単なる偶然とはいえない頻度でマーケットの統計に出現する。しかし、それらのフィボナッチ数そのものも波動原理の壮大なコンセプトにおいては何らかの理論的な重要性を持っているが、こうした成長パターンの基本

的なカギとなるのがフィボナッチ比率であることを理解すべきである。こうしたことは文献ではあまり指摘されていないが、どのような２つの数でこの数列が始まろうとも、フィボナッチ比率はこうした加算級数の結果として生じる。フィボナッチ級数は数学的な成長のスタート地点である１で始まるため（**図3.15**を参照）、この種の最も基本的な加算級数なのである。

　しかし、ランダムに２つの数字を選び（例えば、17と352）、それらを加えて三番目の数字を作ることによって、連続した付加的な数を得ることができる。こうした数列が進んでいくと、この数列の隣接する数の間の比率は常に非常に速く限界値であるファイに近づいていく。こうした関係は８番目の数が得られるまでに明らかになる（**図3.16**を参照）。このように、フィボナッチ数列を作っている特定の数字は株式相場の波動の理想的な進展を反映しているが、前の２つの数字が合計されて次の数字を作っているという点で、幾何級数的な数列の基本法則になっている。こうした理由により、フィボナッチ比率は成長と衰退、拡大と縮小、前進と後退などの自然現象に関する一連のデータにおける多くの関係を支配している。

　最も広範な意味において、エリオットの波動原理は生物と銀河系を作っているのと同じ法則が、人間のすべての精神と活動にも内在しているという考えを示している。株式相場は世の中で最も如実に群集心理を反映していることから、株式相場のデータは人間の社会的および心理的な状態とトレンドを詳細に記録したものである。社会的な人間自身の生産的な企業の日々変動する自己評価としてのこうした記録には、明らかに前進と後退という特定のパターンが表れる。波動原理が言っていることは、人類の進歩（そして広範な人々の評価結果である株式相場）は直線的に進むのではなく、またランダムに、循環的に進むものでもないということである。むしろ、人類の進歩は自然が好むような「３歩前進・２歩後退」といった形で進んでいく。もっと壮大

図3.15

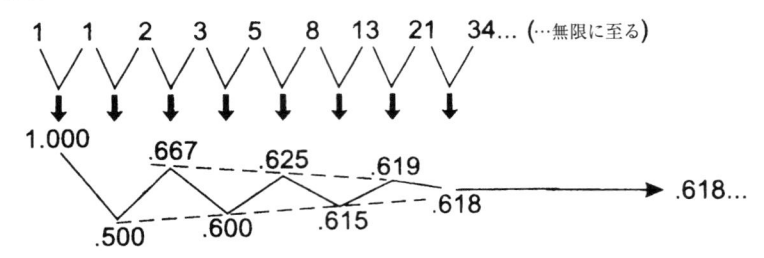

```
 1    1    2    3    5    8   13   21   34... (…無限に至る)
 ↓    ↓    ↓    ↓    ↓    ↓    ↓    ↓
1.000    .667    .625    .619
              .500   .600   .615   .618        → .618...
```

その逆数

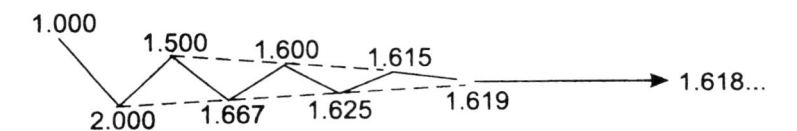

```
1.000    1.500   1.600   1.615
              2.000   1.667   1.625   1.619    → 1.618...
```

図3.16

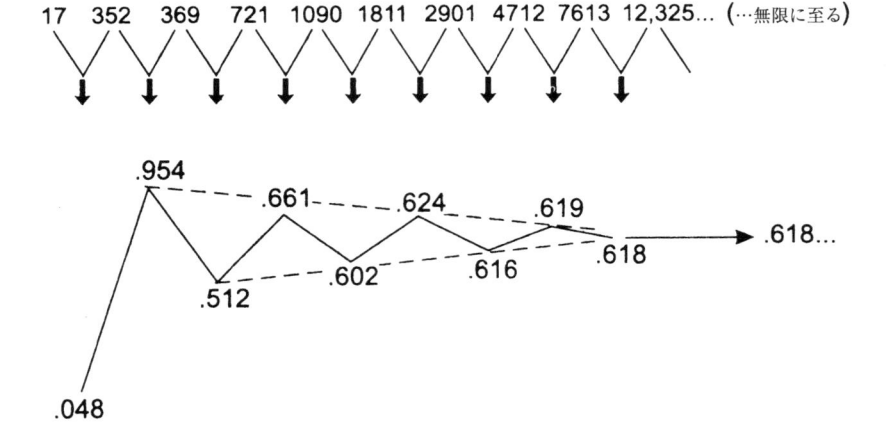

```
 17   352  369  721  1090 1811 2901 4712 7613 12,325... (…無限に至る)
  ↓    ↓    ↓    ↓    ↓    ↓    ↓    ↓
     .954    .661    .624    .619
         .512    .602    .616    .618         → .618...
.048
```

に言うと、社会的な人間の活動はフィボナッチ級数とらせん的な進歩のパターンという形をとるので、明らかに宇宙の秩序ある成長の一般法則の例外とはなり得ない。

われわれの考えによれば、波動原理とその他の自然現象との類似点

はあまりにも多いので、それらを意味のないこととして簡単に片づけることはできない。いろいろな可能性を考慮すると、われわれは社会的な事象に形を与える普遍的な原則が存在するという結論に到達する。また、アインシュタインが「神は宇宙とサイコロ遊びはしない」と言ったとき、彼は自分が何について話しているのかをよく知っていたという結論にもなる。群衆行動も紛れもなく研究し定義できる法則とつながっているという点で、株式相場もその例外ではない。最も簡潔にこの原理を表現すると、それは単純な数学的な記述、すなわち1.618の比率となる。

　詩人マックス・アーマンは、『デシデラータ（切なる願い）』のなかでこう述べている。「木や星と同じように、君たちは宇宙の子供である。君たちはここに存在する権利を持っている。それが君たちにはっきりしていようがいまいが、宇宙は疑いもなくあるべき存在としてその姿を現している」。生命に秩序はあるのだろうか。「イエス」。それならば、株式相場にも秩序はあるのか。これについても、明らかに「イエス」である。

第2部

Elliott Applied

エリオット波動原理の応用

フィナンシャル・ワールド誌は1939年に、「波動原理」と題するＲ・Ｎ・エリオットの12の論文を発表した。その出版者は、それらの論文の序文で次のように述べている。

　「この７～８年間に、金融雑誌の出版社や投資顧問業者の間では、その支持者たちが株式相場の動きをかなり正確に予測できると主張するいろいろな『システム』が大きな話題になっていた。それらのシステムのなかには、しばらくの間はうまく機能するように見えるものもあったが、まったく価値のないことがすぐに判明したものもあった。弊誌はそうしたすべてのシステムを懐疑の目で見ていた。しかし、Ｒ・Ｎ・エリオットの波動原理を検討した結果、弊誌はこのテーマに関するこれらの一連の論文はとても面白く、読者にとって有益であると確信するに至った。エリオットの波動原理が株式相場の予測ツールとして価値があるかどうかを決めるのはそれぞれの読者であるが、この波動原理は少なくても経済的な考察に基づくいろいろな結論を有効にチェックすることができると信じている」──フィナンシャル・ワールド誌編集部

　第２部ではフィナンシャル・ワールド誌編集部が述べたそうした順序を逆にして、エリオット波動原理に完全に依拠した株式相場の予測をチェックするとき、経済的な考察はせいぜいその補助的なツールとして考えるべきだと提言しておく。

第4章
比率分析とフィボナッチの時間級数

Ratio Analysis and Fibonacci Time Sequences

比率分析

　比率分析とは、ひとつの波のほかの波に対する時間と大きさの比率関係を分析することである。5つの上昇波と3つの下降波で構成される株式相場のサイクルに黄金比率を適用すると、ひとつの上昇局面が完成したとき、次の修正局面は時間とその大きさという点で、前の上昇局面の5分の3になると予想される。もっとも、そのような単純なケースはほとんど見られないが、株価が黄金比率の関係に従おうとする大きな傾向は常に存在し、それがそれぞれの波を正しい姿にする一因となっている。

　株式相場における波の大きさの関係を研究すると、驚くべき発見が出てくることもよくあるので、エリオット波動の実践者のなかには、比率関係の重要性にわれを忘れる人もいる。フィボナッチの時間比率はそれほど頻繁に見られるものではないが、われわれがいろいろな平均株価の動きを何年にもわたって追った結果、（普通目盛りまたはパーセントで表示した）ほぼすべての波の大きさにおいて、近隣の波、交互の波、および・または副次波の大きさの関係がフィボナッチ数の比率になっているという確信が得られた。われわれはそのいくつかの証拠を自分たちで提示しようと思っている。

株式相場における時間と大きさの比率に関するデータは、すべての適切な情報源のなかでは、まず最初に偉大なダウ理論家であるロバート・レアの著書のなかに発見することができる。レアは1936年に出版されたその著『ザ・ストーリー・オブ・ジ・アベレージ（The Story of the Averages）』のなかで、ダウ理論に基づく９つの強気相場と９つの弱気相場について、1896～1932年の36年間に及ぶ株価データの総合的な概要をまとめた。そうしたデータは明らかにすぐには役に立たないということは事実であるが、そうしたデータを提起する必要性を感じたことについて、彼は次のように述べている。

　「（こうした平均株価の再検討が）株式相場の歴史全体にどれほどの貢献をするのかどうかは分からないが、私はこの統計データの結果がほかの研究者たちの何カ月にもわたる作業時間を節約できるだろうと確信している。……有益だと思われる一部のデータだけでなく、われわれが収集したすべての統計データを記録するのが最高の結果になるだろう。……このタイトルの下に提示された数字は、将来の株式相場の変動の程度を予測するひとつの手掛かりとしての価値はおそらくほとんどないであろう。しかし、平均株価を一般的に研究するときの一助として、それらの数字を考察することには何らかの価値はあるだろう」

彼の見解はさらに続く。

　「（ダウ工業株平均だけを考察した）上記の表を見ると、この調査でカバーしたそれぞれ９つの強気相場と弱気相場の延べ日数は１万3115営業日にわたっている。強気相場はそのうちの8143日、弱気相場は残りの4972日である。この２つの数字の関係を見ると、弱気相場は強気相場の時間の61.1％になっている」

そして最後にこう述べている。

「第1欄には、それぞれの強気（または弱気）相場のすべての主要な動きの合計が示されている。その数字は明らかに、強気相場の最高値と最安値のネットの値幅よりかなり大きくなっている。例えば、第2章で論じた（ダウ工業株平均の）強気相場は29.64ドルで始まり、76.04ドルで終了し、その値幅、すなわちネットの上昇幅は46.40ポイントである。ところで、4つの主要なスイングの上昇幅は、それぞれ14.44、17.33、18.97、24.48ポイントとなっている。第1欄に示された数字は、これらの上昇幅の合計（75.22ポイント）である。この上昇幅の合計（75.22）をネットの上昇幅（46.40）で割ると1.621となり、第1欄ではそれがパーセントで表示されている。ここで、株式のトレードがほぼ完璧といえるほどにうまい2人のトレーダーがいると仮定しよう。そのひとりは強気相場の安値で株式を買い、株価が高値を付けるまで保有して売却し、その利益率が100％になったとする。もうひとりのトレーダーも安値で株式を買ったが、それぞれの主要なスイングの高値で保有株を売却し、次のスイングの安値で同じ株を買い戻すというプロセスを繰り返したとする。その結果、彼の利益率は162.1％となり、最初のトレーダーの100％に比べてかなり高い利益率となった。62.1％というネットの上昇率は、安値で買い直した株の上昇幅の合計である（ここが重要なところである）」

ロバート・レアは1936年に、強気相場と弱気相場の時間とその大きさについて、それとは知らずにフィボナッチ比率とその働きを発見していたのである。幸いなことに彼は、それらのデータを提示することにすぐには実用的な価値はないが、将来のいつの日にか役に立つだろ

図4.1　　　　　図4.2

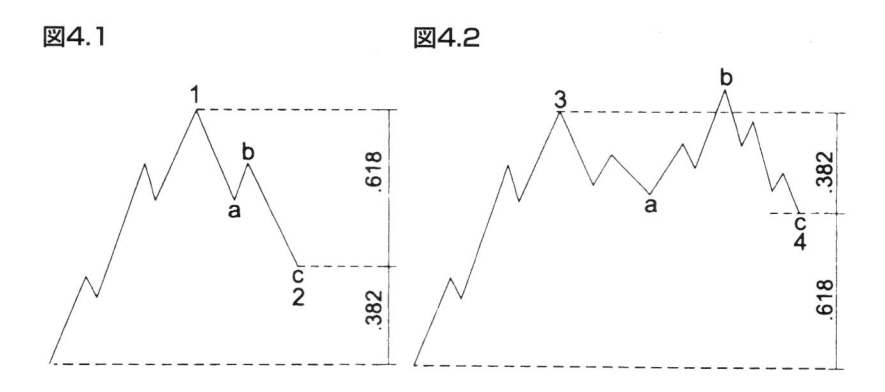

うと感じていた。それと同じようにわれわれも、フィボナッチの比率分析には多くの学ぶべきことがあり、それを紹介すれば（たとえその表面的な部分だけを紹介したとしても）、将来の分析家はそこから今のわれわれが考えもしなかったような問題に対する解答のヒントを得られるだろうという点で、それなりの価値はあると感じている。

　比率分析とは、波の間にしばしば起こるいくつかの正確な価格の関係を明らかにすることである。その具体例として、リトレイスメントと倍率の2つについて説明していこう。

リトレイスメント

　修正はそれに先立つ波のフィボナッチ比率でリトレイスすることが多い。**図4.1**に示したように、急こう配の修正では特にそれが衝撃波の第2波、より大きなジグザグのB波、または複数のジグザグのX波で起こるときは、よく前の波の61.8％または50％までリトレイスする。横ばいの修正では特に第4波で修正が起こるときは、前の衝撃波の38.2％までリトレイスする傾向がよく見られる（**図4.2**を参照）。

　リトレイスメントはどのような規模の波でも起こる。**図4.1**と**図4.2**に示した比率は、単なる傾向の一例である。リトレイスメントを

値幅で表すことは簡単なので、残念なことに多くの分析家はそうした表示をかなり重視している。しかし、同じ方向を向いている交互の波やその長さの比率のほうが、はるかに正確で信頼できる（これについては以下で詳しく説明する）。

推進波の倍率

第２章で言及したように、第３波が延長したときは第１波と第５波の長さは均等、またはそれらの波は第３波に対して0.618の比率になる（**図4.3**を参照）。実際にこの３つの推進波はフィボナッチ比率（同じか、1.618、2.618）の関係にあることが多い（その逆数は0.618と0.382）。これらの衝撃波の関係は通常ではパーセントで表示される。例えば、1932～1937年に第Ⅰ波が371.6％上昇したとき、1942～1966年の第Ⅲ波は971.7％、すなわち2.618倍の上昇率となった。これらの波の関係を表示するには半対数目盛りが必要である。もちろん、小さな波の段階では普通目盛りとパーセント目盛りではほとんど同じ結果が得られ、各衝撃波のポイント表示の値幅と倍率はほぼ一致する。

もうひとつの典型的な波の関係として、第５波の長さはときに第１波～第３波の長さとフィボナッチ比率の関係にある。**図4.4**は第５波が延長したときの第５波と第１波～第３波の長さの関係を示しているが、第５波が延長しないときの第１波～第３波と第５波の長さの比率は0.618対0.382となる。まれに第１波が延長したときは、第２波のところで分割した衝撃波全体の長さがかなり合理的に黄金比率になることが多い（**図4.5**を参照）。

これまで述べてきたことをまとめて一般化すると次のようになる。第１波が延長しないときは、しばしば第４波のところで衝撃波全体の長さが黄金比率に分割される。第５波が延長しないときは第４波のところで衝撃波全体が0.618対0.382に分割され（**図4.6**を参照）、第５波が延長したときはその反対に第４波のところで0.382対0.618に分割さ

図4.3　　　　　　図4.4　　　　　　図4.5

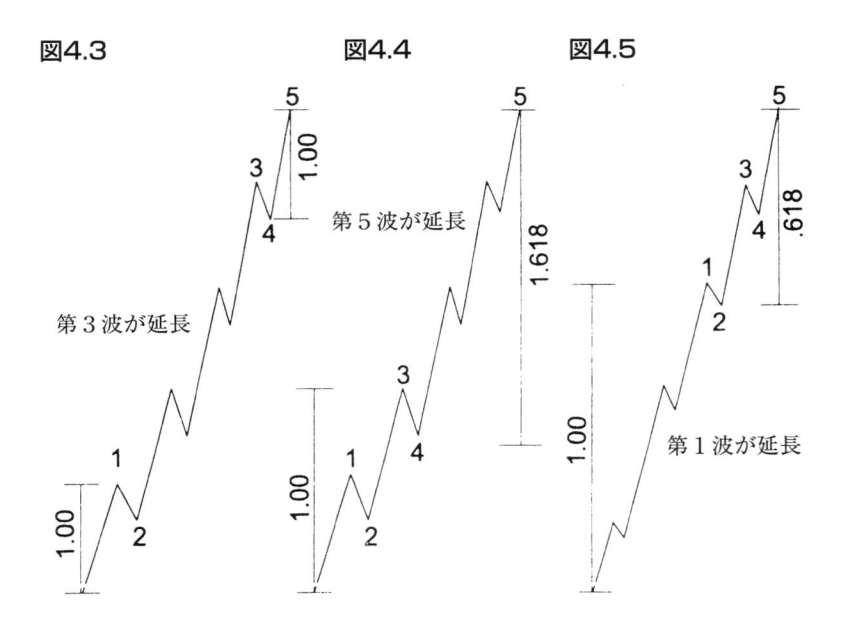

第3波が延長　　　　　第5波が延長　　　　　第1波が延長

れる（**図4.7**を参照）。**図6.8**と**図6.9**はその実例を示したものである。もっとも、衝撃波全体を上下に分ける第4波の価格帯の分割点は幾分変化するという点で、このガイドラインはそれほど厳密なものではない。その地点は第4波の始点や終点、またはトレンドに逆行した最安値になることもある。このようにそのときの株式相場の環境に応じて、第5波の終点は近似する2～3の地点となる。したがって、第5波に対するリトレイスメントの目標値は、第4波の終点と0.382のリトレイス地点という2つに照らして、二重に設定する必要がある。

修正波の倍率

　一般にジグザグ修正のＣ波の長さはＡ波と同じになるが（**図4.8**を参照）、Ａ波の長さの1.618や0.618倍になることもある。この同じ比率の関係はダブルジグザグのパターンにおける二番目と最初のジグザグ

図4.6   図4.7

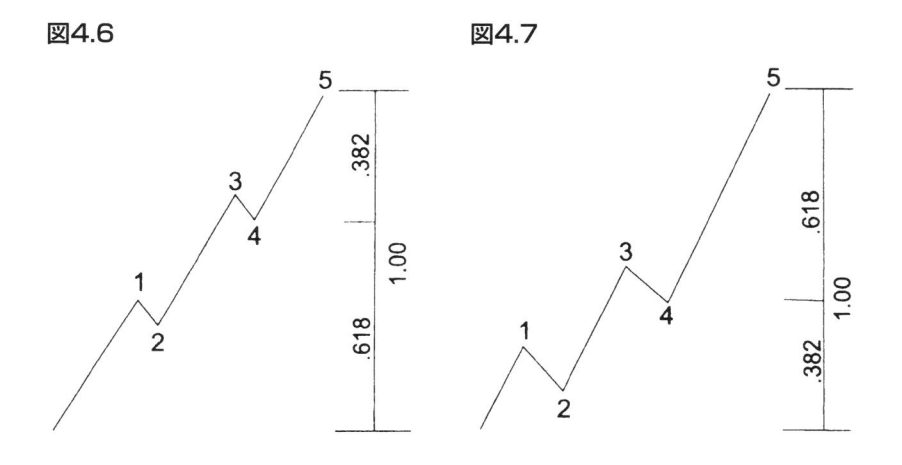

波にも当てはまる（**図4.9**を参照）。

　レギュラーなフラット修正では、もちろんA波、B波、C波はほぼ同じになる（**図4.10**を参照）。拡大型フラット修正では、C波はしばしばA波の長さの1.618倍になる。すなわち、C波がA波の0.618倍の距離だけ、その終点を超えて終了することが多い。**図4.11**はこうしたC波とA波の関係を示したものである。まれにC波がA波の2.618倍の長さになることもある。一方、拡大型フラット修正のB波はよくA波の1.236や1.382倍になる。

　トライアングルでは、交互の波の少なくとも2つが主に0.618の比率の関係になることが分かった。すなわち、収束型、上昇型トライアングルや下降型トライアングルの波の関係は、E波＝C波×0.618、C波＝A波×0.618、またはD波＝B波×0.618となる（**図4.12**を参照）。拡大型トライアングルのその倍率は1.618である。まれに隣同士の波が0.618や1.618の比率の関係になることもある。

　ダブル修正とトリプル修正では、それぞれの修正局面のネットの値幅は同じ、または特にトリプル修正のひとつの局面がトライアングル

173

図4.8

図4.9

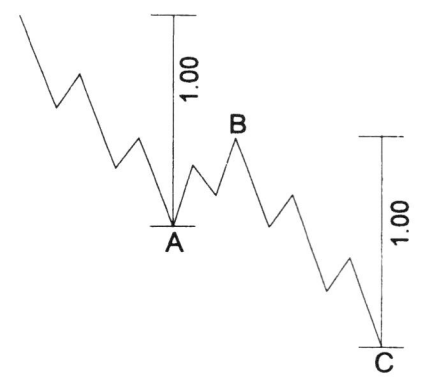

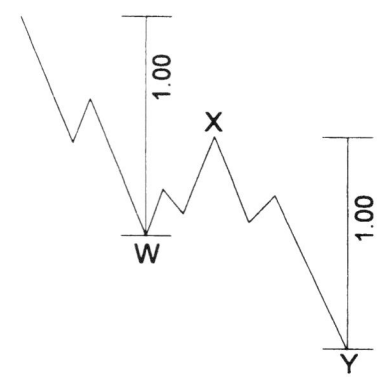

図4.10

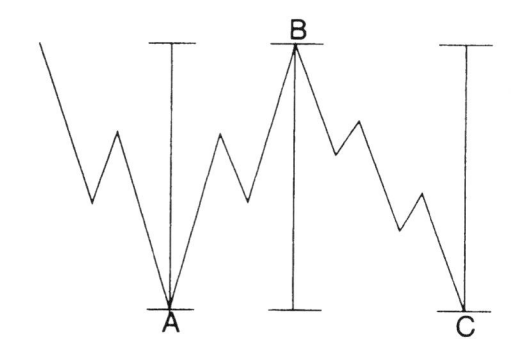

図4.11

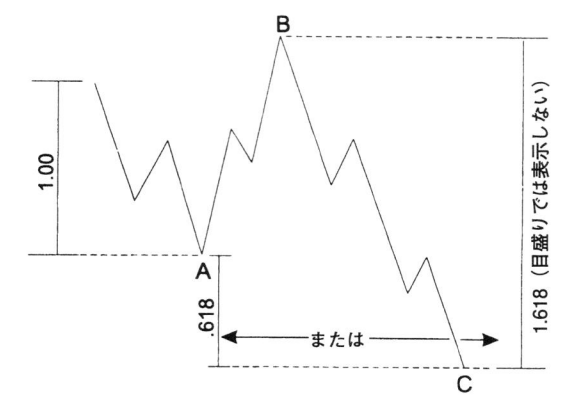

図4.12

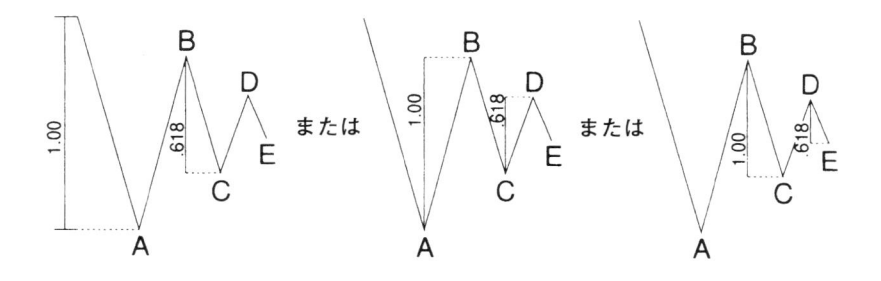

になるときは、各局面の値幅の比率は0.618倍になることが多い。

　最後に、第4波のグロスおよび・またはネットの値幅が第2波と同じ、もしくはフィボナッチ比率の関係になることもよくある。衝撃波のときと同じく、修正波のこうした関係も通常ではパーセントで表示される。

比率分析の応用

　ロバート・レアの本が出版されてから数年後に、エリオットは自身で最初に比率分析が適応可能であることを知った。彼は、第1波～第3波を含む1921～1926年のダウ平均のポイント数が、1926～1928年の第5波のポイント数の61.8％であったことに気づいた（エリオットによれば、1928年が強気相場のオーソドックスな天井である）。これとまったく同じ関係が1932～1937年の第5波で再び起きている（**図2.11**と**図2.12**を参照）。

　A・ハミルトン・ボルトンはバンク・クレジット・アナリスト誌の1957年版のエリオット波動の補足のなかで、予想される典型的な波の動きに基づいて、次のように株価を予測した。

「もしも株式相場がオーソドックスな水準でもう１年ほど値固めすれば、強力な上昇圧力が起こるだろう。そうなれば、プライマリー第Ⅴ波はかなりセンセーショナルなものとなり、ダウ平均株価は1960年代初めには大きな投機的な波を伴って、1000ドルの大台に乗る可能性があると思われる」

その後、ボルトンはエリオットが引用した実例について、『エリオット波動──ビジネス・サイクル』（日本証券新聞社）のなかで、次のように述べている。

「1949年の株式相場が現在までこの公式に沿って動くとすれば、1949～1956年のダウ平均の上昇幅（361ポイント）は、1957年の安値である416ドルに（361ポイント×161.8％の）583ポイントを加えた計999ポイントに達したときに完成するだろう。または、416＋361＝777ポイントであるかもしれない」

そして1964年版のエリオット波動の補足を書いたとき、ボルトンは次のように結論づけている。

「ダウ平均はすでに777ドルの水準を十分に超えたので、われわれの次の目標は1000ドルになると思われる」

1966年は米株式相場の歴史のなかで、これが最も正確な予想であったことを証明した年となった。すなわち、ダウ平均は1966年２月９日の午後３時に、１時間足で995.82ドルの高値を記録した（ザラ場の高値は1001.11ドル）。それに先立つ６年前のボルトンの予想は、ダウ平均で3.18ポイント以内、１％の３分の１以下の誤差という正確さであった。

こうした目を見張るような正確な予測にもかかわらず、波形の分析は比率関係の重要性に勝るというのがボルトンの考えであった（われわれも同じ考えである）。実際、比率分析を行うときは、まず最初にどの地点から計測するのかを決めるうえで、エリオット波動のカウントと符号の表記法をよく理解して適用することが不可欠である。そのときに信頼できるのは、一般にはオーソドックスなパターンの終了水準に基づく波の長さの比率であって、非オーソドックスな高値や安値ではない。

　われわれ自身も比率分析を使って、しばしば満足すべき成功を収めてきた。A・J・フロストは1962年10月の「キューバ危機」の安値をそれが起こる1時間前にとらえることによって、株式相場の転換点を認識する能力に確信を持った。彼はその結論をギリシャにいたハミルトン・ボルトンに電報で伝えた。これにより、ボルトンは1970年のバンク・クレジット・アナリスト誌のエリオット波動の補足で、進行しているサイクル波修正の弱気相場の安値がおそらく1966年の安値から1966年の下落幅×0.618だけ下げたところ、すなわち572ドルになるだろうと予測した。それから4年後の1974年12月に、ダウ平均の1時間足の正確な安値は572.20ドルとなった。そこから1975～1976年に向けた爆発的な上昇がスタートしたのである。

　比率分析はより小さな波の段階でも有効である。ロバート・プレクターは1976年夏に発行されたメリルリンチのリポートのなかで、そのときに進行していた第4波が珍しい拡大型トライアングルであったことを確認したうえで、10月には1.618の比率を使って、ダウ平均株価の8カ月に及ぶパターンの最安値を922ドルと予想した。それから5週間後の11月11日の午前11時に、ダウ平均は920.63ドルの最安値を付け、それ以降に年末に向けた第5波の上昇がスタートした。

　一方、ダウ平均が1978年に大底を付ける5カ月前の1977年10月に、プレクターはその予想される水準を「744ドル、またはそれよりも少

し下」と計算した。1978年3月1日の午前11時に、ダウ平均は正確に740.30ドルの最安値を記録した。ダウ平均がその大底を付けた2週間後に発表された追跡調査は、740ドルの水準の重要性を再確認し、次のように述べている。

> 「……740ドルの水準は、ダウ平均のポイント数で見た1977〜1978年の修正がちょうど1974〜1976年の強気相場の全上昇幅×0.618となる地点である。数学的に表現すると、1022−（1022−572）×0.618＝744ドル（または、12月31日のオーソドックスな高値を使ったときは、1005−（1005−572）×0.618＝737ドル）となる。次に740ドルの水準は、1977〜1978年の修正がそれに先立つ1975年7〜10月の修正幅のちょうど2.618倍になる地点である（すなわち、1005−（885−784）×2.618＝742ドル）。第3には、下降波の目標値に関連して言うと、C波が746ドルで底を打つとすれば、C波の長さ＝A波の長さ×2.618となるだろう。1977年4月のリポートで調査された波の要素を見ても、740ドルは株価の反転が予想される水準となっている。波動のカウントが妥当なものであれば、この決定的な水準で株価は安定するようだ。そしてサイクル段階の強気相場の下で、なかなか受け入れられなかったフィボナッチ比率に基づく目標値が3月1日に740.30ドルで達成された。エリオットの言葉を借りると、株式相場が「運命の分かれ道」となるのはそのようなときである」

このリポートに掲載された3つのチャートを再掲したのが、**図4.13**（原チャートのコメントを強調するために、いくつかの符号を付記した）、**図4.14**、**図4.15**である。これらのチャートには、プライマリーからミニュエット段階に至る最近の安値に向かう波の構成が示されている。この早い時期でも、740.30ドルはサイクル第Ⅴ波にお

図4.13

© March 1976
Robert R. Prechter, Jr.

第1波が延長したときの第2波と同じ水準

② = 0.618 × ① = 2.618 × (2)

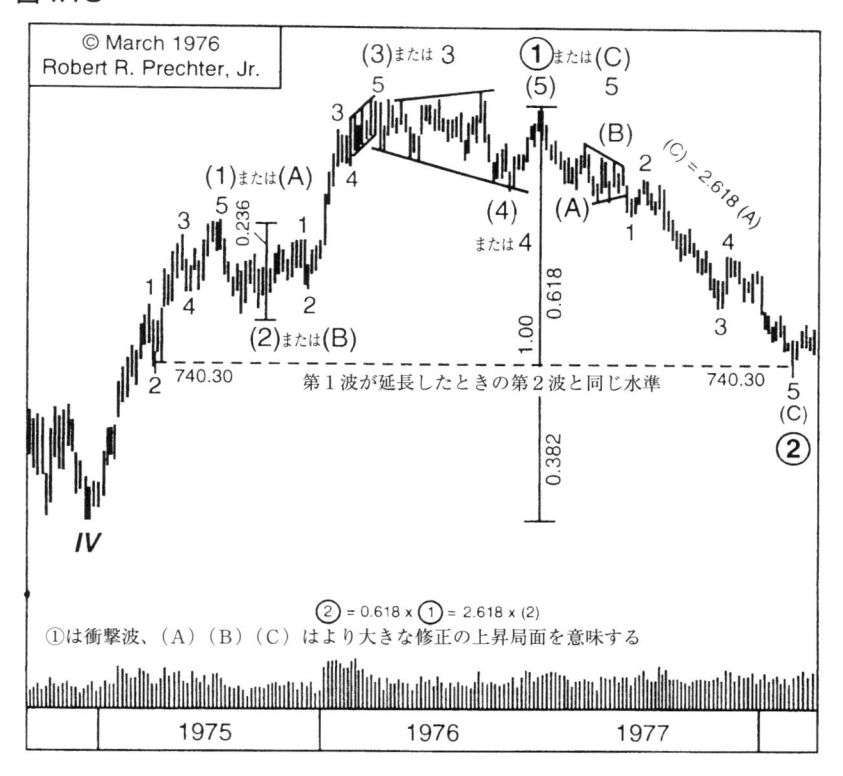

①は衝撃波、(A)(B)(C)はより大きな修正の上昇局面を意味する

図4.14 ダウ平均

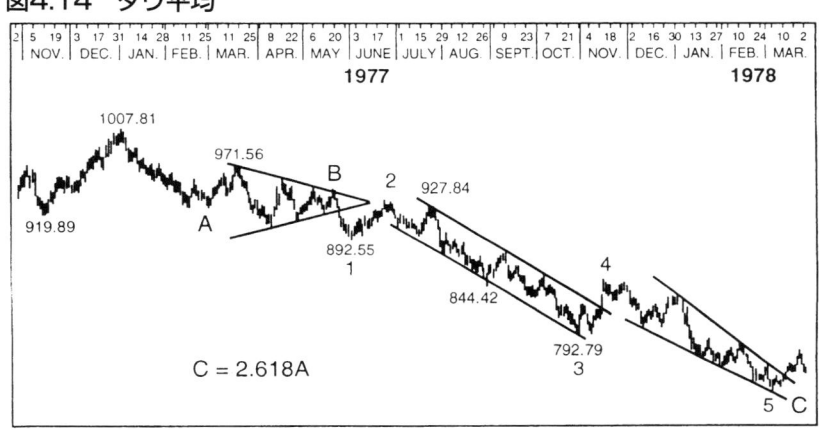

C = 2.618A

図4.15　ダウ平均

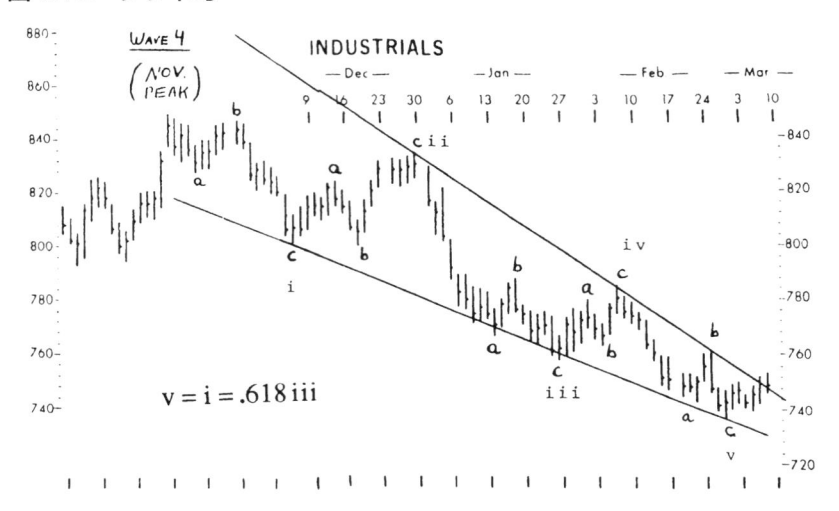

けるプライマリー②波の安値として、しっかり確立されているようだ。

　740ドルの水準は、それ以前においても何回も重要な価格帯になっている。おそらく1974年の安値である572.20ドルは、1966年の天井である995.82ドルから正確に423.60ポイント低い水準であるが、740.30ドルは1976年のオーソドックスな天井である1004.65ドルからだいたい261.80ポイント低いところである。この2つの水準の距離はフィボナッチ比率になっている。プレクターはさらに、740ドルの水準について次のように述べている。

　「これまで740ドルの水準が何らかの重要性を持っていたのは、明らかに偶然ではない。ダウ平均は1960年にザラ場で741.30ドルのピークを付けたが、そのときのPER（株価収益率）は史上最高の水準にあった。また、1966年のザラ場の安値である735.74ドルは、サイクル第Ⅳ波の弱気相場における測定できた最安値に向かう最初の下落局面の終点であった（その地点はサイクル第Ⅳ

波の全下落幅の61.8％の水準であった）。1963年、1970年、1974年、1975年には、740ドルの水準をはさんで株価はかなり激しく上下に変動した。1978年には740ドルの水準は、長期的なトレンドラインの支持線と一致している。さらに波動原理では、修正の限度はより小さな段階の前の第4波の底であるとしている。しかし、連続する5つの波の第1波が延長すると、それに続く修正の限度はしばしば第2波の底となる。このガイドラインに従えば、3月1日の直近の安値である740.30ドルは株価が下げ止まる注目すべき水準となる。ウォール・ストリート・ジャーナル紙に掲載された1時間足の数字をさかのぼって調べてみると、ダウ平均は1975年3月25日に740.30ドルで底を打ち、第2波の下げを完了していたことが分かる（**図4.13**のコメントを参照）」

プレクターはエリオットのより伝統的な株価予測法に加えて、時間と価格の両面で数学的な波の要因をリサーチし始めた。その結果、推進波は整数倍、修正波はフィボナッチ比率の倍数になることが分かった。このアプローチはメリルリンチの最近のいくつかのリポートでも議論されている。

一部の人にとって、こうしたことは明らかにわれわれが自画自賛していると映るだろう（確かにそのとおりである）。しかし正直に言うと、われわれがエリオット波動の個人的な経験を通じて手にした成功の評価が、ほかの人たちも同じアプローチによって達成するための刺激になればよいと思っているのである。われわれの知るかぎり、このように正確に株式相場の動きを予測できるのはエリオットの波動原理だけである。もちろん、われわれもいろいろな失敗を経験したが、これまでエリオット波動論のアプローチの欠点がかなり誇張されてきたと思う。株価の予測がうまくいかないとき、エリオットの波動原理はその分析家に対して、十分な時間をかけて次に可能性の高い値動きのコー

スのチャートを作り、やがて株価が自ら明らかにしてくれるそのコースを知ることによって、損失を避けなさいと警告しているのである。

　もしも事前に予測した水準で反転が起こり、そのときの波のカウントも許容できるものであれば、２つの重要な目標が達成されるという意味では、事前に目標値を設定することは有益である。株価がそうした水準を無視したり、そこを飛び越えて進むようなときは、次に達成すると予測される水準を慎重に計算すべきである。そうした水準がかなり先になることもよくあるので、そうした情報はかなり貴重である。さらに、そうした目標値は最も納得のいく波のカウントに基づくべきである。それができなかったり、またはかなり大幅に逸脱するようなときは、必ずタイムリーな方法で優先的なカウントを再検討し、今進展している状況を早急に調べて、もっと納得できる解釈を打ち立てるべきだ。こうしたアプローチを怠らなければ、大きなサプライズを伴う状況にも備えることができる。比率分析を使ってどれが有効な波なのかに関する手掛かりが得られるならば、いつでもあらゆる合理的な波の解釈ができるだろう。

いろいろな波の関係

　「すべての波の段階のトレンドが、いつも同時に進行している」ことを忘れてはならない。したがって、どの時点においても株価はフィボナッチ比率の関係にあり、いろいろな波の段階に応じてすべてが進行していく。その結果、将来に株価の転換点となる水準はただひとつではなく、いくつかのフィボナッチ比率の関係が作り出す複数の水準になる可能性が高い。

　例えば、もしもプライマリー②波のリトレースメント幅の目標値がプライマリー①波×0.618となるとき、その波動のなかではイレギュラー修正のインターミーディエット（Ａ）波×1.618の値幅もインタ

図4.16

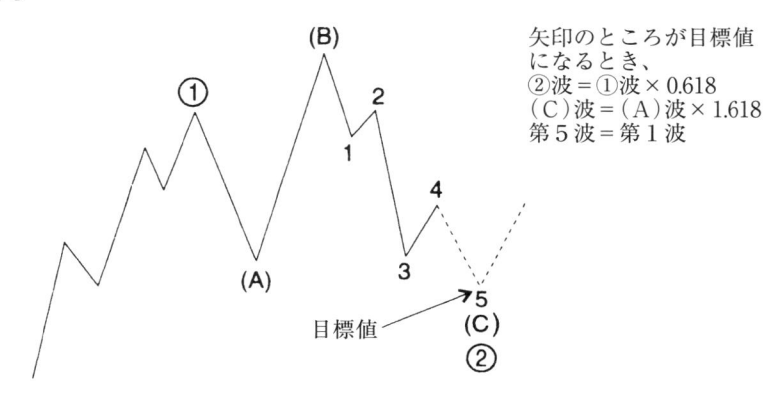

矢印のところが目標値になるとき、
②波＝①波×0.618
（C）波＝（A）波×1.618
第5波＝第1波

ーミーディエット（C）波の同じ目標値として含まれるほか、その下の段階のマイナー第1波×1.00の値幅もマイナー第5波の同じ目標値となる。したがって、そうした価格水準は予想される株価の転換点の強力な目安となる。**図4.16**はこの例を示したものである。

一方、**図4.17**は平行なトレンドチャネルが完成したとき、ほぼ理想的なエリオット波動の一例を示したものである。株式相場が進行していくときに、それぞれの波の比率がどのようになっていくのかを示した仮定の例である。以下は各波の8つの関係である。

②波＝①波×0.618
④波＝③波×0.382
⑤波＝①波×1.618
⑤波＝⓪波×0.618→③波
②波＝④波×0.618
②波のなかでは、（A）波＝（B）波＝（C）波
④波のなかでは、（A）波＝（C）波
④波のなかでは、（B）波＝（A）波×0.236

図4.17

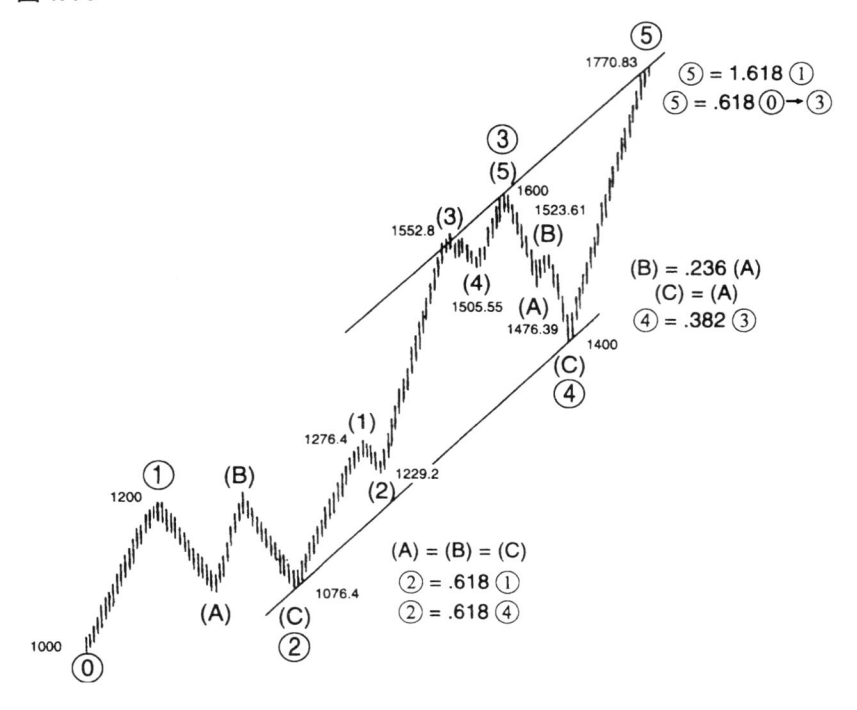

　完全な比率分析法が基本的な投資スタンスとしてうまく機能していれば、エリオット波動原理に基づく株価の予測はいっそう科学的なものになるだろう。とはいっても、こうした方法も絶対に確実なものではなく、あくまでも確率の高い方法というにすぎない。生命と成長を支配する自然の法則は永久不変のものであるが、それによって生み出される結果は極めて多岐にわたっており、株式相場もその例外ではない。比率分析についてこの時点で言えることは、波の長さを比較すれば、フィボナッチ比率が波のストップ地点を決定する主要な基準となることをかなり正確に確認できるということである。例えば、1974年

12月～1975年7月の上昇幅はそれに先立つ1973～1974年の下落幅のちょうど61.8％強、また1976～1978年の下落幅はそれ以前の1974年12月～1976年9月の上昇幅のちょうど61.8％だったということは、畏敬の念を覚えるようなものだったが、われわれにとってはけっして驚くほどのものではなかった。

　このように0.618の比率の重要性を証明する事実が数多く存在するにもかかわらず、われわれは基本的に「波の形」を重視しなければならない。比率の分析は値動きのパターンのなかにわれわれが見るものをサポートしたり、またはそれを懐疑の目で見るときの根拠として利用すべきである。比率分析について、ボルトンは「常にシンプルに見たほうがよい」とアドバイスしている。比率分析はまだ始まったばかりなので、リサーチを重ねるごとにさらに発展していくだろう。比率分析の問題に労を惜しまず取り組む人たちが、エリオット波動のアプローチに価値ある功績を付け加えてほしいと願っている。

フィボナッチ時間級数

　株式相場の動きを予測するとき、時間の要素だけを使う確実な方法は存在しない。エリオットは、時間の要素はよく「パターンに一致する」と述べている。そのことは、例えばトレンドチャネルについても当てはまり、そのなかには大きな意味を持つものもある。しかし、持続期間と時間の関係自体はしばしばフィボナッチ比率を反映している。フィボナッチの時間単位の数を調べることは、数霊術を使うことよりも優れているようであり、それは波の長さにかなり正確に一致している。特にフィボナッチの時間単位の数が価格の目標値と波のカウントに一致するときは、それが予想される株価の転換時期を示唆することで、分析家にさらに広範な展望を与えている。

　エリオットは『自然の法則』のなかで、株価の重要な転換点をはさ

むフィボナッチの時間の長さの一例として、次のような例を挙げている。

1921～1929年	8年間
1921年7月～1928年11月	89カ月
1929年9月～1932年7月	34カ月
1932年7月～1933年7月	13カ月
1933年7月～1934年7月	13カ月
1934年7月～1937年3月	34カ月
1932年7月～1937年3月	5年間（55カ月）
1937年3月～1938年3月	13カ月
1937年3月～1942年4月	5年間
1929～1942年	13年間

リチャード・ラッセルは1973年11月21日付の「ダウ理論の手紙（Dow Theory Letters）」のなかで、フィボナッチ級数を反映した期間として、さらに次のような例を挙げている。

1907年のパニック的な安値～1962年のパニック的な安値	55年間
1949年の大底～1962年のパニック的な安値	13年間
1921年の景気後退の安値～1942年の景気後退の安値	21年間
1960年1月の天井～1962年10月の底	34カ月

ウォルター・E・ホワイトはエリオット波動原理に関する1968年の研究論文のなかで、「次の重要な安値時点は1970年であろう」と結論づけている。その具体例として、彼は次のようなフィボナッチ級数を指摘している。すなわち、1949＋21＝1970，1957＋13＝1970，1962＋8＝1970，1965＋5＝1970．もちろん、1970年5月は過去30年間にお

ける大暴落の最安値を記録したときとなった。こうした期間の関係は全体として単なる偶然とは言えないだろう。

　直近のスーパーサイクル波における1928年の（おそらくオーソドックスな）高値と1929年の（名目的な）高値からの年月は、次のような注目すべきフィボナッチ級数になっている。

1929＋ 3 ＝1932	弱気相場の底
1929＋ 5 ＝1934	修正底
1929＋ 8 ＝1937	強気相場の天井
1929＋13＝1942	弱気相場の底
1928＋21＝1949	弱気相場の底
1928＋34＝1962	暴落の底
1928＋55＝1983	おそらくスーパーサイクル波のピーク

似たような級数は、現在のスーパーサイクル段階におけるサイクル第3波の1965年の（おそらくオーソドックスな）高値と1966年の（名目的な）高値から始まっている。

1965＋ 1 ＝1966	名目上の高値
1965＋ 2 ＝1967	反動の安値
1965＋ 3 ＝1968	二流株の噴き上げによる天井
1965＋ 5 ＝1970	暴落の安値
1966＋ 8 ＝1974	弱気相場の底
1966＋13＝1979	9.2年と4.5年の周期の安値
1966＋21＝1987	おそらくスーパーサイクル波の安値

このように、われわれはダウ平均株価の近い将来の転換点について、興味ある可能性を予測することができる。こうした可能性については、

第8章でさらに詳しく検討する。

　フィボナッチ級数に基づく時間を株価のパターンに適用することについて、ハミルトン・ボルトンは「時間の順列は無限に続くことになる」、そして「時間の周期は株価の底に対して天井、天井に対して天井、底に対して底、または天井に対して底を作り出す」と記している。こうした限定的な論述にもかかわらず、彼は1960年に出版された同じ本のなかで、フィボナッチ級数に基づけば、1962年か1963年が株価の重要な転換点になるだろうと予測し、この予想は的中した。1962年はひどい弱気相場であり、プライマリー④波の安値を付けたのはご存じのとおりである（それに先立つほぼ4年間は、ほとんど中断のない上昇相場が続いた）。

　こうした時間級数の分析に加えて、ロバート・レアが発見した強気相場と弱気相場をはさむ時間の関係は、株価の予測にかなり有効であることが分かった。ロバート・プレクターは1978年3月に発表されたリポートに、「4月17日はA－B－C下降が1931取引時間、すなわち、（1）波・（2）波・（3）波による上昇の3124取引時間×0.618を使い切ってしまう日になるだろう」と記した。ダウ平均は4月14日（金曜日）に、それまで出来高も低調だったヘッド・アンド・ショルダーズ・ボトム（逆三尊）のパターンから上放れ、4月17日（月曜日）には6350万株という爆発的な出来高を記録した（**図1.18**を参照のこと）。プレクターの予想は安値日とは一致しなかったが、この日はそれまでの弱気相場の心理的なプレッシャーが株式市場から一掃されたまさにその日であった。

ベンナーの理論

　サミュエル・T・ベンナーは鉄製品の製造業者であったが、1873年の南北戦争後のパニックで財政的に破綻した。それで彼はオハイオ州

の小麦生産農家に転向し、趣味のひとつとして、可能であれば景気循環に対する答えを見つけようと、価格変動の統計的な研究を始めた。その結果、彼は1875年に『将来の価格変動に関する景気予測（Business Prophecies of the Future Ups and Downs in Prices）』と題する本を執筆した。この本に盛り込まれたいろいろな予測は、主に銑鉄価格のサイクルと金融パニックの循環に基づいていた。ベンナーのそうした予測は長年にわたって極めて正確であることが分かり、彼は統計学者と予測家として人々がうらやむほどの記録を作り上げた。ベンナーのチャートは今日でもサイクル研究家にとっては興味あるもので、彼のチャートはよく出版物にも引用されている（原作者の出典を明示しないこともしばしばである）。

ベンナーは、景気のピークは8－9－10年のパターンを繰り返す傾向があるとしている。このパターンを1902年に始まる75年間のダウ工業株平均の高値に当てはめてみると、以下のような結果が得られた。その日付は最初の年からベンナーの予測に基づいて記載したものではなく、歴史をさかのぼって繰り返される8－9－10年のパターンを単純に当てはめただけである。

年	この間の年数	ダウ平均の高値
1902		1902/4/24
1910	8	1910/1/2
1919	9	1919/11/3
1929	10	1929/9/3
1937	8	1937/3/10
1946	9	1946/5/29
1956	10	1956/4/6
1964	8	1965/2/4
1973	9	1973/1/11

ベンナーは景気停滞期について2つの時間の数列を挙げて、景気後退（悪い時期）と不況（パニック期）は交互に到来する傾向があると

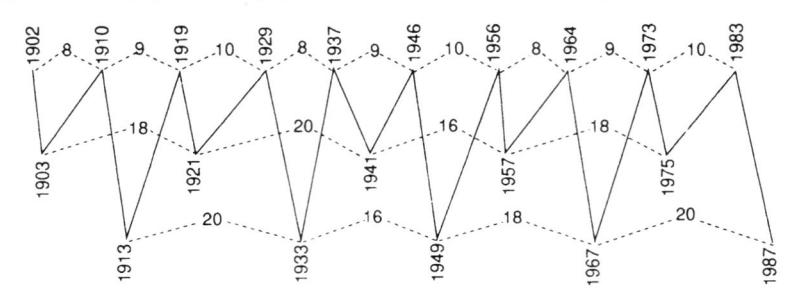

図4.18　ベンナー・フィボナッチ・サイクルチャート（1902〜1987年）

景気のピーク＝8-9-10年を繰り返す、景気の谷＝16-18-20年を繰り返す、景気の大底＝16-18-20年を繰り返す

している（エリオット波動原理のオルターネーションの法則を知っていれば、そうしたことはけっして驚くほどのものではない）。ベンナーはパニック期について、「1819年、1837年、1857年、1873年がパニック年に当たっている」と指摘し、自分のオリジナルな「パニックチャート」に基づいて繰り返される16－18－20年のパターンを示したが、結果的にパニックが繰り返される周期は不規則なものとなっている。また、ベンナーは景気後退（悪い時期）には20－18－16年のパターンを適用しているが、それほど深刻ではない株式相場の安値は、主要なパニックの安値と同じ16－18－20年のパターンに従っているようだ。交互に到来する株価の安値に16－18－20年のパターンを当てはめると、バンク・クレジット・アナリスト誌の1967年版補足のなかで初めて公表された「ベンナー・フィボナッチ・サイクルチャート（Benner-Fibonacci Cycle Chart）」（**図4.18**）で図解されているように、かなり正確に一致しているのが分かる。

　サイクルの形状が現在と同じである直近の時期は1920年代で、その形はコンドラチェフの図（第7章で論じる）と最近出現したサイクル段階の第5波の両方に類似している。

景気の天井と底の到来時期が繰り返されるというベンナーの考え方に基づくこの公式は、今世紀のほとんどの株式相場の転換点と一致している。このパターンが将来の高値にも必ず当てはまるかどうかはまた別問題であるが、結局のところ、景気の天井と底はエリオット波動ではなく、一定のサイクルである。しかし、それがなぜ現実と一致するのかについてその理由をリサーチしたところ、1ポイントの微々たる違いを容認すれば、8－9－10と繰り返される数列は377までのフィボナッチ数を作り出すという点で、ベンナーの理論はフィボナッチ級数にほぼ一致することが分かった（以下の表を参照）。

8-9-10の数列		抜き出した小計	フィボナッチ数	差
8	=	8	8	0
+9				
+10				
+8	=	35	34	+1
+9				
+10	=	54	55	−1
+8	=	89	89	0
+8	=	143	144	−1
+9	=	233	233	0
+10	=	378	377	+1

　ベンナーの理論は繰り返される一定の周期というよりは、むしろ景気の底と天井は異なる循環周期に基づいており、したがってフィボナッチ級数の枠内に含めることができるというのがわれわれの結論である。もしもわれわれがベンナーのこうしたアプローチをまったく知らなかったとすれば、それに言及することはなかったであろう。しかし、エリオット波動を知ったうえでベンナーの理論を適用すれば、これまでのところ彼の理論はかなり有効である。
　A・J・フロストは1964年後半にベンナーのコンセプトを応用して、

図4.19 エリオット波動の予測に関するフロストの見方

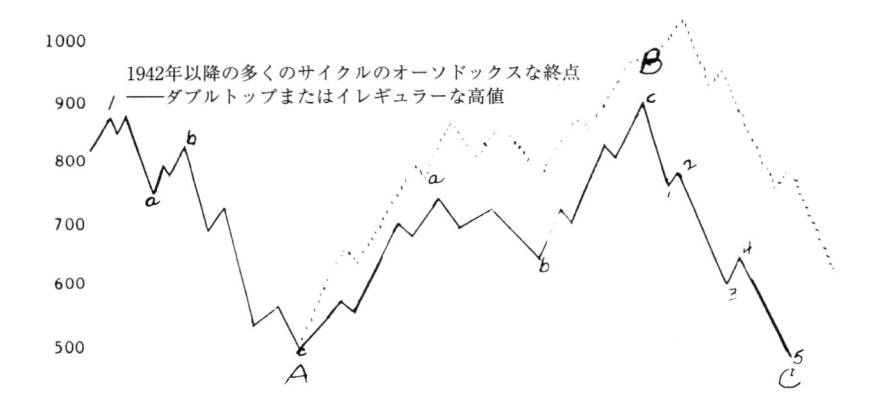

注
a = エリオット波動論のオルターネーション（交互）の法則によれば、次に到来するのは3つのプライマリー波で構成される大きな波か、またはサイクル波のフラットである。1929～1942年の直近の大弱気相場は、上方ジグザグの途上にあるようだ。
b = 大規模な金融刺激策が実施されると、点線で示したようなひと回り大きな波動パターンとなる可能性がある。
c = 1942年以降のサイクル波における第3波の延長（1949年6月～1960年1月の戦後の強気相場）が、大きく崩れることはないだろう。したがって、安値の下限が500ドルを大きく割り込むことはないと思われる。
d = 一定のサイクルに関するベンナーのルールを、プライマリー波の天井と底に当てはめた（A、B、Cのところ）。

　株価はその後10年間は基本的に横ばいの動きを続けることになると予想したが、そうした予測はその当時ではまったく考えられないものだった。ダウ平均は1973年に約1000ドルの高値を付けたあと、1974年後

半〜1975年前半には500〜600ドルの安値水準まで落ち込んだ。以下には、その当時フロストがハミルトン・ボルトンに送付した手紙の内容を転載した。また、**図4.19**はその手紙に同封されたチャートを注釈を加えて転載したものである。1964年12月10日の日付になっているその手紙は、結果的に予想が現実となったエリオット波動に基づく長期予想のもうひとつの例を示している。

1964年12月10日

A・H・ボルトン様

　拝啓

　現在の景気拡大の時期にわれわれは何とかうまくやっていますが、投資環境は徐々に変化しつつありますので、水晶球を慎重に磨いて、少し厳しい評価をしたほうがよいと思われます。私はトレンドを判断するときは、投資環境が明らかに有利であるときを除いて、あなた様のバンク・クレジット・アナリスト誌のアプローチに全幅の信頼を置いています。私は1962年を忘れることができません。ファンダメンタル分析は危機に気づいていないというのが、今の私の感じです。一方、エリオット波動を実際に応用するのは難しいところですが、重大な時期には特別なメリットがあります。こうした理由から、私はエリオット波動原理にずっと注目し、私が今目にしているものにいくらか不安を抱いています。エリオット波動に照らせば、株式相場はかなり崩れやすくなって

おり、1942年以降の大きなサイクルの終了がまさに目前に迫っています。

……今われわれは危険な状況にあり、慎重な投資スタンスをとるとすれば、（品のある言葉で品のない行為を表現するとすれば）最寄りのブローカーの事務所に飛び込んで、手持ちの株式をすべて売り払ってしまえというのが私の意見です。

1942年以降の長い上昇の第3波、すなわち1949年6月～1960年1月はプライマリー波のサイクルの延長であります。……その後、1942年から続いたサイクル全体はすでにそのオーソドックスな頂点に達し、今われわれの目の前で展開しているのはダブルトップとサイクル段階の長期のフラットです。

……エリオット波動理論のオルターネーション（交互）の法則を応用すると、次の3つの主要な動きは長期にわたるフラットを形成すると予想されます。実際にこうした展開になるのかどうかを見るのは興味あることです。しばらくの間、エリオット波動原理とベンナーの理論だけを使うひとりのエリオット波動理論家として、孤立無援の状態で10年間の予測を行うことを厭うものではありません。「エリオット・マン」以外の自尊心のある分析家であればそんなことはしないでしょうが、そんなことができるのもこのユニークな理論が私を勇気づけてくれるからです。

敬具
A・J・フロスト

この章の前半で説明したように、われわれは比率分析をかなり体

系的に述べてきたが、フィボナッチ比率を株式相場に適用する方法は数多く存在するようだ。ここに示したアプローチは、将来の分析家の意欲をそそり、彼らを正しい道に乗せるための単なるニンジンにすぎない。以下の各章でも比率分析の利用法についてさらに詳しく検討し、その複雑さと正確さ、応用の可能性についての展望を示そうと思う。明らかにカギはそこにある。次にすべきことは、カギで開けられる部屋がどのくらいあるのかを見つけることである。

第5章

長期の波動と現在までの概観

Long Term Waves and an Up-to-date Composite

　1977年9月号のフォーブス誌は、「ハンバーガーの大きなパラドックス（The Great Hamburger Paradox）」と題するインフレの複雑な理論に関する興味ある論文を発表した。そのなかで著者のデビッド・ウォルシュは、「ハンバーガーの価格はどうやって決まるのか。物価は過去1世紀以上にわたって大きく上昇したあと、横ばいになったのはなぜか」と問い掛けている。彼はオックスフォード大学のE・H・フェルプス・ブラウンとシーラ・V・ホプキンズ両教授を引き合いに出し、次のように述べている。

　　「物価は過去1世紀以上にわたり、ある全能の法則に従っていたようだ。今になってそうした法則は変化し、新しい法則が支配的になってきた。ある制度の下で株価を新高値まで押し上げた戦争も、別の体制になると株価をある方向に引っ張っていく力を持たなくなってしまう。ある時代にこうした消印を残した要因が何であり、また長い変動期を通じて持続してきたそうした要因が、急速かつ完全にほかの要因に取って代わられるのはなぜなのか」

　ブラウンとホプキンズ両教授が「ある全能の法則に従っていたようだ」と述べたその法則とは、まさにエリオットが語ったものであ

る。この全能の法則とは、自然の法則の基礎となり、また人間の肉体的、精神的、そして感情的な構造の枠組みの一部を形成している黄金比率に見られる調和的な関係なのである。ウォルシュがさらに的確に表現しているように、人間の進歩はニュートンの物理学における時計仕掛けの滑らかな動きではなく、あらゆる方向に向かう突然の動きのように進んでいくようだ。

　われわれはウォルシュの結論と同じ意見であるが、さらに一歩踏み込んで次のように断言する。すなわち、そうした動きは目に見えるただひとつの変化または時代の段階ではなく、ミニュエットからグランドスーパーサイクル以上の大きな波の段階にまで至る、人間の進歩の対数らせんに沿ったあらゆる段階で出現する。われわれはこの考えをさらに押し進めて、「こうした動き自体は時計仕掛けの一部である」と主張したい。時計は一見するとスムーズに動いているように見えるが、その動きは通常の時計や水晶時計を問わず、時計のメカニズムの断続的な振動にコントロールされている。人間の進歩の対数らせんもこれとまったく同じように進行しているが、その動きは時間の周期性ではなく、繰り返される形として現れる。

　こうした考えを「くだらない」と思われるときは、われわれが論じているのは外因的な力ではなく、内因的な力であると考えていただきたい。エリオットの波動原理を決定論的であるという理由で拒否するならば、本書で論じているいろいろな社会的なパターンに関する「なぜ」「どうして」といった問い掛けに答えられなくなる。われわれが言いたいことは、人間のなかには自然の精神力学的なものがあり、それが株価の値動きに見られるような社会的な行動の形を作っているということである。それは個人のレベルではなく、主に人間の社会的な行動の形となって表れることを理解すべきである。

　われわれ個人は自由意思を持ち、そうした社会的行動の主なパターンを認識し、その知識を自分に有利な方向に利用することを学ぶこと

ができる。大衆や自分本来の性向に反して考え、行動するのは簡単なことではないが、規律と経験の力によって、株価の動きの本質を最初からしっかりと見抜くことができるならば、訓練によってそうしたことも確実にできるようになるだろう。言うまでもなく、株価の動きは人々が考える方向とはほとんど逆に動くものである。人々はファンダメンタリストたちが偉そうに主張する因果関係の条件、エコノミストたちが考案するメカニカルな投資モデル、学者たちが主張するランダムウォーク理論、陰謀論者たちが批判する「チューリッヒの小鬼」（単に「彼ら」と呼ばれることもある）による相場操縦の見方——などに振り回されている。

　平均的な投資家は、自分が亡くなったときに自分のしてきた投資がどうなるのか、または4代前の祖父が存命していたときの投資環境がどのようなものだったのかについては、ほとんど関心がないだろう。しかし、遠い将来や長い間忘れられてきた過去に関心を持たなければ、毎日の投資サバイバル戦争で日々の状況にうまく対処することは難しいだろう。それゆえに、じっくりと時間をかけて長期の波動を分析することが大切である。その理由はまず第一に、過去の経緯は将来の方向を予想するのに極めて有効であり、二番目には長期の株式相場に適用されるのと同じ法則が短期の株価にも適用可能であり、チャートを見ると株式相場ではほぼ同じパターンが形成されているからである。

　換言すれば、株式相場のパターンはすべての段階でほとんど同じである。1時間足チャートなどに見られる小さな波の値動きのパターンは、年足などの大きなチャートでも見られる。例えば、**図5.1**と**図5.2**は1962年6月25日〜7月10日におけるダウ平均の1時間足と、1932〜1978年におけるS&P500の年足の推移を示したものである（出所はメディア・ゼネラル・フィナンシャル・ウイークリー誌）。この2つのチャートを見ると、時間枠の比率は1500対1と大きく異なるが、それぞれの値動きのパターンはかなり似ている。1974年の安値からの

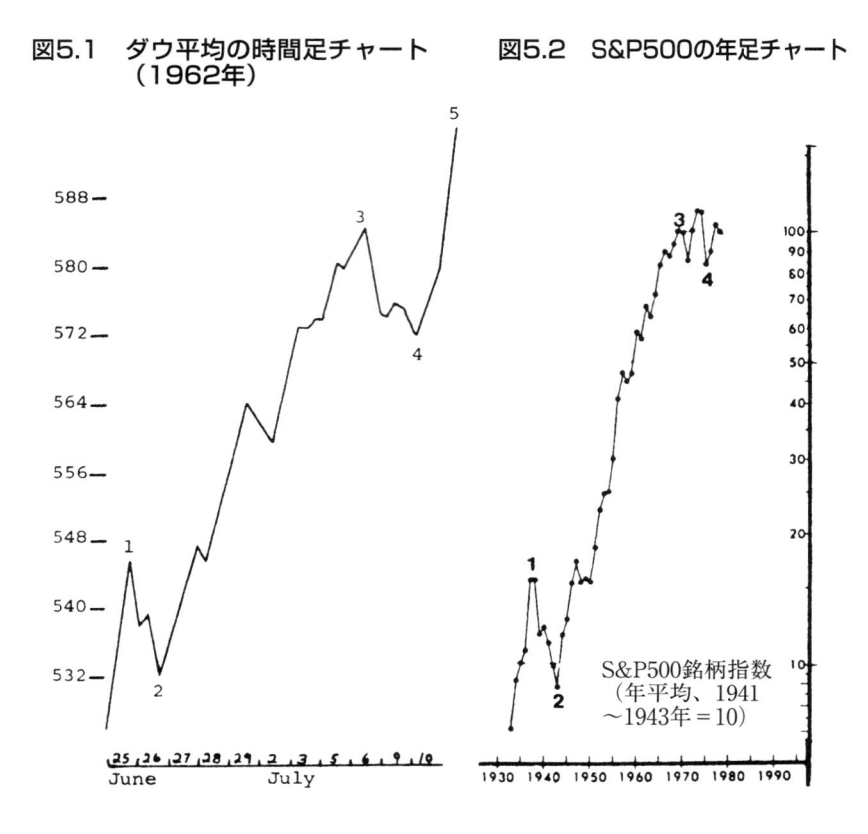

第2部　エリオット波動原理の応用

図5.1　ダウ平均の時間足チャート
　　　　（1962年）

図5.2　S&P500の年足チャート

S&P500銘柄指数
（年平均、1941
〜1943年＝10）

　第Ⅴ波はまだ完成しておらず、現在までのそのパターンは１時間足のトレンドとほぼ平行に進んでおり、長期トレンドのパターンはまだ続いている。それぞれの段階の形はほとんど一定である。

　この章では、1000年波動と呼ばれるものから今日のサイクル段階の強気相場に至るまでの「いろいろな動き」について、それらの現在の位置について概説する。さらにこれから見ていくように、現在の1000年波動の位置と最終的な総合波動図におけるピラミッド状の「５つの波動」にも見られるように、エリオット波動原理の研究とその記述において、この10年は世界史上で最も興奮するときのひとつになるだろう。

200

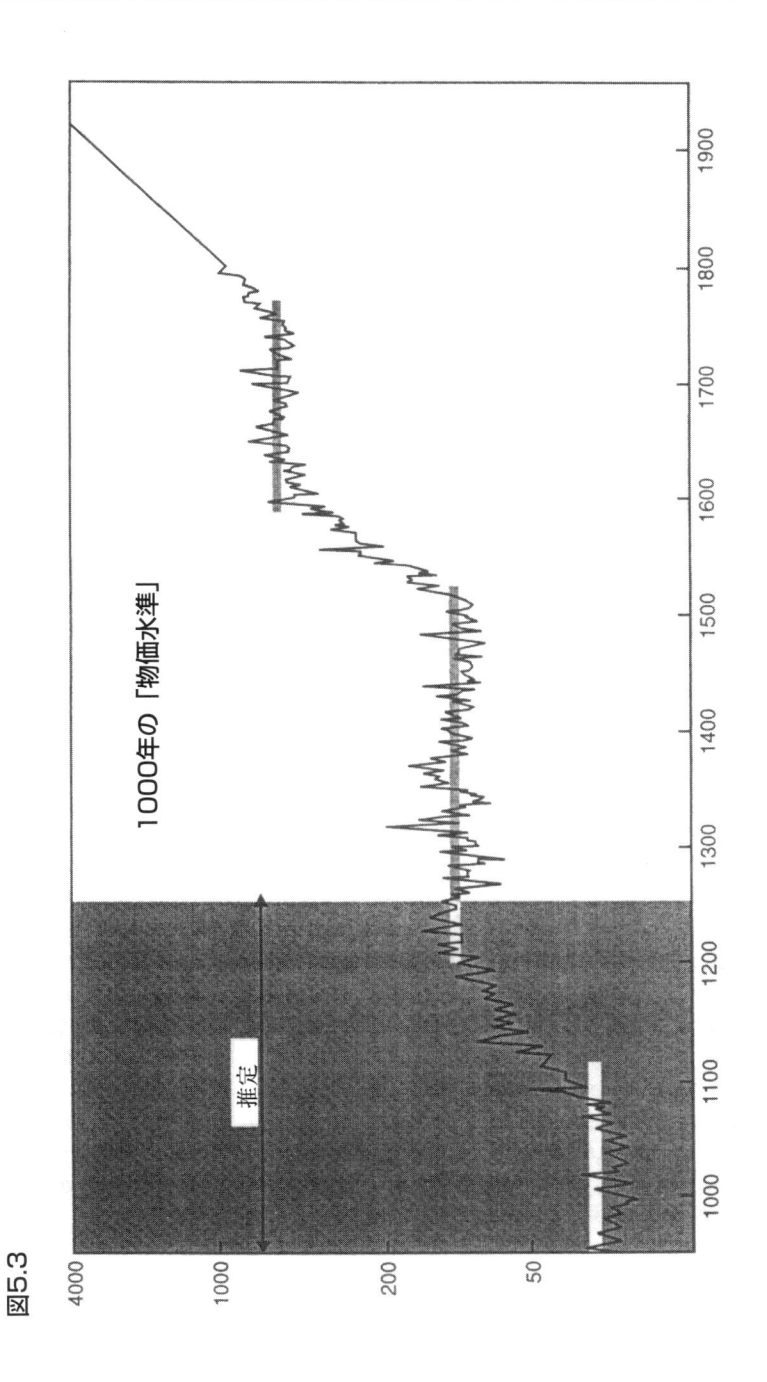

第5章 長期の波動と現在までの概観

図5.3 1000年の「物価水準」

暗黒時代からの1000年波動

　過去200年間の物価のトレンドをリサーチするデータの入手はそれほど難しくはないが、それ以前の物価のトレンドと状況を調べようとすれば、あまり正確ではない統計に頼らざるを得ない。フェルプス・ブラウンとシーラ・ホプキンズ両教授が編さんし、デビッド・ウォルシュが増補した長期の物価指数は、950～1954年の「人間のニーズに関する単純なマーケットバスケット」をベースにしている。

　両教授が作成したこの物価曲線を1789年以降の工業株価につなぎ合わせると、過去100年間の長期的な物価変動図が得られる。**図5.3**は、暗黒時代から1789年までの大まかな物価動向を示したものである。1789年からの第5波については、株価の推移を表すために特別に直線を書き加えた（これについては以下で詳しく分析する）。とても不思議なことに、**図5.3**は物価のトレンドをかなり大ざっぱに示したものにすぎないが、エリオットの5つの波動パターンを暗示している。

　広範な物価変動の歴史には、何世紀にもわたる商工業の発展の偉大な時期が平行している。偉大な文化で栄えたローマの時代は、それまでの1000年波動のピークと一致しており、結局ローマは476年に滅亡した。次の1000年波動の弱気相場に含まれるそれ以降の500年間には、知識の探求はほとんど途絶えた。そして最終的には、商業革命（950～1350年）が中世の到来を告げる最初の新しいグランドスーパーサイクル波の拡大に火を付けることになった。1350～1520年の物価の横ばい状態は、商業革命のときの物価上昇に対する「修正」を意味する。

　次の物価上昇の時期は、資本主義革命（1520～1640年）とイギリス史上最も偉大な時期であるエリザベス女王1世時代と一致している。エリザベス1世（1533～1603年）は、フランスとの消耗戦が終わった直後にイギリスの王位に就いた。イギリスは貧しく絶望のなかにあったが、エリザベス1世が亡くなるまでに、ヨーロッパのすべての

列強を寄せつけないほどに強大な帝国を拡大し、世界で最も繁栄を誇る国となった。これがシェークスピア、ルター、ドレーク、ローリーの時代であり、世界史のなかでも真に栄光ある画期的な時代であった。この創造的な光輝と豪華さの時代に、産業は拡大し、物価は上昇した。物価は1650年までにピークに達したあと横ばいになって、1世紀にわたるグランドスーパーサイクル波の修正を形成した。

この1000年波動における次のグランドスーパーサイクル波の上昇は、株式相場では1770～1790年と推定される時期（株式相場のデータが入手できるようになったのは1789年である）、商品相場は1760年ごろにスタートしたと思われる。1977年4～5月号のサイクルズ誌に掲載されたガートルード・シャークの研究論文が指摘しているように、一般に商品相場のトレンドは株式相場の同じようなトレンドに10年ほど先行する傾向がある。こうした事実を踏まえて株式と商品を見ると、この2つの相場のスタート時期は実によく合致している。このグランドスーパーサイクル波は、産業革命によってもたらされた生産性の大幅な上昇と一致し、また世界的な強国としてのアメリカの台頭と平行している。

エリオットの論理は、1789年から現在までのグランドスーパーサイクル波は、その時間と大きさという主要な関係において、進行しているほかのエリオット波動パターンに遅行したり先行することになると示唆している。もしもこれが本当であれば、1000年波動は延長していないかぎり、その全行程をほぼ走り終わっており、次の500年間にわたって延長する（2つの上昇と1つの下落という）3つのグランドスーパーサイクル波によって修正されることになる。世界経済の低い成長が、それほど長期にわたって続くとは考えられない。こうした長期にわたる苦しい時代の大きな兆しがあるからといって、技術の発展が予想される社会的な進歩の厳しさを緩和する可能性を否定することはできないだろう。エリオットの波動原理は確率と波の段階の法則で

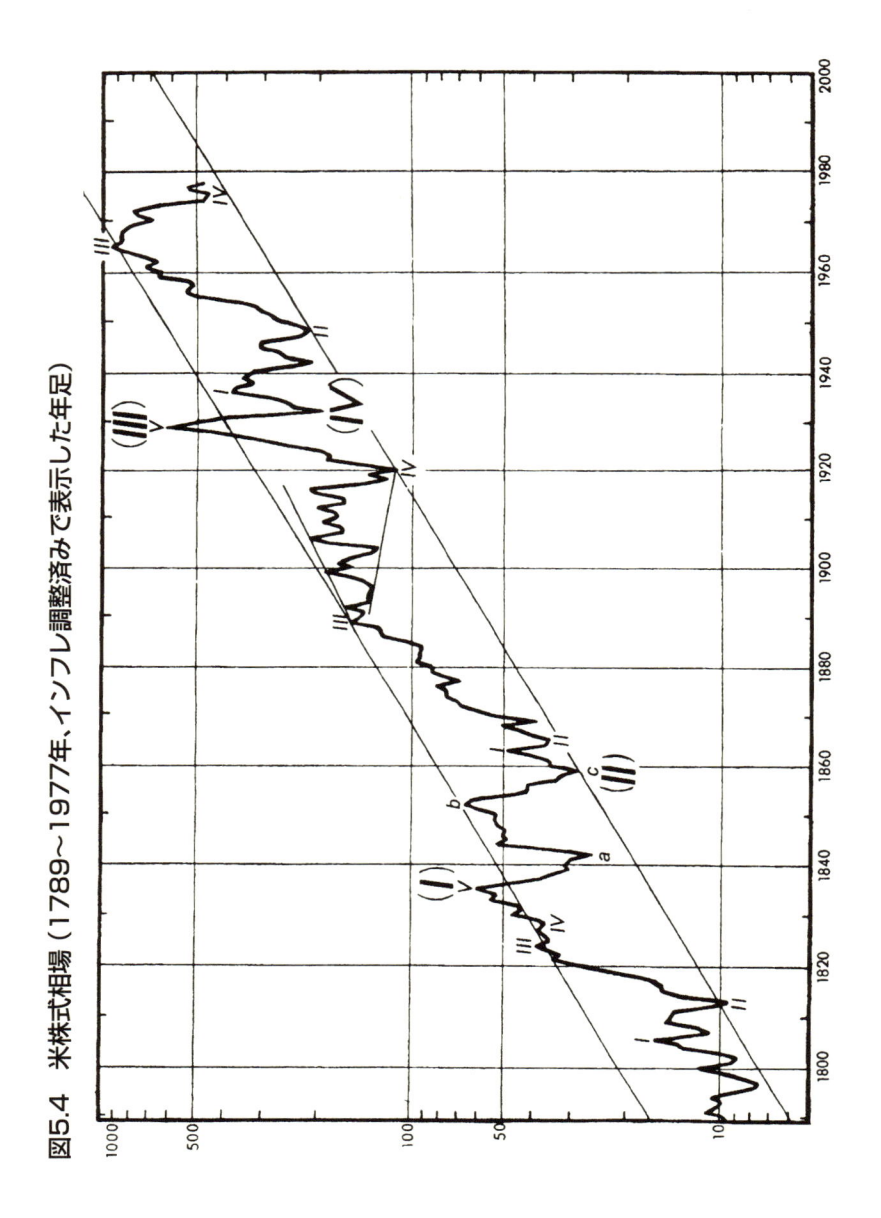

第2部 エリオット波動原理の応用

図5.4 米株式相場（1789〜1977年、インフレ調整済みで表示した年足）

あり、正確な状況の予測指標ではない。それでも、現在のスーパーサイクル（Ⅴ）波が終了すれば、何らかの社会的または経済的なショックが発生し、それは下落と絶望のもうひとつの時代につながるだろう。結局、堕落しつつあったローマを最終的に滅亡させたのが野蛮人だったように、現代の野蛮人も同じような目的とそのための十分な手段を持っていないとだれが言い切れるだろうか。

1789年から現在までのグランドスーパーサイクル波

この長期の波は、メジャートレンドに沿った3つの波とそれと逆の方向を向いた2つの波という計5つの波を持ち、さらにアメリカ史上最もダイナミックで進歩した時代と符合した延長第3波を完備した正しい姿を持っている。**図5.4**では、スーパーサイクル波の区分には（Ⅰ）、（Ⅱ）、（Ⅲ）、（Ⅳ）の符号が振られている。（Ⅴ）波は現在進行中の波である。

運河会社と四輪馬車、貧弱な統計の時代までマーケットの歴史をさかのぼって考えてみると、インフレ調整済みの工業株価の記録がかなりきれいなエリオット波動のパターンを形成していることに驚かされる（工業株価はサイクルズ誌のためにガートルード・シャークが開発したものである）。そのチャネル、いくつかの重要なサイクル波とスーパーサイクル波の安値を結んだトレンドライン、いくつかの上昇波の高値を結んだチャネルラインなどにはとりわけ注目される。卸売物価指数の変動に実質的に大きな変動がないかぎり、1983年の高値はわれわれの目標圏である2500～3000ドルの範囲内で引かれる上側のチャネルラインに触れることになるだろう。

スーパーサイクル波が1789年に始まったとすれば、（Ⅰ）波はかなりはっきりした「5つの波」である。（Ⅱ）波はフラットであり、オルターネーション（交互）の法則に照らせば、（Ⅳ）波はジグザグかト

図5.5　ダウ平均

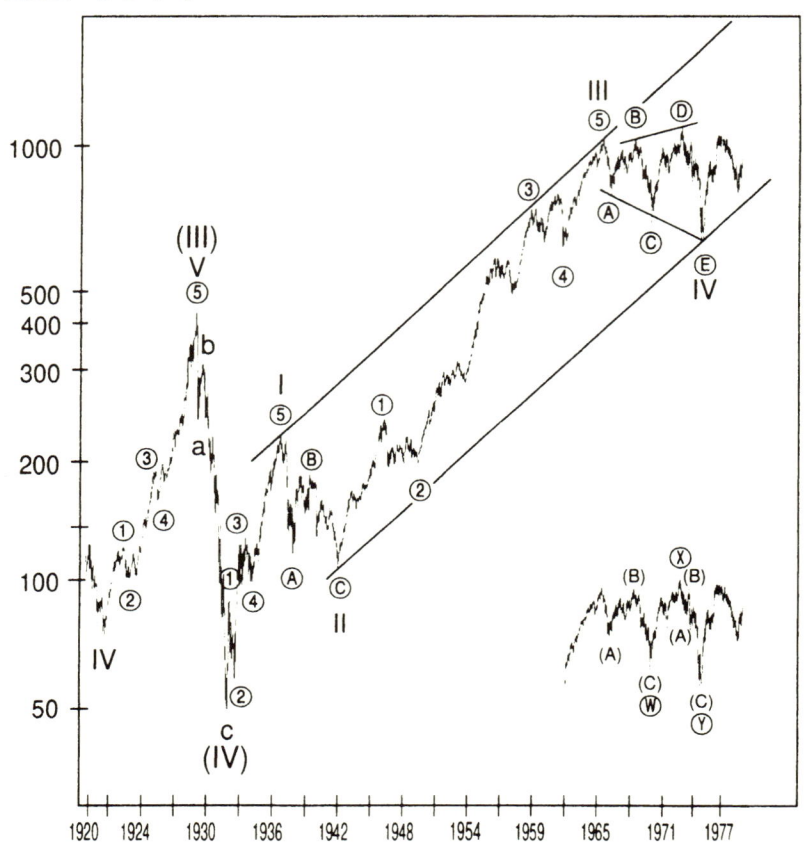

ライアングルになることがはっきりと予測される（**図5.4**の（IV）波はジグザグとして表されている。確かに実際の価格ベースで見るとジグザグであるが、1年後にインフレ調整済み価格ベースで見るとトライアングルである。巻末の付録を参照のこと）。（III）波は延長し、必要な5つの副次波に簡単に細分される。この（III）波には、副次的な第4波のところに拡大型トライアングルが出現しているという特徴がある。1929～1932年の（IV）波は、より小さな段階の第4波の範囲内で終了している。

図5.5の（Ⅳ）波を詳しく見ると、アメリカ史上で最も破壊的な株価の崩壊を記録したスーパーサイクル波のジグザグになっている。下落のa波を日足チャートで見ると、副次的な第3波には特徴的な形で1929年10月29日のウォール街の大暴落が含まれているのが分かる。それ以降にa波はリチャード・ラッセルが「有名な1930年の上方修正」と表現したように、b波によって約50％リトレイスされた。この期間中にはロバート・レアでさえも、この上昇の感情的な性格に惑わされて空売りポジションを手仕舞ってしまった。c波は最終的に41.22ドルで底を打ったが、その水準は253ポイント安、すなわちa波の長さ×約1.382のところである。3年間（これはフィボナッチ数）で89％（これもフィボナッチ数である）の株価下落となった。

　エリオットはずっと1928年を（Ⅲ）波のオーソドックスな天井、1929年の高値はイレギュラーな天井であると解釈していたことをここでもう一度指摘しておこう。われわれはエリオットのこの主張にはいくつかの誤りがあると思っており、おそらく1929年はオーソドックスな高値であるとするわれわれの判断に、チャールズ・コリンズも同意している。まず第一に、1929～1932年の下落は5－3－5ジグザグ下降の見事な見本である。次に（Ⅲ）波が1928年に天井を打ったとすれば、（Ⅳ）波は3－3－5拡大型フラット修正という「正しい姿」とは矛盾する形をとることになる。こうした解釈をすれば、c波はより小さいa波とb波とは釣り合いのとれない状態となり、a波の安値からかなりかけ離れた居心地の悪いところで終了することになる。

　もうひとつの問題は、予想されるb波のパワーである。b波は上向きのチャネルのなかにきちんと収まっており、しばしば第5波がそうであるように、上限のチャネルラインを突き抜けて終了している。（Ⅳ）波の比率分析は、イレギュラーな天井というエリオットの主張と、オーソドックスな天井というわれわれの見方の両方を支持している。エリオットの分析によれば、c波は1928年11月～1929年11月の

ネットの下落幅×2.618、われわれの分析では、ｃ波は1929年９〜11月のａ波の長さ×1.382である（0.382は2.618の逆数となっている）。

このグランドスーパーサイクルの（Ⅴ）波は依然として進行中であるが、（Ⅲ）波が延長したことから、（Ⅴ）波は時間とパーセント表示の大きさという点で（Ⅰ）波とほぼ等しくなるだろうといった予測と、これまでのところ見事に一致している。（Ⅰ）波は完成するまでに約50年かかったので、われわれの予測どおりになるとすれば、（Ⅴ）波も終了するのに50年かかることになる。インフレ調整後に指数化して表示したチャートの（Ⅰ）波の高さは（Ⅴ）波とほぼ同じであり、パーセントで表した上昇率もほぼ等しくなっている。その「姿」も似ていないと言えなくもない。グランドスーパーサイクルの（Ⅴ）波については、以下でもさらに分析していく。

1932年からのスーパーサイクル波

1932年から進行しているスーパーサイクルの（Ⅴ）波は、現在もまだ進行している（**図5.5**を参照）。波動原理の下で完全な波動形成というものがあるとすれば、長期にわたって連続しているこのエリオット波がその第一候補になるだろう。サイクル波の内訳は次のとおりである。

- ●第Ⅰ波（1932〜1937年）　この波はエリオットが確立した波動原理のルールに従えば、はっきりと連続している５つの波である。この第Ⅰ波は1928年と1930年の高値からの下落幅の0.618をリトレイスしている。その範囲内で延長した第５波は、第１波〜第５波の距離×1.618を動いている。
- ●第Ⅱ波（1937〜1942年）　第Ⅱ波のⒶ波は５つの波、Ⓒ波も５つの波であり、したがって全体のフォーメーションはジグザグである。

ほとんどの価格損失はⒶ波のなかで起こっている。Ⓒ波は修正のためにほんのわずかに新安値を付けたが、修正波全体の構造のなかには通常予想されるよりも大きな強さが存在する。Ⓒ波のほとんどの価格損失は浸食性のものであるが、これは継続するデフレがPER（株価収益率）を1932年の水準以下に押し下げたためである。

● **第Ⅲ波（1942～1965年または1966年）** この波は延長波であり、ダウ平均株価はこの24年間にほぼ1000％上昇した。その大きな特徴は次のようなものである。

1. ④波はフラットであり、ジグザグの②波と交互になっている。
2. ③波は最も長いプライマリー波の延長波である。
3. ④波はひと回り小さな段階の先行する第4波の天井圏まで修正し、①波の天井よりもかなり高い水準にある。
4. 副次的な①波と⑤波の長さは、パーセント表示の上昇率ではフィボナッチ比率の関係になっている（①波と⑤波の上昇率はそれぞれ129％と80％。80＝129×0.618）。延長しない2つの波はしばしばこの関係になる）。

● **第Ⅳ波（1965年または1966年～1974年）** 図5.5に示した第Ⅳ波は通常どおり④波の価格帯で底を打ち、第Ⅰ波のピークよりもかなり高い水準にある。これについては、次のような2つの解釈ができるだろう。すなわち、1965年2月からの5つの波の拡大型トライアングルと、1966年1月からのダブル（二重）の3つの波である。このどちらのカウントも許容できるものであるが、トライアングルの解釈のほうがやや低い目標値となるかもしれない（ここでは第Ⅴ波は、トライアングルのほぼ最も広い部分の距離だけ上昇するだろう）。しかし、そのような弱い波が作られることを示すエリオット理論の根拠はほかにない。エリオット理論家のなかには、1973年1月～1974年12月の最後の下落を5つの波とカウントしようとする人々もいるが、そうするとサイクル第Ⅳ波は大きなフラットと

なる。こうしたカウント法に対するわれわれのテクニカルな理由に基づく反対は、想定される第3波は短すぎ、第1波と第4波が重複すると、エリオット理論の2つの基本的なルールに違反するということである。それは明らかにA－B－C下降である。

●**第Ⅴ波（1974年～？）** サイクル段階のこの波はまだ進行中である。2つのプライマリー波はこの段階で終了し、株価はブレイクアウトを伴って史上最高値の水準に向かうプライマリー第3波を作るプロセスにあるようだ。最後の章では現在の株価について、われわれの分析と予想をもう少し詳しく論じるつもりである。

このように、エリオット理論をよく理解するに従って、現在の株式の強気相場はおそらく暗黒時代からの第5波の、1789年からの第5波の、そして1932年からの第5波であることが分かる。**図5.6**はその総合図であり、この図自身がそのことを物語っている（ロバート・プレクター著『アット・ザ・クレスト・オブ・ザ・タイダル・ウエーブ（At the Crest of the Tidal Wave)』［1995年］には、暗黒時代からの延長を含むこの図のひとつのバリエーションが示されている。それはここに記した予想よりもややトーンダウンしたもので、次の下落は1000年波動というよりは、単にグランドスーパーサイクル段階の下落にとどまる可能性が高いと結論づけている）。

暗黒時代からの西欧の歴史を振り返ると、その歴史は人間の進歩のほとんど絶え間のない時期のようであり、われわれが先に提起したように、それは1000年波動と言えるようなものである。ヨーロッパと北米の文化的発展、それに先立つギリシャ都市国家の勃興とローマ帝国の拡大、さらにそれ以前の1000年にわたるエジプトの社会的進歩の波などは、文化的な段階の波と言えるものであり、それらの波は数世紀にわたる停滞と退歩の文化的な波によって分断されている。こうした5つの波が有史以来現在までの歴史全体を構成し、また次の新時代

第5章　長期の波動と現在までの概観

図5.6

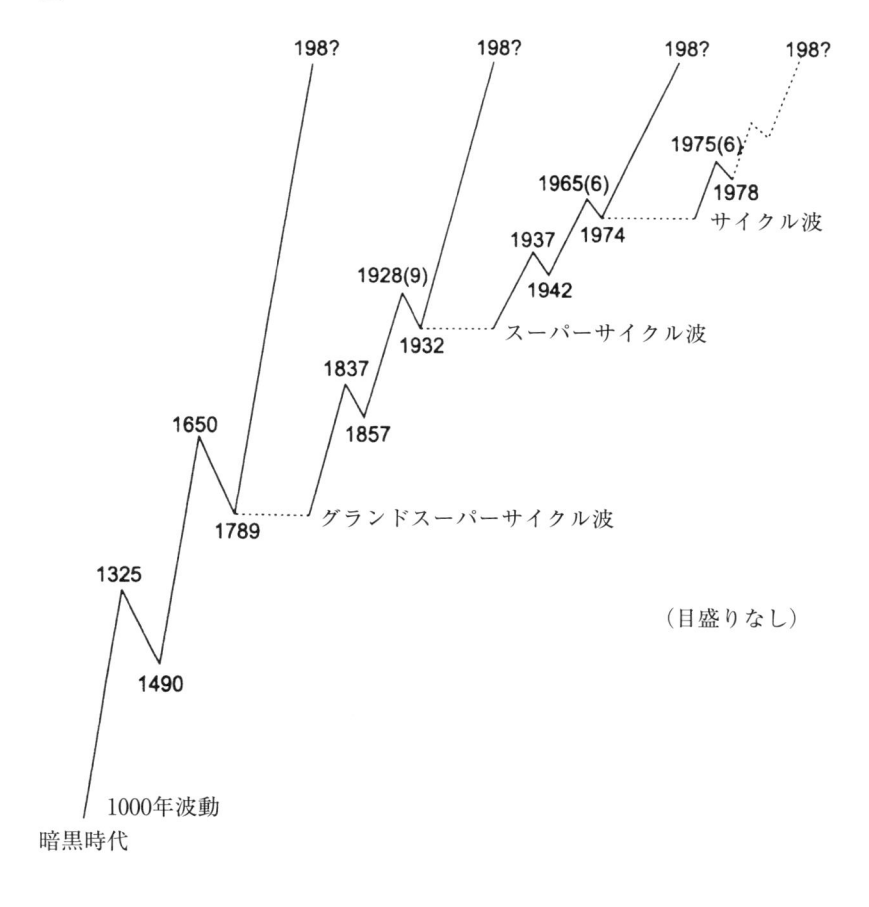

198?　198?　198?　198?
1975(6)
1978
サイクル波
1965(6)
1937　1974
1928(9)　1942
1932　スーパーサイクル波
1837
1857
1650
1789　グランドスーパーサイクル波

1325
（目盛りなし）
1490

1000年波動
暗黒時代

の発展する波を構成するのであろう。もっとも、数世紀にわたる（おそらく核戦争や生物兵器戦争などを含む）社会的な破局が、最終的には5000年にわたる史上最大規模の人類の社会的退歩を引き起こす可能性もある。

　もちろん、らせん的な波動原理の理論は、新時代の波動よりも大きな段階の波が存在していることを示唆している。人類（ホモサピ

エンス）という種の発展の時代でさえも、より大きな段階の波であろう。おそらく人類そのものはヒト科の発展のひとつのステージであり、人類は地球上の生命の進歩におけるさらに大きな波動のひとつのステージなのである。結局、惑星である地球が誕生してから今日までの期間を１年とすれば、海から生命の形が現れたのは５週間、さらに人間のような生物が地球上を歩いたのはこの１年間のここわずか６時間と、生命の形が存在してきた全期間のたった100分の１である。この期間に照らせば、ローマが西洋世界を支配したのは合計で５秒間ということになる。結局、このような壮大な観点から歴史を見ると、グランドスーパーサイクルの波も実際にはそれほど大きな段階の波ではない。

第6章

株式と商品
Stocks and Commodities

個別株式

　投資をマネジメントする技術とは、最大限の利益を確保するために、株式やその他の証券を購入・売却する技術である。投資の分野ではどの銘柄を選ぶのかということよりも、株価がいつ動くのかを見極めることが大切である。銘柄の選択も重要であるが、売買するタイミングに比べると二次的なものにすぎない。株式市場でトレーダーや投資家として勝者となるには、メジャートレンドの方向を知り、それと逆行するのではなく、その方向に沿って投資しなければならない。ファンダメンタルズだけに基づいて株式投資を行うのは、あまり正当化されるものではない。1929年にUSスチール株は260ドルで取引され、未亡人や孤児などにとって安全な投資であると考えられていた。1株当たりの配当は8ドルだった。しかし、ウォール街を襲った株式クラッシュでUSスチール株は22ドルに暴落し、それから4年間も無配となった。一般に株式相場はブル（雄牛・強気）かベア（熊・弱気）のどちらかであり、カウ（雌牛）であることはほとんどない。

　個別銘柄の値動きとは別に、市場平均は大衆の心理現象としてエリオット波動のパターンを描く。以下で説明するように、エリオットの波動原理は個別銘柄にも多少は適用できるが、多くの株式の波のカウ

ントははっきりしないことが多いので、それほど大きな実際的価値はない。換言すれば、エリオットが教えているのは競馬場の走路がしっかりしているのかどうかであって、どの馬が勝ちそうなのかということではない。個別の銘柄については、存在するかどうかも分からないエリオット波動のカウントに株価の動きを無理に当てはめようとするよりは、それ以外の分析を行ったほうが報われるだろう。

　それには理由がある。エリオットの波動原理は各銘柄、そしてそれよりも程度は少ないが狭い株式グループの値動きに影響を与える個人の態度や環境なども広範に考慮している。しかし、エリオット波動原理に反映されているのは、多くの投資家が共有している各個人の意志決定プロセスのほんの一部である。大きな波形に反映されるのは、それぞれの個人投資家や個別の企業における特有の環境が互いに相殺し合い、最後に残った大衆の心理だけである。換言すれば、波動原理の波形に反映されているのは、それぞれの個人や企業の動きというよりは、人類全体とその企業の歩みである。企業は移り変わっていく。トレンド、流行、文化、ニーズ、欲望などは、人間の状況に応じて盛衰していく。したがって、企業の全体的な活動の歩みは波動原理によく反映されるが、各個人の活動領域にはそれ自身の重要性や平均余命、その活動だけに関係する一連の力などがある。このように、波動原理には各個人も企業も全体の一部として登場し、その役割を果たし、最終的にはやってきた塵に再び帰っていく。

　顕微鏡で小さな水滴を観察すると、その大きさ、色、形、密度、塩分、バクテリアの数などについて、その水滴の個性は極めてはっきりしている。しかし、その水滴が大洋の波の一部になってしまうと、それぞれの個性を持っているにもかかわらず、波や潮の力によって運び去られてしまう。ニューヨーク証券取引所に上場されている株式を保有する「水滴」は2000万を超えるが、平均株価が世界の群衆心理を最もよく表す鏡のひとつであることはけっして不思議なことではない。

こうした重要な特徴があるにもかかわらず、多くの株式は多かれ少なかれ、市場平均と連動する傾向がある。平均すると全株式の75％が市場平均に連動して上昇し、全体の90％が市場平均と連動して下落することが分かっている。しかし、一般に個別銘柄の値動きは市場平均よりも不安定である。投資会社がクローズドエンド型投資信託に組み入れる株式や景気循環型の大型株は、はっきりした理由によって、その他のほとんどの株式よりも市場平均のパターンと密接に連動する傾向がある。

　一方、新興の成長株はその成長ぶりに対する投資家の強い思いを反映して、最もはっきりした特有のエリオット波動パターンを描くことが多い。もしも目の前で明らかに間違いのない波動パターンが展開されておらず、また注目すべき波形も認められないときは、エリオット波動に基づいて個別銘柄を分析しようとしないほうが最良のアプローチであるようだ。そのようなときに限っては、市場平均の波のカウントは無視して、独自の行動をとるのがよい。そうしないと保険料を支払うことよりももっと危険な結果となる。

　これまで述べてきた注意事項にもかかわらず、個別銘柄の動きがエリオット波動原理に反映されるケースはけっして少なくない。**図6.1**〜**図6.7**に示した7つの個別銘柄は、3つのパターンを表すエリオット波動を描いている。USスチール、ダウ・ケミカル、メデューサの強気相場は、大きな弱気相場の安値から5つの波による上昇を見せている。一方、イーストマン・コダックとタンディは、1978年に向けてA－B－Cの弱気相場を展開している。Kマート（旧クレスゲ）とヒューストン・オイル・アンド・ミネラルズのチャートは、エリオットパターンを描いて長期的な成長を反映した上昇相場を続けていたが、ほぼ完璧な波のカウントを完成させた直後に、支持線であるトレンドラインを下方にブレイクした。

第2部　エリオット波動原理の応用

図6.1　USスチール

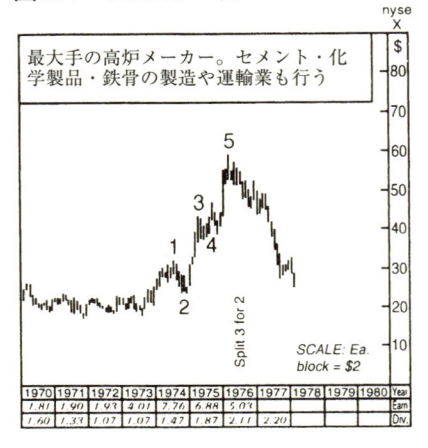

最大手の高炉メーカー。セメント・化学製品・鉄骨の製造や運輸業も行う

図6.2　メデューサ

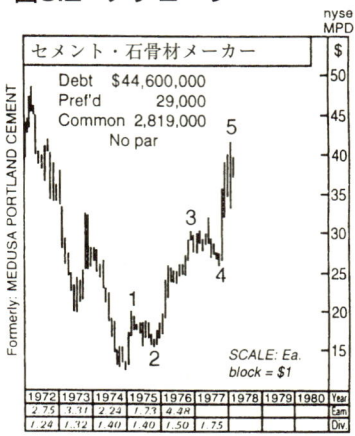

セメント・石骨材メーカー

図6.3　ダウ・ケミカル

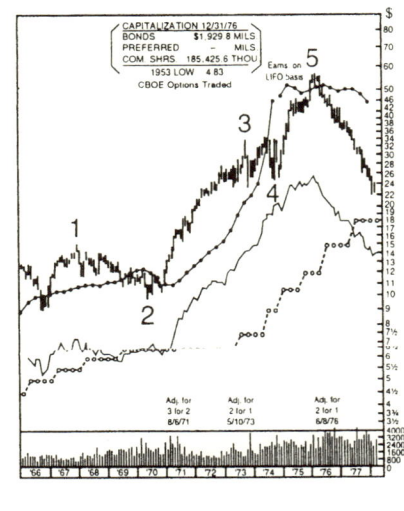

図6.4　イーストマン・コダック

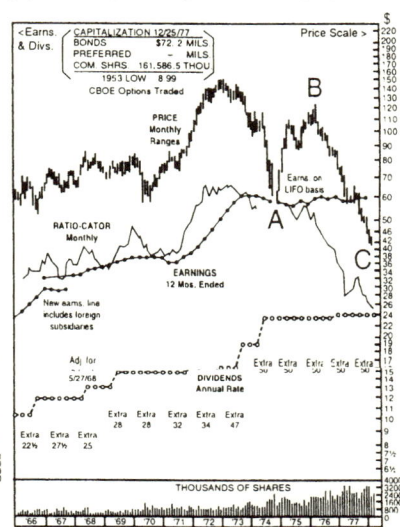

第6章　株式と商品

図6.5　タンディ

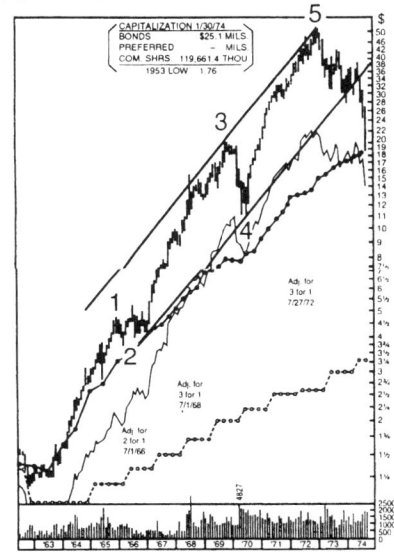

図6.6　ヒューストン・オイル・アンド・ミネラルズ

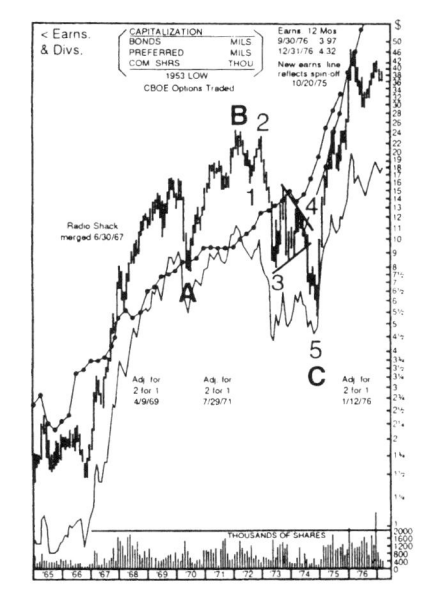

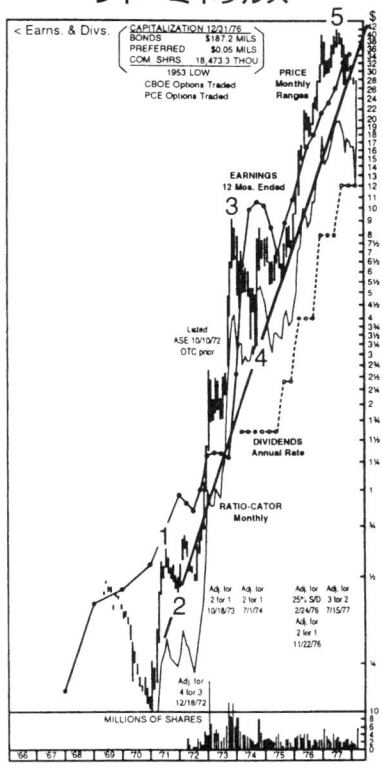

図6.7　クレスゲ

217

商品

　商品も株式と同じく特有の性質がある。商品と平均株価の値動きにおけるひとつの相違点は、商品の主な強気相場と弱気相場がときどき互いに重なり合うことである。例えば、大豆の先物チャート（**図6.9**を参照）に見られるように、完全な５つの波による強気相場でもその価格が新高値を付けないことがある。したがって、いくつかの商品ではスーパーサイクル段階のきれいな波動のチャートを描くこともあるが、観察できる段階の天井がプライマリーやサイクル段階で終了するケースもよくあるようだ。この段階を超えると、波動原理はあちこちで逸脱してしまう。

　さらに株式相場とは対照的に、商品相場ではプライマリーやサイクル段階の強気相場の範囲内で、第５波が延長するケースがかなり多い。こうした傾向は波動原理に完全に合致しているが、それは人間の心理の現実を反映している。株式の第５波の上昇は「希望」によってもたらされるが、商品の第５波の上昇はややドラマチックな感情である「恐怖心」が作り出す。それらはインフレ、干ばつ、戦争などに対する恐怖心である。希望と恐怖心はチャート上では違って現れるが、商品相場の天井がよく株式相場の底のように見えるのはこうした理由もそのひとつである。さらに、商品の強気相場ではしばしば第４波のところで形成されるトライアングルのあとで波の延長が起こる。トライアングルに続く株式相場のスラスト（急上昇）は「素早く短命な」ケースが多いが、大きな段階の商品の強気相場では、トライアングルが形成されたあとによく長期にわたる噴き上げが起こる。その一例は、**図1.44**の銀相場のチャートに見られる。

　1970年代の異なる時期にコーヒー、大豆、砂糖、金、銀で見られたように、最高のエリオット波動のパターンは、長期にわたる横ばいの値固めパターンからの重要な長期のブレイクアウトから生じている。

第6章 株式と商品

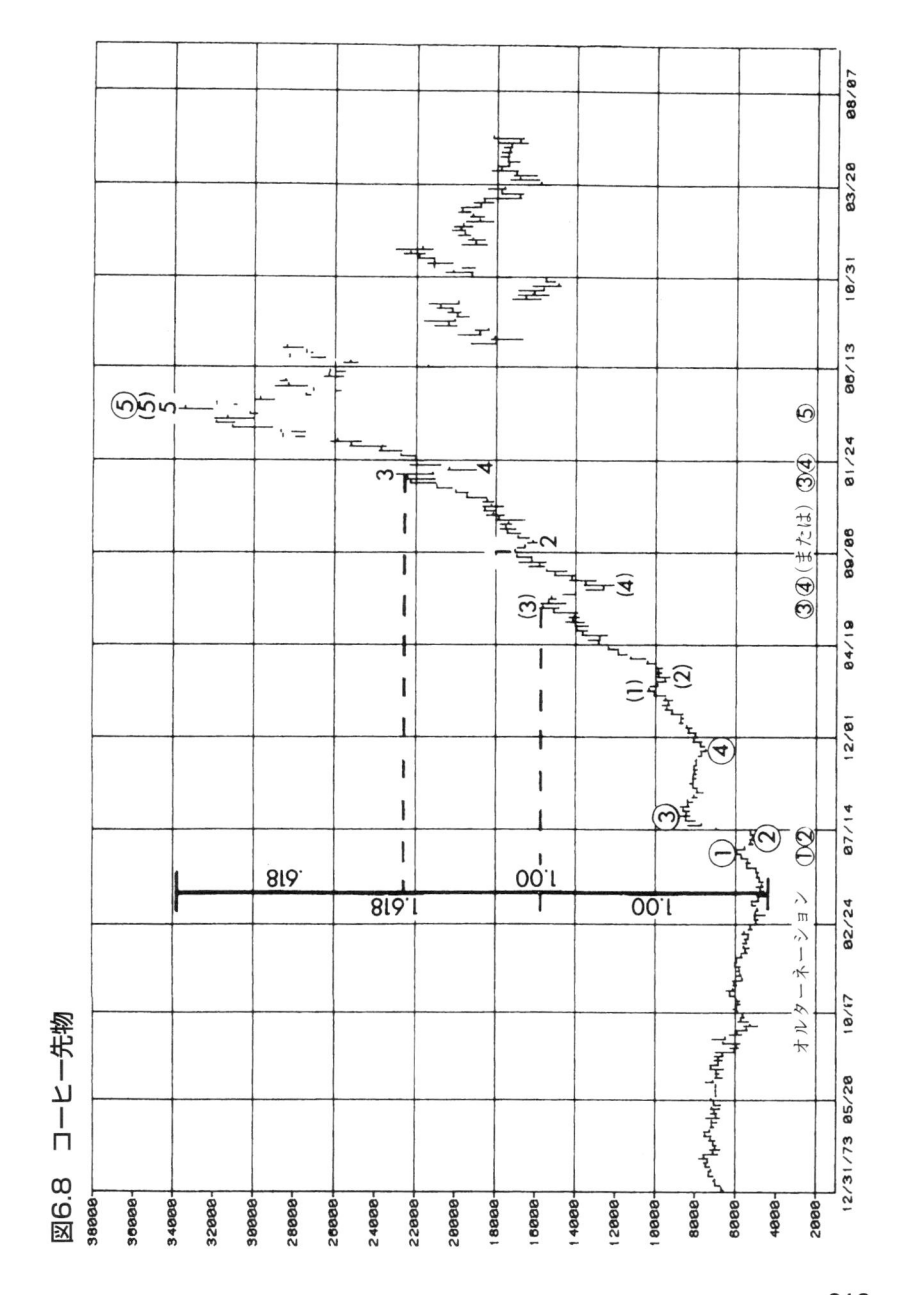

図6.8 コーヒー先物

残念なことに、エリオット波動のトレンドチャネルの適用性を示したであろう半対数チャートは、この研究では使用できなかった。

　図6.8は、1975年半ば〜1977年半ばの２年間にわたるコーヒー相場の爆発的な上昇を表している。このパターンはマイナーの段階に引き下げても、紛れもなく「エリオット波」である。ここで使われた比率分析は、天井の価格水準を見事に予測している。これらの計算では、（３）波と第３波の天井までのそれぞれの上昇幅は、この強気相場を同じ距離で黄金比率に分割している。このチャートの下に表記した同じように許容できる波のカウントを見ても分かるように、この２つの波の天井は⑤波の天井としても表示できるなど、典型的な比率分析のガイドラインを満たしている。このパターンが第５波の天井に達したあと、明らかに破壊的な弱気相場が突然襲来している。

　図6.9は、５年半の大豆相場の推移を示したものである。コーヒー相場の爆発的な上昇と同じように、1972〜1973年の大豆のこの爆発的な上昇も長期にわたる値固めのあとに出現した。第３波の天井までの上昇幅×1.618は、第３波の終点〜第５波の天井までの距離にほぼ等しいという点で、ここでも目標圏は見事に当たっている。その次のＡ－Ｂ－Ｃ弱気相場では、完全なエリオット波動のジグザグが1976年１月に底打ちしてから展開している。この修正Ｂ波は、Ａ波の長さ×0.618弱の長さである。第５波の天井が10.90ドルの最小限の目標値にわずかに届かないという意味で通常以下の規模ではあったが、1976〜1977年には新たな強気相場が出現している。この上昇相場では第３波の天井までの上昇幅（3.20ドル）×1.618＝5.20ドル、第４波の安値（5.70ドル）にこの数字を加えた10.90ドルが目標値となる。これらの強気相場における当初の測定単位は、スタート地点〜第３波の天井までの上昇幅とすべて同じである。この距離は第３波の天井、第４波の安値、またはその中間点から第５波までの長さ×0.618とほぼ等しくなる。換言すれば、そのいずれの場合でも、強気相場のすべての上昇

第6章　株式と商品

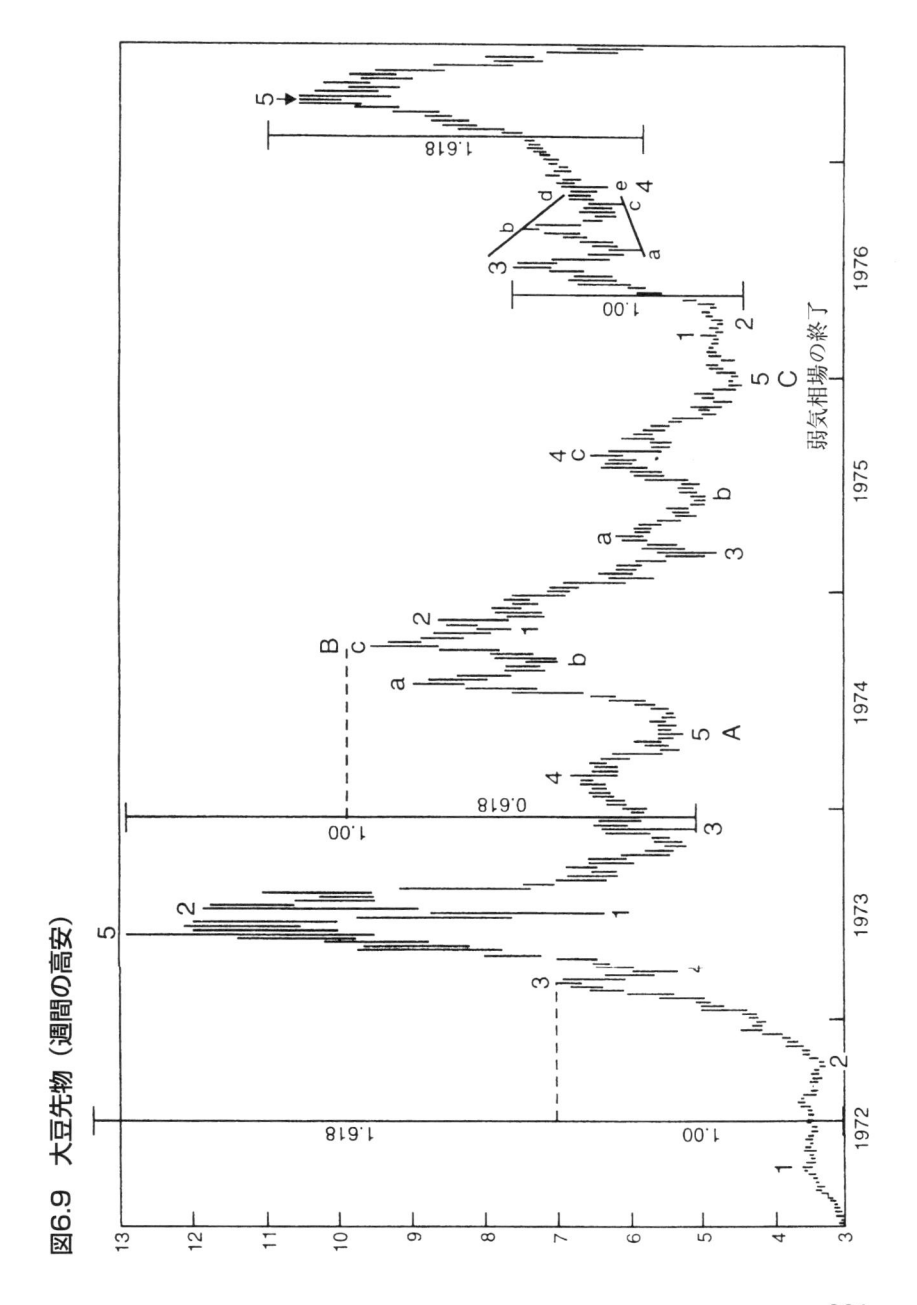

図6.9　大豆先物（週間の高安）

図6.10 小麦先物

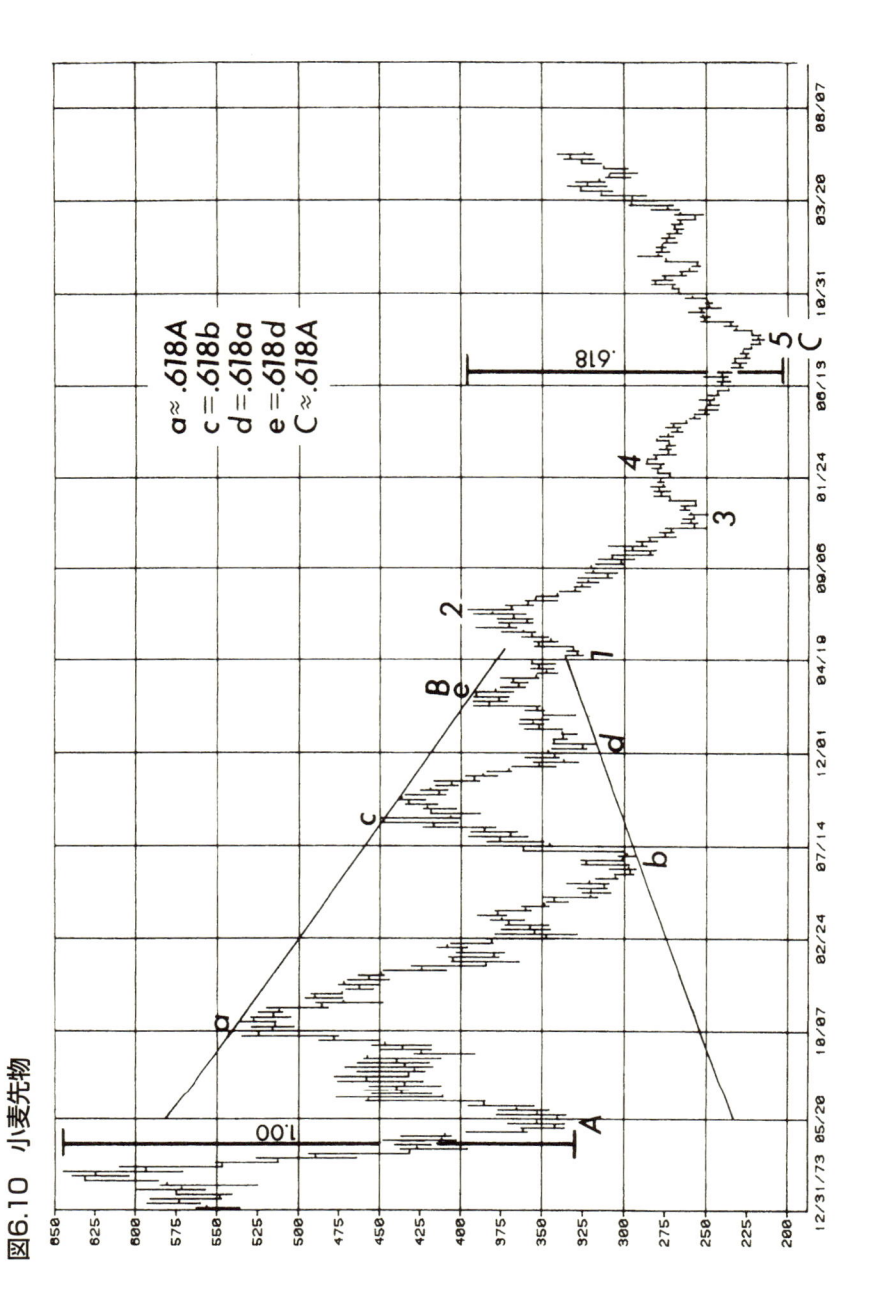

$a \approx .618A$
$c = .618b$
$d = .618a$
$e = .618d$
$C \approx .618A$

幅は第４波内のある地点で黄金比率に分割されている（第４章を参照）。

図6.10は、高値と安値を示したシカゴ小麦先物の週足チャートである。6.45ドルの天井を付けたあとの４年間に、見事な波の関係を持つエリオット波動のＡ－Ｂ－Ｃ弱気相場が展開している。Ｂ波は第２章と第３章で論じた形とほぼ同じ収束型トライアングルになっている。５つの接点は、トレンドラインとチャネルラインの上限と下限に完全に一致している。さらに通常と違う形ではあるが、トライアングルの副次波は黄金らせんを映したように展開し、それぞれのレッグ（上昇幅・下落幅）は互いにフィボナッチ比率になっている（ｃ波＝ｂ波×0.618、ｄ波＝ａ波×0.618、ｅ波＝ｄ波×0.618）。そしてこのパターンの終点近くで典型的な「ダマシのブレイクアウト」が出現しているが、その波はｅ波ではなく、Ｃ波の副次的な第２波である。さらにＡ波の下落幅は、Ｂ波の副次的なａ波とＣ波の長さ×約1.618となっている。

このように、商品相場もエリオットが発見した宇宙の秩序を反映した特徴を持つことが実証される。もっとも、その商品の個性が特有であるほど、すなわちその商品が人間の生存にとって必要性が小さいほど、エリオット波動パターンを確実に反映する度合いが小さくなると考えるのは、筋が通っていると思われる。人類の心に変わることなく輝き続けている商品のひとつが金である。

金

金は最近では株式相場に対して、しばしば「反サイクル」的に動く。金相場が下落から上昇トレンドに転換すると、それと軌を一にして株式相場は上昇から下落に転じることが多い（その逆も同じである）。したがって、金相場のエリオット波動を読めば、ダウ平均の予想される反転の確証が得られることもよくある。

米政府は1972年４月に、長期にわたって続いてきた金の固定価格を

それまでの１オンス当たり35ドルから38ドルに引き上げたあと、さらに1973年２月に再び42.22ドルに引き上げた。通貨との兌換性という目的から各国中央銀行が使用してきたこうした「公定価格」と、1970年代初期の非公定価格の上昇傾向が、いわゆる金の「二重価格制」をもたらした。金の需要と供給による必然的な結果として、1973年11月に金の公定価格と二重価格制は撤廃された。

金相場は1970年１月に35ドルから上昇し、1974年12月30日にはロンドン金相場（ロンドン金値決め価格）は終値で197ドルの天井を付けた。金相場はそれ以降に下落し始め、1976年８月31日には103.50ドルの安値を付けた。この下落の基本的な理由としては、ソ連と米財務省の金売却、IMF（国際通貨基金）の金売却入札などが挙げられる。それ以降に金価格はかなり回復し、再び上昇トレンドをたどっている。

金の貨幣的な役割を低下させたいという米財務省の努力、価値の退蔵と交換の手段としての金に影響を与えているかなり非難されてきた感情的な要因にもかかわらず、金の価格は必然的に明確なエリオット波動のパターンをたどってきた。**図6.11**はロンドン金相場のチャートで、われわれはそこに正しい波のカウントを表記した。それを見ると、金相場は離陸して上昇トレンドに乗り、1974年４月３日に179.50ドルの天井を付けるまでに、連続した完全な５つの波を描いている。1970年以前には１オンス当たり35ドルの公定価格が維持されていたために波の形成はなかったが、この上昇に必要な長期の値固めには役立った。この値固めからのダイナミックなブレイクアウトは、商品相場の最もはっきりしたエリオット波動のカウントの基準にぴったり合致している。そのことはまさに明らかである。

５つの波による急角度の上昇はほぼ完全な波を形成し、第５波はトレンドチャネル（**図6.11**には表示されていない）の上側ラインのところでぴたりと終了している。③波の天井までの上昇幅（90ドル）がオーソドックスな天井までの距離を測定する基準となっているという

図6.11 金先物（ロンドン）

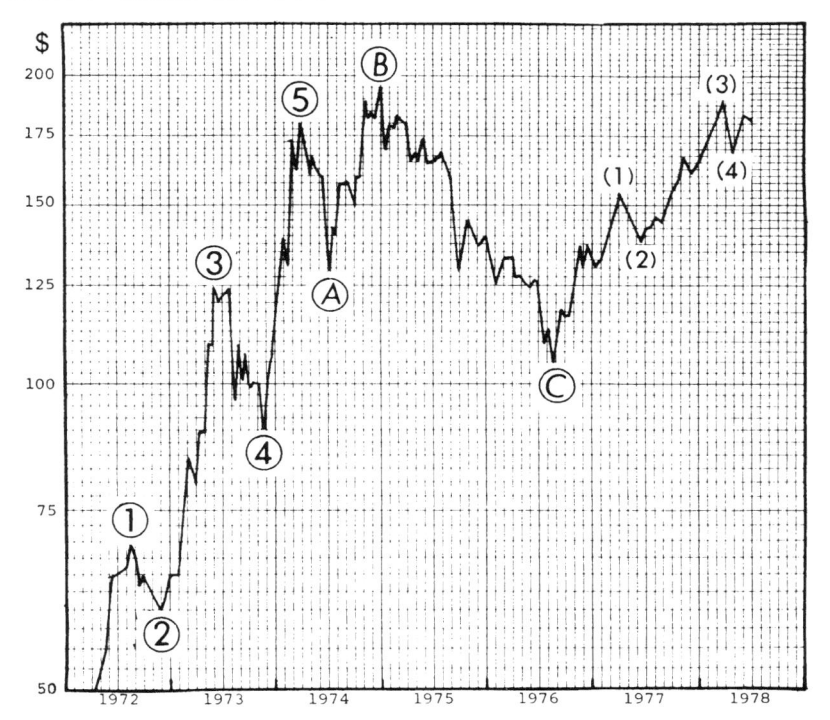

点で、商品相場に特有のフィボナッチ比率に基づく目標値の予測法はうまく機能している。90ドル×0.618＝55.62ドル、これを③波の天井（125ドル）に加えると180.62ドルとなる。⑤波の天井における実際の価格は179.50ドルであり、これは180.62ドルに実に近い数字である。179.50ドルの金の価格が35ドル×5（フィボナッチ数）であったことは注目に値する。

　最初の下降波であるⒶ波のあとの1974年12月に、金価格は1オンス当たりほぼ200ドルという史上最高値まで上昇した。拡大型フラッ

ト修正の次のⒷ波は、修正波による上昇がしばしばそうであるように、トレンドラインに沿ってゆっくりと上昇した。Ｂ波の個性にふさわしく、これがにせの上昇であることは明らかであった。まず第一に、1975年1月1日から実施されるアメリカ人による金保有の公認というニュースは、金にとっては強材料であると思われたが、これはすでにすべての人々が知っていた。Ⓑ波は屈折するように見えながらも、マーケットの論理にかなった方法で、1974年のまさに最後の日に天井を付けた。二番目には、北米と南アフリカの金鉱株の上昇幅が著しくアンダーパフォームであったことは、金相場の強気予想を確認しないという点で、将来のトラブルを事前に警告していた。

　壊滅的な崩壊となったⒸ波には金鉱株の過酷な急落が伴い、金鉱株のなかには1970年に上昇がスタートした水準まで下落するものもあった。金価格についてわれわれは1976年初めの時点で、通常の関係によってその安値は約98ドルになるだろうと計算していた。すなわち、Ⓐ波の長さ×1.618＝82ドル、それをオーソドックスな高値の180ドルから差し引くと下値目標は98ドルとなる。この修正の安値はより小さな段階の前の第4波の範囲内になり、その安値は下値目標にかなり近かった。1976年8月25日にロンドン金相場は終値で103.50ドルを付けたが、この月はダウ理論に基づいて株価が天井を打つと予想された7月と、ダウ平均が実際にそれよりも少し高い水準で天井を付けた9月のちょうど中間の月であった。

　金相場のその後の上昇が4つの完全なエリオット波動を描いて第5波に入ったことから、金価格は史上最高値を更新するだろう。**図6.12**は、1976年8月の安値以降の最初の上昇する3つの波に関する近況を示したものである。それぞれの上昇波ははっきりと5つの衝撃波に分けられる。それらの上昇波はまた、半対数チャートに表したエリオットのトレンドチャネルとも一致している。そのこう配は、金価格の統制が撤廃された直後の一時的な爆発的上昇となった強気相場の

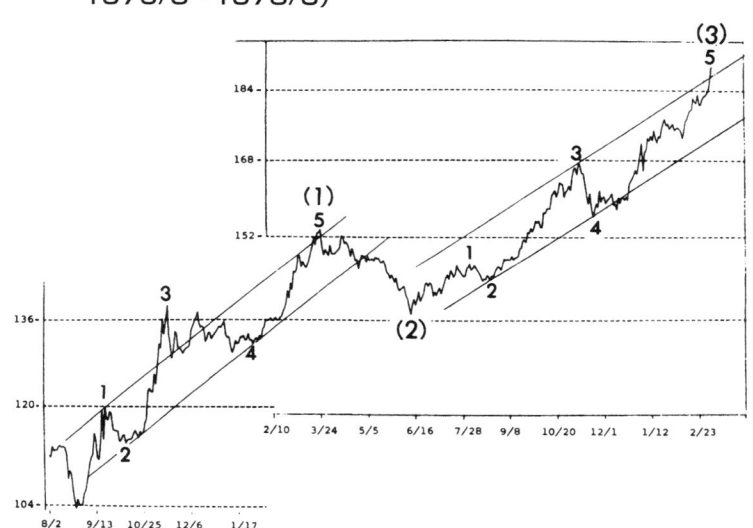

図6.12 ロンドン金相場（ロンドン午後値決めの金地金価格、日足、1976/8～1978/3）

ときほど急ではない。ほかの通貨建て金価格がまだ最高値に接近していないことから、現在の金相場の上昇は主に米ドルの下落を反映していると思われる。

　金価格は通常の押しで前の第4波の水準を維持してきたので、波のカウントによれば、連続する5つの波がほぼ完成したか、または第3波の延長が展開中であると思われる。このことは株式と商品相場がそろって上昇するという超インフレの到来を示唆しているが、われわれはこの問題についてはっきりした意見は述べない。しかし、Ⓐ－Ⓑ－Ⓒ波の拡大型フラット修正は、次の波が新高値圏に突入するという大きなスラスト（急上昇）の出現を示唆している。もっとも、商品の強気相場は次から次へと大きな段階の波に発展する必要がないという意味で、抑え気味の強気相場を形成するということを忘れてはならない。それゆえに、金相場が35ドルの安値から大きな第3波に入ったと考えることは必ずしもできない。もしもこの上昇がすべてのエリオット波

動のルールに従って、103.50ドルの安値から連続した明確な5つの波を形成すれば、そこは少なくとも当面の売りシグナルとみなされるだろう。いずれの場合でも、98ドルの水準は依然として重大な下落の下限となるだろう。

歴史的に言って、金は健全な実績の記録を持つ、経済生活の心のよりどころのひとつである。世のなかに規律を与える手段として、金にまさる存在はない。おそらくそのことが、政治家が絶えず金を無視し、非難し、そして通貨としての金の資格を失わせようとしてきた理由であろう。もっともどういうわけか、各国政府は常に「万が一の場合に備えて」金を手元に持っていたいと思っているようだ。現在、金は古い時代の遺物として、しかしまた将来の先触れとして、国際金融の舞台でその出番を待っている。規律のある生活とは生産的な生活であり、そうした考えは自作農から国際金融に至るあらゆるレベルの努力に当てはまる。

金は伝統的な価値の退蔵手段である。そして金の価格が長期にわたって横ばいとなっても、世界の通貨制度が賢明に再構築されるまでは、いくらかの金を保有することはいつでも優れた保険である。世界の通貨制度の再構築が計画的に、または自然の経済的な力によってなされようとも、それは不可欠のことであると思われる。紙幣が価値の退蔵手段として金に取って代われないことも、おそらくはもうひとつの自然の法則なのである。

第7章
株式相場に対するその他のアプローチと波動原理との関係

Other Approaches to the Stock Market & Their Relationship to the Wave Principle

ダウ理論

　チャールズ・H・ダウによれば、株式相場のメジャートレンドとはすべてを飲み込む広範な「潮流」であり、それはいろいろな波、つまり二次的な押しや戻りによってさえぎられる。それよりも小さな動きは波の「さざ波」である。(少なくとも3週間は続く横ばいの構造として定義され、5％の価格の範囲内で起こる) ライン (Line) が形成されないかぎり、一般にそうしたさざ波はあまり重要ではない。ダウ理論の主要なツールは、運輸株平均(以前の鉄道株平均)と工業株平均である。ダウ理論の主要な提唱者であるウィリアム・ピーター・ハミルトン、ロバート・レア、リチャード・ラッセル、E・ジョージ・シェーファーがダウ理論を完成させたが、その基本的な原則を変えることはけっしてなかった。

　チャールズ・ダウがかつて観察したように、株価の動きを知るためにチャートを使ったり、また潮の満ち引きが潮流の方向を示すように、海岸の砂にくいを打ち込むことができる。運輸株平均と工業株平均は同じ海洋の一部であるため、そのひとつの平均株価の潮の動きがもうひとつの平均株価の動きと一致して、初めて信頼できるものになるというダウ理論の基本的な原則は、経験から得られたものである。し

がって、どちらか一方の平均株価だけがはっきりしたトレンドを描いて新高値や新安値を付けても、それはもうひとつの平均株価によって「確認（Confirmation）」されたことにはならない。

　エリオットの波動原理はダウ理論と多くの共通点を持つ。衝撃波による上昇が続いているとき、多くの銘柄が市場平均と連動し、またほかの平均株価もそうした動きを確認していれば、それは「健全な」相場である。しかし、修正波や最終波が進行しているときは、ダイバージェンスや未確認がよく起こる。また、ダウ理論の信奉者は株価の上昇には心理的に３つの「局面」があることを知っている。当然のことながら、エリオットの波動原理とダウ理論は株式相場の現実を描写しているので、ダウ理論家がそうした局面をちょっと説明すると、エリオットの第１波、第３波、第５波の個性にほぼ一致する（波の個性については第２章で概説した）。

　エリオットの波動原理はダウ理論の多くの有効性を認めているが、もちろんダウ理論は波動原理の有効性を確認してはいない。というのは、波の動きに関するエリオットのコンセプトは数学的な根拠に基づいているので、その解釈にはひとつの平均株価だけしか必要とせず、波の特定の構造に従って展開していくからである。とはいっても、波動原理とダウ理論はいずれも経験的な観察に基づいており、理論と実際において相互に補い合っている。例えば、平均株価の波のカウントはダウ理論家に対して、その動きが未確認になることをあらかじめ警告することもよくある。**図7.1**が示しているように、工業株平均は主要なスイングの４つの波と第５波の一部を完成したが、運輸株平均ではジグザグ修正のＢ波が上昇していれば、２つの平均株価の未確認は避けられない。事実、われわれはこうした展開に一度ならず助けられてきた。その一例として、1977年５月に運輸株平均は上昇して新高値を付けたが、工業株平均は１～２月にそれに先立って５つの波で下落していたことは、運輸株平均のいかなる上昇も結果的には未確認に終

図7.1
ダウ工業株平均

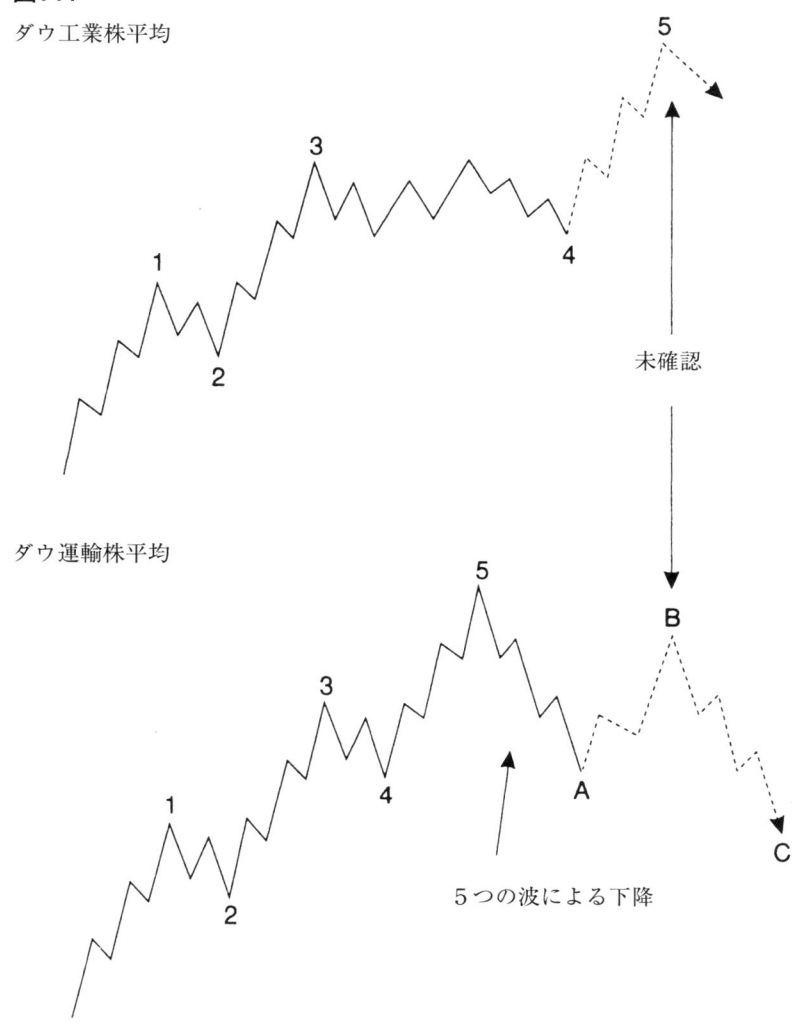

未確認

ダウ運輸株平均

5つの波による下降

わることをはっきりと、そして声高に示唆していた。

　一方、ダウ理論による未確認はエリオット波動の分析家に対して、まもなく株価が反転するかどうかを見極めるために、波のカウントを調べ直すように警告を与えることもよくある。このように、波動原理

またはダウ理論のどちらか一方のアプローチを知っていれば、もうひとつのアプローチを適用するときの助けとなる。ダウ理論はエリオット波動原理の祖父になるので、ダウ理論は何年にもわたるパフォーマンスの堅実な記録だけでなく、そのヒストリカルな重要性に対しても敬意を払うべきである。

「コンドラチェフの波」という景気サイクル

　破局と復興という50～60年（平均すると54年）のサイクルは、中央アメリカのマヤ人のほか、古代のイスラエル民族によっても独自に知られ、観察されていた。こうしたサイクルを現代的に表現したのが、ロシアの経済学者であるニコライ・コンドラチェフによって、1920年代に観察された経済・社会的なトレンドの「長期波動」である。コンドラチェフは入手可能な限られたデータを使って、現代資本主義諸国の景気サイクルが半世紀強にわたる拡大と縮小のサイクルを繰り返す傾向があることを文書で証明した。それらのサイクルはその長さにおいて、エリオット波動原理のスーパーサイクル波（波の延長を含めたときはサイクル波のときもある）に類似している。

　メディア・ゼネラル・フィナンシャル・ウイークリー誌から引用した図7.2は、1780年代から2000年に至るコンドラチェフの景気サイクルの理想的なコンセプトと、その卸売物価との関係を示したものである。これを図5.4に示したグランドスーパーサイクル波に当てはめてみると、（Ⅰ）波の初めから1842年に付けた（Ⅱ）波のa波の深い安値までは、おおよそひとつのコンドラチェフのサイクルであり、延長した（Ⅲ）波と（Ⅳ）波は2つのコンドラチェフサイクルの大半にわたっている。そして現在のスーパーサイクル（Ⅴ）波は、ひとつのコンドラチェフサイクルのほとんどにわたって続くだろう。

　コンドラチェフによれば、一般に戦争（すなわち、コンドラチェフ

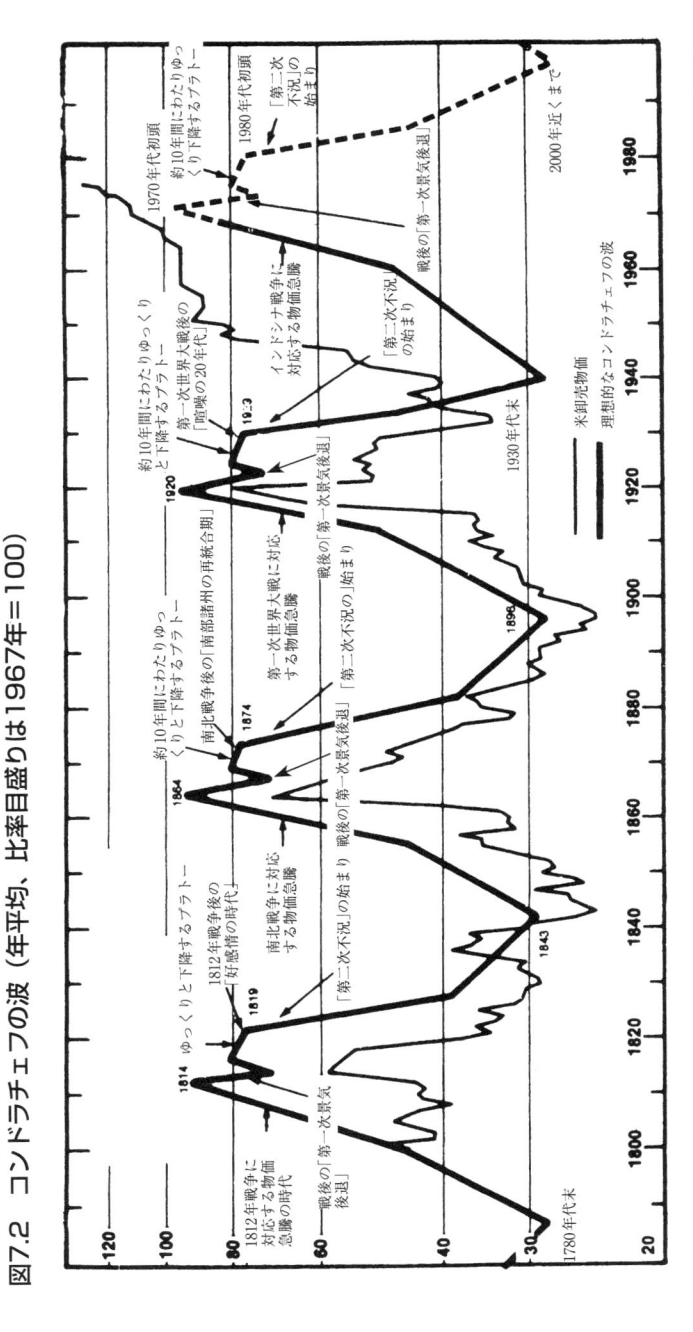

第7章 株式相場に対するその他のアプローチと波動原理との関係

図7.2 コンドラチェフの波（年平均、比率目盛りは1967年＝100）

※1983年4月6日に発表された特別リポート（付録の図A.8を参照）によれば、最後の経済収縮はこの理想的なコンドラチェフの波より遅れて1949年に終了したので、それ以降のすべての予測期間をその分だけあとにずらす必要がある。このグラフの最新版については、付録BのロバートR・プレクター著『At The Crest of the Tidal Wave』を参照

サイクルのボトム近くで起こる戦争）による「景気の谷」は、経済が戦時経済に伴う価格刺激策のメリットを受けた結果、景気の回復と物価の上昇が起きたときにもたらされる。一方、一般に戦争による「景気のピーク」は景気が十分に回復し、そして政府が通貨供給量を増やすという常套手段で戦費を支払った結果、物価が急上昇したときに起こる。景気がピークをすぎると最初の景気後退が起こり、それから約10年間にわたって景気が比較的安定し、また繁栄の時代が戻るという緩やかなインフレの「プラトー（高原）」が続く。この時期が終わると、数年にわたるデフレの厳しい不況期を迎える。

アメリカの最初のコンドラチェフのサイクルは独立戦争（1775〜1783年）に伴う景気の谷で始まり、1812年戦争（1812〜1815年の米英戦争）でピークに達した。それ以降に「好感情の時代（Era of Good Feelings）」と呼ばれる高原時代が続き、それは1830〜1840年代の不況の先駆けとなった。ジェームズ・シューマンとデビッド・ローズナウがその著『コンドラチェフの波（The Kondratieff Wave）』のなかで述べたように、二番目と三番目のコンドラチェフサイクルは、経済学的にも社会学的にも驚くほど類似した形で展開した。そして第二の高原は南北戦争（1861〜1865年）後の「南部諸州の再統合期」に当たり、第三の高原は第一次世界大戦のあとの「喧噪の20年代」（適切な表現である）と呼ばれた時代だった。一般にこうした高原期には株式市場は活況を呈し、とりわけ1920年代の高原期はそうだった。そうした株式の活況時代も最終的には崩壊し、1942年ごろまでには大不況と広範なデフレ状況が続いた。

コンドラチェフの長期サイクルを解釈すると、われわれは今、戦争（第二次世界大戦）による景気の谷、戦争（ベトナム戦争）による景気のピーク、最初の景気後退（1974〜1975年）などを伴ったもうひとつの高原に到達している。この高原時代には再び、相対的な繁栄と株式の力強い上昇相場が続くだろう。こうしたサイクルを読んでみると、

経済は1980年代半ばに崩壊し、3～4年の厳しい不況と、2000年の景気の谷まで長いデフレの期間が続くだろう。こうしたシナリオはわれわれの予測にぴったりと合い、現在のサイクル第5波の上昇と次のスーパーサイクル波の下落に一致するだろう（こうした予測についてはすでに第5章で論じたほか、最後の章でもさらに詳述する）。

サイクル

　株式相場に対する「サイクル」によるアプローチは、ここ数年間にかなり流行するようになった。というのは、ボラティリティが大きく、最終的には横ばいのトレンドとなる株式相場にうまく対処する方法を求める風潮が投資家の間で高まってきたからである。このアプローチはかなり有効であり、手腕の高い分析家の手によれば、優れたマーケット分析のアプローチになるだろう。しかし、われわれの考えによれば、ほかの多くのテクニカルツールと同じく、このサイクルアプローチによっても株式市場で利益を上げることはできるが、こうしたアプローチは株価が進行する背後に存在する法則の神髄を反映していないと思う。

　残念なことに、ダウ理論とそれに関連する1～2の手法、そしてエリオットの波動原理でも、「すべての強気相場は3つのレグ（leg）を持つ」という理論に追随する多くの大衆投資家を生んだが、最近ではサイクル理論でも多くの分析家や投資家は「4年サイクル」の考えにかたくなにこだわる傾向がある。これについては、若干のコメントを加えるのが適切であろう。まず第一に、何らかのサイクルが存在すれば、サイクルの後半で株式相場が新高値に進む可能性があることを意味する。それまでに何らかの動きがはさまっても、サイクルの測定は常に安値から安値で行われる。第二に、4年サイクルは戦後の期間（約30年間）では見られるが、戦前ではサイクルの存在はまだらかつ不規

則であり、いつも収縮と拡大、変化や消滅を繰り返してきたという歴史がある。

　サイクルアプローチを使って成功してきた人々にとって、サイクルはほとんどいつも、またはまったく予告なしに、その存在が明確になったり薄れたりするように見えるので、波動原理はサイクルの長さの変化を予測するときに有効なツールになり得ると思う。例えば、現在のスーパーサイクルの第II波と第III波、そして第IV波の多くではかなりはっきり見えるが、1932～1937年の強気相場の第I波とそれ以前では、混乱し歪められていることに注目してほしい。もしも５つの波による強気の動きのなかで、２つのより短い波がかなり類似する傾向にあることを覚えていれば、現在のサイクル第V波はこの連続波のほかのどの波よりも第I波（1932～1937年）に似てくることが推測できる。というのは、1942～1966年の第III波は延長波であり、ほかの２つの推進波とは異なるであろうからである。したがって、現在の第V波は比較的短い長さのサイクルを伴ったより単純な構造となり、一般的な４年のサイクルが突然３年半に縮小することもある。換言すれば、波のなかにおいてサイクルは時間的に一定になる傾向がある。

　しかし、次の波がスタートすれば、分析家は周期性の変化に警戒しなければならない。サイクル理論家は４年サイクルと９年サイクルに基づいて、1978～1979年の株式相場の崩壊を現時点で予測しているが、われわれはそうしたことは起こらないと思う。これについては、1954年にボルトンのトレンブレー社から出版されたチャールズ・J・コリンズ著『エリオットの波動原理――その再評価（Elliott's Wave Principle―A Reappraisal）』から、以下の文章を引用したいと思う。

　　「サイクル理論家のなかではエリオットだけが（エリオットは1947年に亡くなり、ほかのサイクル理論家たちは存命しているという事実にもかかわらず）、戦後（少なくとも今日まで）実際に

起こったことと矛盾しないサイクル理論の基本的な背景説明を提供した。

オーソドックスなサイクルアプローチによれば、1951～1953年の時期には不況の真っただ中で証券と商品相場の何らかの大暴落が起こることになっていた。自由世界が1929～1932年にほぼ匹敵する破壊的な暴落を乗り越えられるかどうかがかなり疑わしかったことを考えると、予想されたようなパターンにならなかったことはおそらく良かったのである」

われわれの考えによれば、分析家が一定の周期性をずっと立証しようとしても、その結果は取るに足らぬものとなるだろう。波動原理は、株式相場に反映されるのはサイクルというよりはスパイラルの特徴であり、また機械というよりは自然の特徴であることを明らかにしている。

ニュース

ほとんどの金融記者は今起こっている出来事によって株価の動きを説明するが、この２つの間に何らかの価値のある関係が存在することはほとんどない。毎日は過剰なほどの好悪のニュースで満ちており、一般にそれらのニュースが選別的に精査されて、株価の動きのもっともらしい説明となる。エリオットは『自然の法則』のなかで、ニュースの価値について次のようにコメントしている。

「ニュースはすでにしばらくの間作用しているいろいろな力を遅れて認知するといった程度のもので、ニュースにびっくりするのはトレンドを知らない人だけである。成功しているベテラントレーダーはずっと前から、株式市場ではあるニュースの価値を解

釈できる人などだれもいないので、そうしただれかのニュース解釈能力に頼るのは無益であることをよく知っている。ある出来事に関するひとつのニュースや続報などは、持続的なトレンドを形成する基本的な要因とは考えられない。事実、トレンドの状況が異なるために、同じ出来事でも長期にわたってかなり違う結果をもたらしてきた。こうしたことは、ダウ平均株価の45年間の記録をちょっとでも研究すれば分かることである。

　この期間中には何人もの王が暗殺され、戦争と戦争のうわさ、好景気と恐慌、企業の倒産、新時代、ニューディール、トラスト解体の動きなど、あらゆる種類の歴史的・感情的な出来事があった。しかし、すべての強気相場は同じように進展し、また弱気相場もすべて同じような特徴を持っていた。それらは全体としてトレンドの構成部分の範囲とその程度だけでなく、いろいろなニュースに対する株式市場の反応を支配し判断してきた。ニュースの内容とは無関係に、ニュースに対するこうした株式市場の特徴は、将来の株価の動きを予測するために評価し、利用することができる。

　地震のように、まったく予測できないことが起こることもある。しかし、そのサプライズの程度にもかかわらず、そうしたあらゆる出来事も瞬時に株価に織り込まれ、『それまでに進行していた明確なトレンドを反転させることはできない』と結論づけてもよいようだ。ニュースがトレンドを形成する要因だと考える人々は、注目すべきニュースの重要性を正しく予測する能力に頼るよりは、競馬場のギャンブルの運に賭けたほうがおそらくよいだろう。したがって、『森をはっきり見る』ただひとつの方法は、周りの木々の上に立つことである」

エリオットはニュースではなく、ほかの何かが株価のはっきりし

たパターンを形成することを知っていた。一般的に言って、株価分析の重要な問題はニュースそれ自体ではなく、株価がニュースに重要性を付与したり、または付与するように見えることである。楽観的な見方が支配的になる時期には、ニュースに対する株価の明らかな反応は、下降トレンドが続いているときとは大きく異なる。株価のヒストリカルなチャートでエリオット波動の符号付けをするのは簡単であるが、株価の記録から、例えば人間の最もドラマチックな活動である戦争の勃発を見つけだすことはできない。特に株価が人々の通常の予想とは逆方向に動いたときは、ニュースに対する株価の心理学はかなり有効である。

　われわれの研究によれば、単にニュースが株価に遅行する傾向があるということだけでなく、ニュースは株価が同じ方向に進行することを正確に追認する。強気相場の第1波と第2波の段階では、新聞の第一面は投資家の恐怖心や憂うつさを引き起こすようなニュースを伝える。そして一般に新たな上昇の第2波が底入れするときは、基本的な状況は最悪期のように見える。第3波では良好なファンダメンタルズが戻り、第4波の初期には一時的にベストのファンダメンタルズが伝えられる。第5波の進行中もある程度良好なファンダメンタルズが続くが、第5波のテクニカルな面と同じように、第3波のときに比べてそれほど良好なファンダメンタルズは伝えられなくなる（これについては第3章の「波の個性」を参照のこと）。株価のピーク期にはファンダメンタルズの背景は依然としてバラ色、またはときにさらに良くなるが、それに反して株価は下落に転じる。株価の修正が進行するにつれて、マイナスのファンダメンタルズが増大し始める。そうしたファンダメンタルズやニュースは、一時的に1〜2つの波で相殺される。こうした悪材料と好材料が交互に出現するというのは、株式相場は人間が作り出しているという証しであり、人間の経験の基本的な一部として波動原理を確認するものである。

テクニカルアナリストはこうした株価のタイムラグを一般に理解しやすいように説明するとき、「株価は将来を織り込む」、すなわち株価は社会的な状況の変化を実際にはかなり正確に事前に予測すると言う。確かに経済的な出来事だけにとどまらず、社会政治的な出来事についても、株価はそれが起こる前にいろいろな変化を事前に察知するように見えるので、最初はそうした論理もなるほどと思われる。しかし、投資家に透視力があるというそうした考え方はやや非現実的である。実際には株価に反映される人々の心理状態やトレンドが、最終的に経済統計や政治に影響を及ぼす（その結果、ニュースとなる）ような方法で人々を行動させるというのが真実であるようだ。われわれの意見を要約すると、予測の目的という点では株価そのものがニュースである。

ランダムウォーク理論（効率的市場仮説）

ランダムウォーク理論は学問の世界で、統計学者によって展開されてきた。この理論は、株価はランダムに動き、予測できるような行動パターンはとらないというものである。この理論に従えば、株式相場のトレンドやパターン、または個別銘柄の固有の強さや弱さなどを研究しても何も得られないので、株価の分析は無意味ということになる。

一般に投資の初心者はそれまでほかの分野でどれほど成功していても、奇妙で非合理的、ときにドラスチックとも見える株価のランダムな動きを理解するのは難しい。学者もインテリの人々なので、株価の動きを予測できない自らの能力を説明するとき、単に「株価の予測は不可能である」という言葉で片づける人もいる。しかし、多くの事実はこうした結論とは相反しており、それを立証する具体的な事例も数多くある。例えば、１年間に何百回、ときに何千回もの投資決定を下して大きな成功を収めているプロのトレーダーがいるという事実に加

え、目を見張るようなキャリアを持つプロのポートフォリオマネジャーやアナリストが存在することは、ランダムウォークの考え方をはっきりと否定するものである。

　統計的に言うと、こうしたパフォーマンスが存在することは、株価の進行を推進する力はランダムではなく、または単なる偶然によるものではないことを証明している。株価には「性質」があり、一部の人々はマーケットで成功できるそうした株価の性質をよく知っているのである。１週間に10回の投資決定を下し、毎週利益を上げている超短期トレーダーは、（ランダムウォーク理論家の目には）コインを50回投げて毎回表が出ることよりも、はるかにあり得ないことを達成していると映るだろう。デビッド・バーガミニはその著『マセマティックス（Mathematics）』のなかで、次のように述べている。

　　「コインを投げるのは、だれもが試したことのある確率論の演習である。表または裏のどちらが出るのかという確率は半々なので、表または裏を当てることは公平な賭けである。だれもコインを２回投げて、１回は表が出るとは思っていないが、数多く投げるとその結果は半々に近づいていく。コインが連続して50回表が出る確率は、100万人の人々が１分間に10回、１週間に40時間にわたってコインを投げ続けても、９世紀に１回起こるだけである」

　ランダムウォーク理論がどれほど現実からかけ離れているかは、株価が740ドルの安値を付けた1978年３月１日以降のニューヨーク証券取引所（NYSE）の89営業日のチャートを見ると一目瞭然であろう（これについては**図2.16**を参照のこと）。**図2.16**とスーパーサイクル波のチャートを示した**図5.5**を見ると、NYSEの値動きは何のリズムや理由もなくさまよっている混沌状態ではけっしてない。ダウ平均株価の１時間、１日、そして１年ごとの値動きは、40年前のエリオット波

動の基本原則と完全に一致するパターンに細分・再細分される一連の波動を描いている。このように、本書の読者であればすでにお分かりであろうが、エリオットの波動原理は至るところでランダムウォーク理論に挑戦しているのである。

テクニカル分析

　エリオットの波動原理はチャート分析の有効性を立証しているだけでなく、テクニカル分析家がどのフォーメーションが最も現実的な重要性を持つのかを決定するときの手助けともなる。波動原理と同じく、（ロバート・D・エドワーズとジョン・マギー著『**マーケットのテクニカル百科**』[パンローリング]で詳述されている）テクニカル分析も一般には、「トライアングル（三角形）」フォーメーションをトレンドのなかの現象として認めている。「ウエッジ」というコンセプトもエリオットのダイアゴナルトライアングル（斜行三角形）と同じであり、それと同じ意味を持つ。フラッグ（旗）とペナント（二等辺三角形）は、エリオットのジグザグとトライアングルである。「長方形」は通常ではダブルスリーやトリプルスリーである。一般に「ダブルトップ」はフラット、「ダブルボトム」は切頭された第5波によって起こる。

　有名な「ヘッド・アンド・ショルダーズ」パターンは、エリオットの通常の天井で確認され（**図7.3**を参照）、「うまくいかない」ヘッド・アンド・ショルダーズのパターンは、エリオット波動では拡大型フラット修正に含まれる（**図7.4**を参照）。この2つのパターンの場合、一般にヘッド・アンド・ショルダーズのフォーメーションでは出来高が減少するが、こうした特徴は波動原理に完全に合致している。**図7.3**において、波がインターミーディエット以下の段階では、第3波の出来高が最も多く、第5波でやや少なく、B波では通常さらに少なくなる。**図7.4**では衝撃波の出来高が最も多く、B波では通常やや少

図7.3

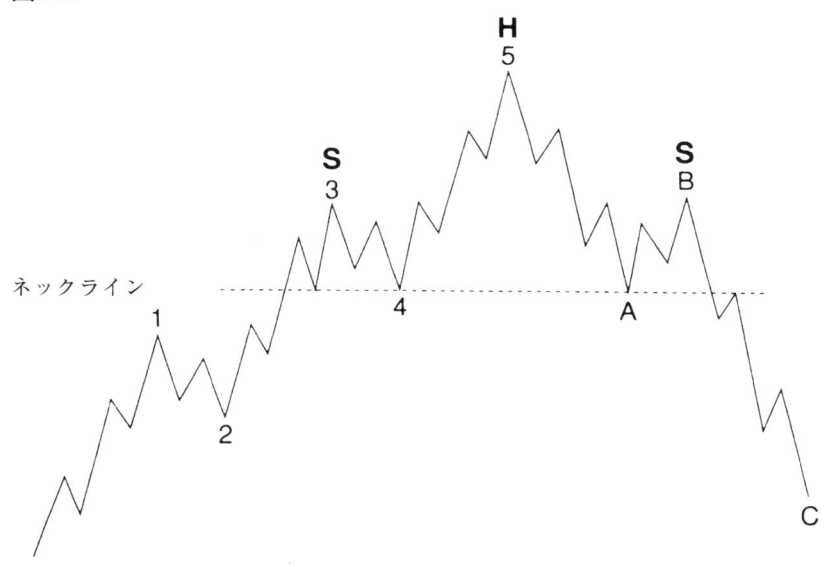

図7.4

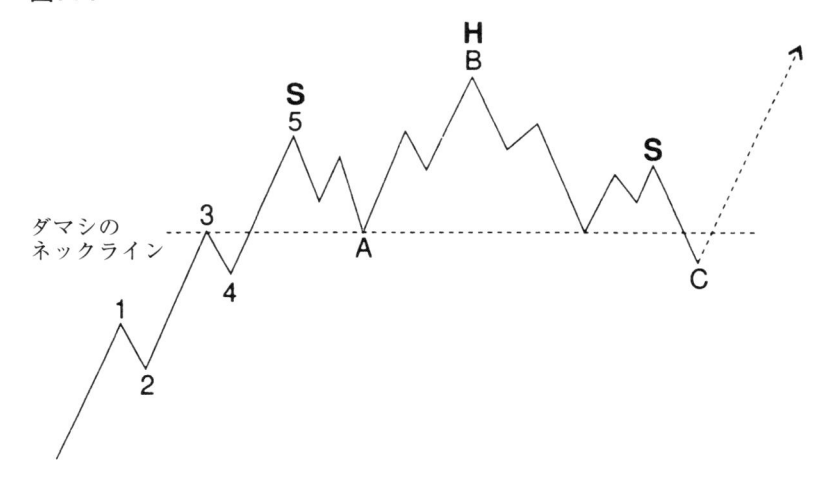

なく、C波の副次的な第4波で最も少なくなる。

　この2つのアプローチ（エリオットの波動原理とエドワーズとマギーのテクニカル分析）では、トレンドラインとトレンドチャネルは同

じように利用される。支持線・抵抗線の現象は、通常の波の進行と弱気相場の下限でははっきりしている（第4波の価格が混み合っているところは、その後の下落の支持線となる）。高水準の出来高と高いボラティリティ（ギャップ）は「ブレイクアウト」の特徴であり、一般にそれは第3波で起こり、その波の個性も第2章で述べた必要条件を満たしている。

　2つのアプローチのこうした適合性にもかかわらず、波動原理を何年も研究してみると、古典的なテクニカル分析をダウ平均株価に適用しようとすれば、現在のテクノロジーの時代に石器だけを使っているような感じにとらわれる。

　「指標」として知られるテクニカル分析ツールは、株価のモメンタムの状態やある種の波に通常伴う心理的な背景を判断・確認するときにかなり有効である。投資家の心理を反映する指標（空売り、オプション取引、マーケットの世論などの指標）は、C波、第2波や第5波の終点で最大レベルに達する。一方、モメンタム指標は拡大型フラットの第5波やB波で、株価のパワー（値動きのスピード、市場平均に連動する銘柄数、より波の低い段階における出来高など）が弱まり、「モメンタムのダイバージェンス」が起こる。個別の指標の有効性はマーケットのメカニズムの変化に応じて、時間の経緯とともに変化したり消滅していく。したがって、そうした指標に依存しすぎてはっきりした前兆のある波のカウントを無視することなく、エリオット波を正しくカウントするときの補助的なツールとしてそれらの指標を利用すべきだと強く主張したい。事実、波動原理の関連するガイドラインが、一部のマーケット指標による予測の有効性を一時的に変化させたり、または無効にするような株式相場の環境を示唆することもよくある。

「経済分析」のアプローチ

　金利動向、戦後の典型的な景気循環の動き、インフレ率、その他の指標などを使って経済の変化を予測することによって将来の株価を予測しようとする方法が、機関投資家のファンドマネジャーやアドバイザーの間でかなり人気が高まっている。しかし、株価自身の声を聞かないで株価を予測しようとする試みは、いずれ失敗する運命にあるというのがわれわれの考えである。どちらかといえば、株価は経済のかなり信頼できる予報者であり、その逆ではない。さらに、ヒストリカルな事実に基づいて将来を予測するとき、いろいろな経済情勢はある時期には株式相場と何らかの関係があるかもしれないが、そうした関係も突然変化しやすいものだと強く感じる。例えば、景気後退が弱気相場のスタート時点で起こることもあれば、弱気相場が終わるまで景気後退が起こらないこともある。

　株価との関係が変化するもうひとつのケースは、インフレやデフレの発生である。それらが株式相場にプラスに働くこともあれば、マイナス材料になることもある。同じように、多くのファンドマネジャーは金融引き締めに対する恐怖感から、1978年から現在まで株式市場への参入を手控えているが、株価が崩壊した1962年にはそうした恐怖がなかったので、彼らは株式投資を続けていた。一般に金利の低下も強気相場のときに起こるが、1929～1932年には金利が低下しても株式相場は史上最悪の下げを記録した。

　エリオットは、波動原理は（例えば、特許の申請件数なども含む）人間のあらゆる活動分野で認められると主張したが、故ハミルトン・ボルトンは1919年までさかのぼって金融トレンドの変化を確認するときなどに波動原理は有効であると特に力説している。ウォルター・E・ホワイトもその著『株式相場におけるエリオット波動（Elliott Waves in the Stock Market）』のなかで、波動分析は金融統計のトレンドを

解釈するときに有効であるとして、次のように述べている。

> 「近年、インフレ率が株式相場にかなり重大な影響を及ぼしている。消費者物価指数のパーセントの変化（対前年比）をたどってみると、1965～1974年末のインフレ率はエリオットの１－２－３－４－５波のように見える。1970年以降は戦後の景気循環とは異なるインフレサイクルを描いてきたが、将来のインフレサイクルがどのようになるのかは分からない。しかし、1974年末のときのように、波動は景気の転換点を予測するときに有効である」

エリオットの波動コンセプトは、一連のさまざまな経済データによって景気の転換点を知ろうとするときに便利である。例えば、（ホワイトの言うように、株式相場の転換点の先行指標となることが多い）銀行支払準備金の純残高は、1966～1974年の約8年間では実質的にマイナスだった。1974年末にその5つの波による下落が終了したことは、株式の大きな買い場を示唆していた。

金融市場における波動分析の有効性を証明するものとして、2000年満期・利率8.375％の長期国債（Ｔボンド）価格の波のカウントを挙げておこう（**図7.5**を参照）。9カ月というこの短い期間の国債価格のパターンにおいても、エリオット波のプロセスが反映されている。**図7.5**のチャートではオルターネーション（交互）の法則に関する3つの実例があり、交互の関係にある第2波と第4波はそれぞれジグザグとフラットになっている。上側の下降トレンドラインで、すべての戻りが食い止められている。第5波は延長を構成し、その延長自体もトレンドチャネルのなかに含まれている。現在の段階を解釈すると、ほぼ1年間で最良の債券の上昇がまもなくやってくる。

このように、金融市場の現象は株価と複雑に関係しているが、われわれの経験によれば、価格の動きはいつでもエリオット波動のパター

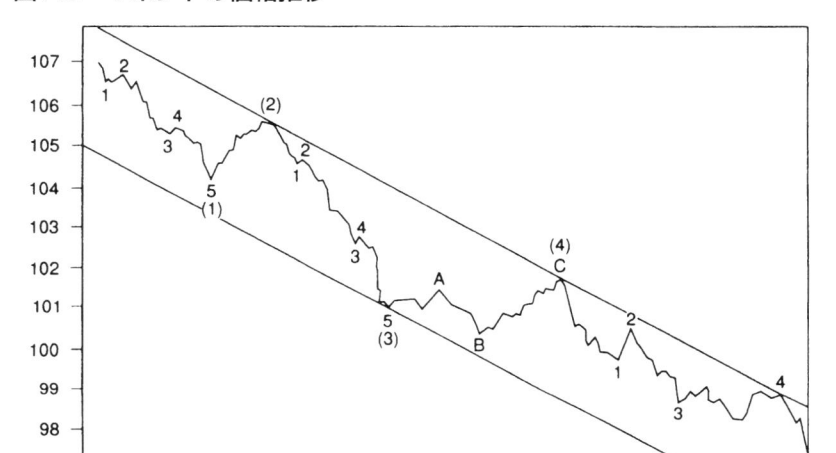

図7.5　Tボンドの価格推移

ンを描いている。明らかに自らのポートフォリオをマネジメントしている投資家に影響を及ぼしているものが、同じように銀行家や実業家、政治家などにも影響を与えている。あらゆる活動レベルにおけるいろいろな力の相互作用が複雑にからみ合っているときは、原因と結果を分離するのは難しい。群衆心理の反映としてのエリオット波動は、人間の活動のあらゆる分野に影響を及ぼしている。

外部の力

　外部のいろいろな力が、われわれ人間がまだ理解できないサイクルやパターンを引き起こすという考えを否定することはできない。例えば、電磁放射の変化が投資家を含む人々の群集心理に影響を及ぼすということに関して、太陽黒点の頻度と株価の関係を何年にもわたって

研究している分析家もいる。チャールズ・J・コリンズは1965年に発表した「株式相場に対する太陽黒点の活動の影響に関する調査」と題する論文のなかで、全体として1871年以降の厳しい弱気相場は、太陽黒点の活動が一定水準以上に達した数年あとに到来したことに注目している。より最近ではR・バー博士が『生き残りのための青写真（Blueprint for Survival）』と題する著書のなかで、地球物理学上のサイクルと植物のいろいろな電位レベルの間には注目すべき相関関係が存在することを発見したと報告している。さらに、イオンや宇宙線などの大気の衝撃の変化が、人間の行動に影響を及ぼしているが、それらはまた月や惑星のサイクルにも支配されているといった研究結果も発表されている。実際、明らかに太陽黒点の活動に影響を与えている惑星の位置をうまく利用することによって、将来の株価を予測している分析家もいる。

一方、米カリフォルニア州サンタクララにあるサンタクララ大学のフィボナッチ協会が発行しているザ・フィボナッチ・クオータリー誌の1970年10月号は、米陸軍衛星通信局のB・A・リード局長が執筆した「太陽系におけるフィボナッチ級数」と題する論文を掲載した。リード局長はそのなかで、「惑星間の距離と時間はフィボナッチ級数の関係になっている」と述べている。そうしたフィボナッチ級数との関係は、株価の動きと地球上の生命に影響を及ぼす地球外の力との関係がけっしてランダムなものではないことを示唆している。しかし、われわれは今のところ、人間の社会的な行動に反映されるエリオット波動のパターンは人間の心理と感情の性質に由来し、その結果としてある種の社会的な行動パターンが生じると推測するだけで十分であろう。こうした行動パターンの傾向が外部の力によって引き起こされたり、またはそうした力と何らかの関係があるとすれば、いずれだれかがそのことを証明してくれるだろう。

第8章

エリオットは語る

Elliott Speaks

これからの10年

　株式相場の長期予想という「不可能なこと」を試みるのはかなり危険なことであるが、エリオットの波動原理に基づいて株価の位置を予測するというわれわれの株価分析法の有効性を実証する目的だけのために、われわれはあえてこうしたリスクを冒そうと決心した。また、リスクは次のような問題にも存在する。すなわち、株式相場の進展に伴って今後数年間にわれわれの考え方が変化したとしても、1978年7月初め時点の知識に基づくわれわれの分析結果を盛り込んだ本書が、将来にも何ら変わることなく残ってしまうことである。幾分大胆なある予測がうまくいかなかったという理由で、読者の皆さんがエリオット波動原理の理論を即座に放棄しないことを祈るだけである。こうしたただし書きを述べたうえで、さっそく株価の分析に取りかかろう。
　エリオット波動に照らせば、1932年にスタートしたスーパーサイクル波の強気の動きは、ほとんどそのコースを走り終えている。現在の株価はサイクル段階の強気局面にあり、順次5つのプライマリー波で構成されることになるであろうが、そのうちの2つの波はすでに完成したようである。長期的な観点に立てば、すでにいくつかの結論を引き出すことができる。

まず最初に、株価は向こう数年間には1969～1970年や1973～1974年と類似した弱気相場の下降スイングを見せることはないだろう（少なくとも1980年代の初めまたは半ばまではほぼないだろう）。次に、（サイクル第Ⅲ波よりも規模は小さいと予想される）サイクル第Ⅴ波の全期間中には、「二流株」が主導的な役割を果たすだろう。最後に（おそらく最も重要なことであると思われるが）、このサイクル波は長期にわたり安定して続いた1942～1966年の強気相場のようには発展しないだろう。というのは、どのような段階の波の構成でも、通常では１つの波しか延長しないからである。したがって、1942～1966年が延長波だったことを考えると、現在のサイクル波の強気相場は1932～1937年や1921～1929年のようなやや単純な構成と短い期間の相場になるだろう。

　ダウ平均株価がつい最近まで一貫して下降トレンドにあったことから、悲観的な見方が支配的になって、単なるプライマリー第２波の修正からでも悲惨な下落相場が生じるといったような、歪曲されたいくつかの「エリオット」の解釈を生み出している。エリオット波動原理をねじ曲げてプレッツェル菓子のようにすることによって、近い将来にダウ平均が200ドル以下に下落するといった予測も出ている。そうした分析に対して、われわれはバンク・クレジット・アナリスト誌に掲載された1958年のエリオット波動の補足の12ページから、次のようなハミルトン・ボルトンの記述だけを引用しておく。

　　「株価が弱気局面に入ったときはいつでも、いっそう大幅な株安を正当化するために"エリオット"を解釈できると考える記者たちに出会うものだ。確かに"エリオット"はかなりいろいろと解釈できるが、それでもまったく筋違いにねじ曲げることはできない。言い換えれば、アマとプロのホッケー試合のように、いくつかのルールを変えることはできるが、基本的には基本原則に従

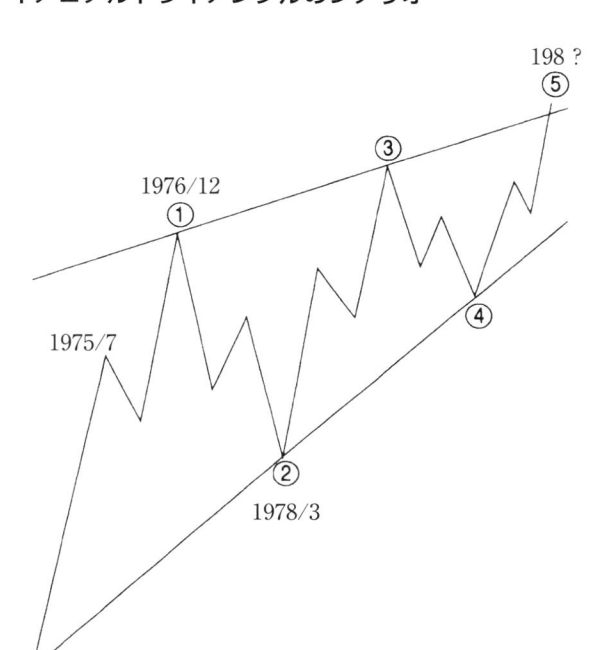

図8.1　ダイアゴナルトライアングルのシナリオ

うべきであり、そうでないと新しいゲームを作り出すという危険を冒すことになる」

　記述したように、許容できる最も弱気の解釈は、サイクル第Ⅳ波はまだ終了しておらず、最終波の下落は依然として続いているというものである。こうした予測に立ったとしても、ダウ平均の予想される最安値は1962年の④波の安値である520ドルである。しかし、**図5.5**で作成したトレンドチャネルに基づけば、われわれはこうしたシナリオの確率もかなり低いと考えている。

　現在、基本的に２つのもっともらしい解釈が行われている。大きなダイアゴナルトライアングル（斜行三角形）の形成を示唆するいくつかの証拠があるが（**図8.1**を参照）、その全体的なフォーメーション

は総崩れ型のスイングで、断続的な下落局面が介在している。1975年10月に付けた784.16ドルが1978年1月にブレイクされてから、プライマリー段階の3つの波による上昇が続き、このダイアゴナルトライアングルはかなり信頼できそうなサイクル波による強気相場のシナリオのように見える。というのは、ダイアゴナルトライアングルのそれぞれのアクション波は5つではなく3つで構成されるからである。

とはいっても、1974年12月からスタートしたこのサイクル波がスーパーサイクルの第5波であるという理由だけで、大きなダイアゴナルトライアングルが形成されることはあるのだろうか。本質的にダイアゴナルトライアングルは弱気の構造なので、このケースが本当に進展したとしても、われわれの最終的な上値目標は1700ドルの範囲に引き下げなければならないだろう。現在までのところ、ほかのマーケットと比較したダウ平均の上昇がかなりアンダーパフォームになっていることは、われわれのこうした予測を裏付けているようだ。

このダイアゴナルトライアングルのシナリオに代わりうる最も説得力のあるシナリオは、1975年7月～1978年3月のすべての動きが1959～1962年のパターンに類似した大きな拡大型A－B－Cフラット修正であるというものである。この解釈は**図8.2**に示したもので、それ以降にかなり力強い上方スラスト（Upward Thrust）が出現することを示唆している。この解釈が結果的に正しいとすれば、われわれの目標値は簡単に達成されるだろう。

ダウ平均株価に関するわれわれの予想は、連続する5つの波の2つの衝撃波は（特に第3波が延長波であるときは）、長さの点で均等になる傾向があるという原則に基づいている。現在のサイクル波に1932～1937年の第I波とログスケール（パーセント）ベースで等しい長さを上乗せすると、株価のオーソドックスな高値は2860ドル近くとなり（371.6％という厳密な上昇率を適用すると2724ドル）、それは極めて合理的な目標値となる。というのは、トレンドラインは2500～3000ド

図8.2 ②波の拡大型フラット修正

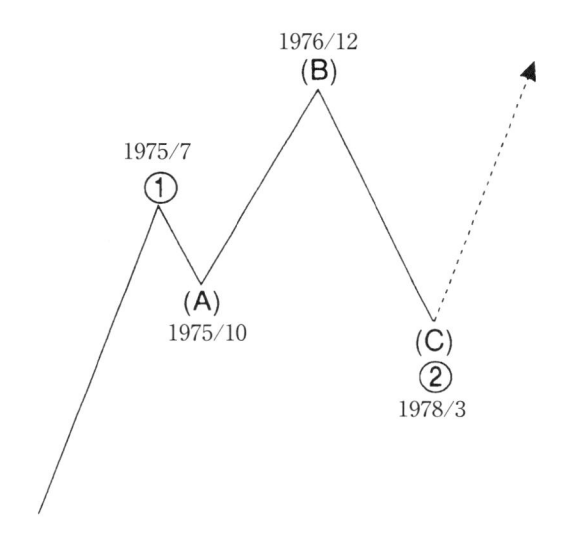

ルの範囲を予想高値と示唆しているからである。こうした数字をバカげたほど高いと考える人は、歴史をさかのぼれば、株価のそのような上昇率がけっして珍しくないことを確認できるだろう。

　最後のサイクル第５波だった1920年代の強気相場以前に、100ドル以下の水準で推移していた９年間と同様に、現在のダウ平均も1000ドル以下の水準で13年間の「仕事（work）」を終えたというのは、とても面白い比較である。そしてエリオットの解釈による1928年のダウ平均のオーソドックスな天井が296ドルであったように、次の天井もほぼ同じ相対水準になると予想される（もっとも、拡大型フラット修正が平均株価を一時的にもっと高い水準に引き上げる可能性もある）。われわれはその終点がスーパーサイクル波のトレンドチャネルの上側ラインに近いところと予測する。もしも上放れがあれば、その次に来る下落は驚くほど速いものになるだろう。

　図8.2に示した現在の株価の状況に関する解釈が正しいとすれば、

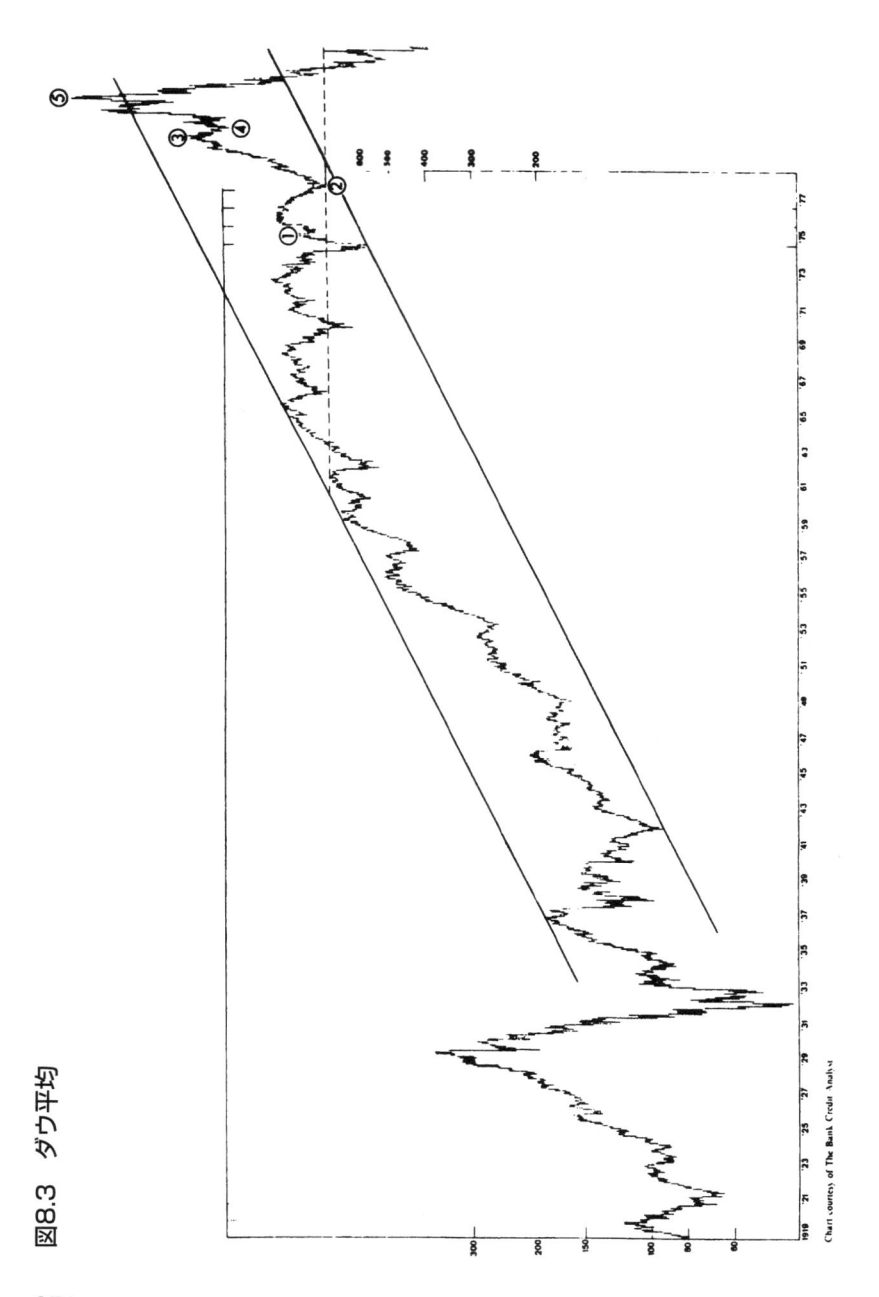

第2部 エリオット波動原理の応用

図8.3 ダウ平均

1974～1987年の株価の進行に関する合理的な図は、**図8.3**で作成したように、1978年3月に付けた740ドルという最近の安値に、1929～1937年の期間の値動きを逆さにひっくり返したイメージを付加したような形になるだろう。こうした図はその輪郭だけを示したものであるが、それはまさしく第5波の延長を伴った5つのプライマリー波を表している。②波はフラット、④波はジグザグであることから、オルターネーション（交互）の法則の条件はクリアしている。注目されるのは、1986年に向けて予想される上昇が740ドルの点線のところで正確に止まっていることであり、この水準の重要性はすでに確定している（第4章を参照のこと）。1932～1937年のサイクル波の強気相場が5年続いたので、3年間続いた現在の強気相場の水準にそれを加えると、現在のサイクル波は8年という長さになる（第Ⅰ波の長さ×1.618）。

時間の要素に関するわれわれの結論を裏付けるため、1928～1929年から始まる株価のいくつかの主な転換点から、フィボナッチの時間級数を調べてみよう。

フィボナッチ時間表

転換点	期間	高値（？）	安値（？）
1928～29	55	1983-84	
1932	55		1987
1949	34	1983	
1953	34		1987
1962	21	1983	
1966	21		1987
1970	13	1983	
1974	13		1987
1974	8	1982	
1979？	8		1987

第4章に示したフィボナッチ時間表を逆にすると、転換点の年は同じになることを示している。

時間だけに関連し、また時間だけを考慮したこの表を見ると、1982〜1984年が天井なのか底なのか、それとも1987年が天井なのか底になるのかという疑問が生じる。しかし、これまでの株価の構成に関する状況に照らせば、1982〜1984年の期間が大天井の水準、1987年が大底になると予想される。第3波が延長を構成しているため、第1波と第5波はこのスーパーサイクル波のなかでは最も短い波になるだろう。第Ⅰ波がフィボナッチ数である5年の長さになったことから、第Ⅴ波はゆうに次のフィボナッチ数である8年の長さとなり、1982年末まで続くだろう。第Ⅰ波と第Ⅱ波がそれぞれ5年の長さであり、第Ⅳ波と第Ⅴ波がともに8年の長さとなれば、波動構成ではよく見られるある種の対称が形成される。さらに、第Ⅰ波、第Ⅱ波、第Ⅳ波と第Ⅴ波の時間の長さの合計は、延長された第Ⅲ波の全期間とほぼ等しくなるだろう。

　1982〜1984年の株価水準が現在のスーパーサイクル第Ⅴ波の終了範囲になりそうだと結論づけるもうひとつの理由は、純粋に算術的なものである。上昇が現在のスーパーサイクル波を含むトレンドチャネルの内部にあれば、2860ドル近辺というわれわれの株価目標は1983年ごろに上側のチャネルラインに届くだろう。

　図4.18に示したベンナー・フィボナッチ・サイクルチャートから、何らかのさらなる見通しが得られるかもしれない。そのチャートはわれわれが実証したように、1964〜1974年の大きな株価の動きを予測するとき、実にうまく利用できた。ベンナーの理論はこの時点で1983年の高値、1987年の深い安値をはっきりと予想していることから、この理論は少なくとも当面は将来に関するわれわれの結論を裏付けてくれるようだ。もっとも、われわれはこうした予想を今後10年間は有効であることを期待しているが、ほかのすべてのサイクル理論と同様に、ベンナーの理論も次の下降スーパーサイクル波のなかでは完全に影が薄くなってしまうだろう。

第6章　株式と商品

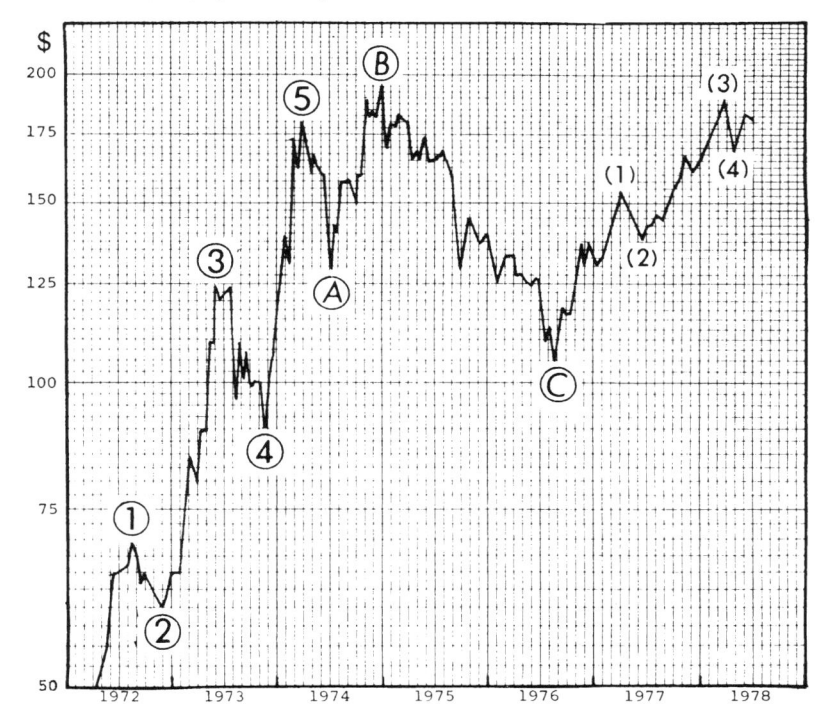

図6.11　金先物（ロンドン）

点で、商品相場に特有のフィボナッチ比率に基づく目標値の予測法はうまく機能している。90ドル×0.618＝55.62ドル、これを③波の天井（125ドル）に加えると180.62ドルとなる。⑤波の天井における実際の価格は179.50ドルであり、これは180.62ドルに実に近い数字である。179.50ドルの金の価格が35ドル×5（フィボナッチ数）であったことは注目に値する。

　最初の下降波であるⒶ波のあとの1974年12月に、金価格は1オンス当たりほぼ200ドルという史上最高値まで上昇した。拡大型フラッ

225

ト修正の次のⒷ波は、修正波による上昇がしばしばそうであるように、トレンドラインに沿ってゆっくりと上昇した。Ｂ波の個性にふさわしく、これがにせの上昇であることは明らかであった。まず第一に、1975年1月1日から実施されるアメリカ人による金保有の公認というニュースは、金にとっては強材料であると思われたが、これはすでにすべての人々が知っていた。Ⓑ波は屈折するように見えながらも、マーケットの論理にかなった方法で、1974年のまさに最後の日に天井を付けた。二番目には、北米と南アフリカの金鉱株の上昇幅が著しくアンダーパフォームであったことは、金相場の強気予想を確認しないという点で、将来のトラブルを事前に警告していた。

　壊滅的な崩壊となったⒸ波には金鉱株の過酷な急落が伴い、金鉱株のなかには1970年に上昇がスタートした水準まで下落するものもあった。金価格についてわれわれは1976年初めの時点で、通常の関係によってその安値は約98ドルになるだろうと計算していた。すなわち、Ⓐ波の長さ×1.618＝82ドル、それをオーソドックスな高値の180ドルから差し引くと下値目標は98ドルとなる。この修正の安値はより小さな段階の前の第4波の範囲内になり、その安値は下値目標にかなり近かった。1976年8月25日にロンドン金相場は終値で103.50ドルを付けたが、この月はダウ理論に基づいて株価が天井を打つと予想された7月と、ダウ平均が実際にそれよりも少し高い水準で天井を付けた9月のちょうど中間の月であった。

　金相場のその後の上昇が4つの完全なエリオット波動を描いて第5波に入ったことから、金価格は史上最高値を更新するだろう。**図6.12**は、1976年8月の安値以降の最初の上昇する3つの波に関する近況を示したものである。それぞれの上昇波ははっきりと5つの衝撃波に分けられる。それらの上昇波はまた、半対数チャートに表したエリオットのトレンドチャネルとも一致している。そのこう配は、金価格の統制が撤廃された直後の一時的な爆発的上昇となった強気相場の

え、目を見張るようなキャリアを持つプロのポートフォリオマネジャーやアナリストが存在することは、ランダムウォークの考え方をはっきりと否定するものである。

統計的に言うと、こうしたパフォーマンスが存在することは、株価の進行を推進する力はランダムではなく、または単なる偶然によるものではないことを証明している。株価には「性質」があり、一部の人々はマーケットで成功できるそうした株価の性質をよく知っているのである。１週間に10回の投資決定を下し、毎週利益を上げている超短期トレーダーは、（ランダムウォーク理論家の目には）コインを50回投げて毎回表が出ることよりも、はるかにあり得ないことを達成していると映るだろう。デビッド・バーガミニはその著『マセマティックス（Mathematics）』のなかで、次のように述べている。

「コインを投げるのは、だれもが試したことのある確率論の演習である。表または裏のどちらが出るのかという確率は半々なので、表または裏を当てることは公平な賭けである。だれもコインを２回投げて、１回は表が出るとは思っていないが、数多く投げるとその結果は半々に近づいていく。コインが連続して50回表が出る確率は、100万人の人々が１分間に10回、１週間に40時間にわたってコインを投げ続けても、９世紀に１回起こるだけである」

ランダムウォーク理論がどれほど現実からかけ離れているかは、株価が740ドルの安値を付けた1978年３月１日以降のニューヨーク証券取引所（NYSE）の89営業日のチャートを見ると一目瞭然であろう（これについては図2.16を参照のこと）。図2.16とスーパーサイクル波のチャートを示した図5.5を見ると、NYSEの値動きは何のリズムや理由もなくさまよっている混沌状態ではけっしてない。ダウ平均株価の１時間、１日、そして１年ごとの値動きは、40年前のエリオット波

動の基本原則と完全に一致するパターンに細分・再細分される一連の波動を描いている。このように、本書の読者であればすでにお分かりであろうが、エリオットの波動原理は至るところでランダムウォーク理論に挑戦しているのである。

テクニカル分析

　エリオットの波動原理はチャート分析の有効性を立証しているだけでなく、テクニカル分析家がどのフォーメーションが最も現実的な重要性を持つのかを決定するときの手助けともなる。波動原理と同じく、（ロバート・D・エドワーズとジョン・マギー著『**マーケットのテクニカル百科**』［パンローリング］で詳述されている）テクニカル分析も一般には、「トライアングル（三角形）」フォーメーションをトレンドのなかの現象として認めている。「ウエッジ」というコンセプトもエリオットのダイアゴナルトライアングル（斜行三角形）と同じであり、それと同じ意味を持つ。フラッグ（旗）とペナント（二等辺三角形）は、エリオットのジグザグとトライアングルである。「長方形」は通常ではダブルスリーやトリプルスリーである。一般に「ダブルトップ」はフラット、「ダブルボトム」は切頭された第5波によって起こる。

　有名な「ヘッド・アンド・ショルダーズ」パターンは、エリオットの通常の天井で確認され（**図7.3**を参照）、「うまくいかない」ヘッド・アンド・ショルダーズのパターンは、エリオット波動では拡大型フラット修正に含まれる（**図7.4**を参照）。この2つのパターンの場合、一般にヘッド・アンド・ショルダーズのフォーメーションでは出来高が減少するが、こうした特徴は波動原理に完全に合致している。**図7.3**において、波がインターミーディエット以下の段階では、第3波の出来高が最も多く、第5波でやや少なく、B波では通常さらに少なくなる。**図7.4**では衝撃波の出来高が最も多く、B波では通常やや少

たパターンを形成することを知っていた。一般的に言って、株価分析の重要な問題はニュースそれ自体ではなく、株価がニュースに重要性を付与したり、または付与するように見えることである。楽観的な見方が支配的になる時期には、ニュースに対する株価の明らかな反応は、下降トレンドが続いているときとは大きく異なる。株価のヒストリカルなチャートでエリオット波動の符号付けをするのは簡単であるが、株価の記録から、例えば人間の最もドラマチックな活動である戦争の勃発を見つけだすことはできない。特に株価が人々の通常の予想とは逆方向に動いたときは、ニュースに対する株価の心理学はかなり有効である。

　われわれの研究によれば、単にニュースが株価に遅行する傾向があるということだけでなく、ニュースは株価が同じ方向に進行することを正確に追認する。強気相場の第１波と第２波の段階では、新聞の第一面は投資家の恐怖心や憂うつさを引き起こすようなニュースを伝える。そして一般に新たな上昇の第２波が底入れするときは、基本的な状況は最悪期のように見える。第３波では良好なファンダメンタルズが戻り、第４波の初期には一時的にベストのファンダメンタルズが伝えられる。第５波の進行中もある程度良好なファンダメンタルズが続くが、第５波のテクニカルな面と同じように、第３波のときに比べてそれほど良好なファンダメンタルズは伝えられなくなる（これについては第３章の「波の個性」を参照のこと）。株価のピーク期にはファンダメンタルズの背景は依然としてバラ色、またはときにさらに良くなるが、それに反して株価は下落に転じる。株価の修正が進行するにつれて、マイナスのファンダメンタルズが増大し始める。そうしたファンダメンタルズやニュースは、一時的に１〜２つの波で相殺される。こうした悪材料と好材料が交互に出現するというのは、株式相場は人間が作り出しているという証しであり、人間の経験の基本的な一部として波動原理を確認するものである。

テクニカルアナリストはこうした株価のタイムラグを一般に理解しやすいように説明するとき、「株価は将来を織り込む」、すなわち株価は社会的な状況の変化を実際にはかなり正確に事前に予測すると言う。確かに経済的な出来事だけにとどまらず、社会政治的な出来事についても、株価はそれが起こる前にいろいろな変化を事前に察知するように見えるので、最初はそうした論理もなるほどと思われる。しかし、投資家に透視力があるというそうした考え方はやや非現実的である。実際には株価に反映される人々の心理状態やトレンドが、最終的に経済統計や政治に影響を及ぼす（その結果、ニュースとなる）ような方法で人々を行動させるというのが真実であるようだ。われわれの意見を要約すると、予測の目的という点では株価そのものがニュースである。

ランダムウォーク理論（効率的市場仮説）

　ランダムウォーク理論は学問の世界で、統計学者によって展開されてきた。この理論は、株価はランダムに動き、予測できるような行動パターンはとらないというものである。この理論に従えば、株式相場のトレンドやパターン、または個別銘柄の固有の強さや弱さなどを研究しても何も得られないので、株価の分析は無意味ということになる。
　一般に投資の初心者はそれまでほかの分野でどれほど成功していても、奇妙で非合理的、ときにドラスチックとも見える株価のランダムな動きを理解するのは難しい。学者もインテリの人々なので、株価の動きを予測できない自らの能力を説明するとき、単に「株価の予測は不可能である」という言葉で片づける人もいる。しかし、多くの事実はこうした結論とは相反しており、それを立証する具体的な事例も数多くある。例えば、1年間に何百回、ときに何千回もの投資決定を下して大きな成功を収めているプロのトレーダーがいるという事実に加

第7章で論じたように、ニコライ・コンドラチェフによって発見された54年の景気サイクルでさえも、不況のどん底だった1933年から54年目に当たる1987年がある種の株価の底となるかなり合理的な時期であることを示唆している。とりわけ、現在の高原時期が1987年以前に力強い株価の上昇を可能にするほど十分な楽観的見方を引き起こすときは、なおさらそうである。現在や1979年に「殺人波動（Killer Wave）」が出現すると多くのサイクル理論家たちが主張していることに対して、われわれが反論する理由のひとつは、平均的な投資家の心理状態が失望のショックを引き起こす状態にはなっていないと思えることである。最も重大な株価の崩壊は、楽観的な株高の時期に起こっている。8年にもわたる荒れ狂うような弱気相場は今の投資家に対して、慎重で保守的に、しかも冷笑的であるように教えてきたため、現時点では明らかにそのような状態にはなっていない。防衛姿勢は株価の天井期には顕著にはならないものである。

　それならば、次には何が起こるのだろうか。われわれは1929～1932年のような大混乱の時期をもう一度経験しなければならないのか。

　1929年には買いが引っ込むにしたがって、株式相場の構造にできた「エアポケット」が大きくなって株価が暴落した。いったん感情の潮流が支配的になると、金融界のリーダーたちの最大限の努力もパニックを食い止めることはできなかった。過去200年間に起きたこうした状況のあとには、一般に経済や株式市場は3～4年にわたる混乱状態に見舞われる。われわれはここ50年間に1929年のような状況を経験しておらず、そのような状況がけっして再来しないことを望んでいるが、歴史はそうでないことを示唆している。

　事実、株式市場における4つの基本的な変化は、将来のある時期に起こる実際のパニックの原因の一部になるかもしれない。そうした基本的な変化とは、まず最初に機関投資家による市場支配力が次第に強まっていることである。その結果、ひとりの人間や小さな委員会が数

百万ドル、さらには数十億ドルもの資金をコントロールできるようになると、ひとりの人間の感情が株価の値動きに対してかなり大きな影響力を持つようになる。二番目には、オプション市場が誕生したことである。そこでは株価がピークに近づくと、多くの一般投資家が投資活動に参加するようになる。そのような状況では、数十億ドル相当の金融資産がニューヨーク証券取引所（NYSE）の１日の取引で消滅することもある。

三番目には、長期キャピタルゲイン税の申告が義務づけられている株式の保有期間がそれまでの６カ月から１年間に変更された結果、税金対策のために長期利益だけを帳簿に残さなければならない人々の「売れない」症候群が促進されるだろう。最後に、米証券取引委員会（SEC）がNYSEのスペシャリスト（取引所から指定された特定の銘柄を専門に売買する会員）の役割を廃止したことである。これにより、証券業界はディーラーの市場を拡大しなければならなくなり、一部の証券会社は流動性の高い市場を維持するために極めて高水準の株式ポジションを保有する必要に迫られるので、株価が急落すればかなり大きな損失を被ることになるだろう。

パニックとはエリオットの問題ではなく、感情の問題である。波動原理は良きにつけ悪しきにつけ、投資家に対して株価のトレンドの変化が差し迫っていることを警告するだけである。今後10年間に探し求めるものを決めることは、予想されることを正確に予想しようとすることよりも重要である。遠い将来の確率とどれほど悪戦苦闘しようとも、プライマリー第５波のインターミーディエット第５波のマイナー第５波が1974年の安値から離陸するまでは、われわれの解釈は依然として暫定的でなければならない。「第５波の第５波」が終点に近づくにしたがって、エリオット波動の分析家はサイクル段階の強気相場の終了を認識できるだろう。

波動原理の原則に従って株価の値動きを分析するとき、最も大切な

ことは常に波のカウントであることを忘れてはならない。われわれは皆さんに、波を正しくカウントし、先入観によるシナリオの仮説に絶対に盲従してはならないとアドバイスしたい。これまで述べてきたことにもかかわらず、「もしも波動がわれわれに自らの予測を放棄せよと告げるならば、われわれは真っ先にそれを捨てるだろう」。

　しかし、われわれのシナリオが正しいとすれば、現在のスーパーサイクル第Ⅴ波が終了すると、新しいグランドスーパーサイクル波が進行するだろう。その最初の局面は1987年ごろに終わり、株価はそのピークから1000ドル近辺の水準まで再び下落するだろう。最終的にはグランドスーパーサイクルの弱気相場は株価を前のスーパーサイクル第4波の範囲内、具体的にはダウ平均で41～381ドルの予想目標値まで引き下げるだろう。もっとも、株価がピークに達した直後にパニックが起こることについてわれわれは疑問を抱いているが、はっきりした予測を立てることはしない。株価はA波の期間中には衝動的に動くことが多いが、もっと正確にはA－B－CフォーメーションのC波で急激な動きが展開する。しかし、チャールズ・J・コリンズは最悪の事態を恐れて、次のように述べている。

　　「私は、おそらくスーパーサイクルの第Ⅴ波が終了すれば、過去45年間続いた全世界の金融界のどんちゃん騒ぎやケインズ派のバカげた行為は危機に見舞われると思う。スーパーサイクル第Ⅴ波がグランドスーパーサイクル波を終了させるので、われわれは嵐が吹きやむまで暴風避難所でわが身を守ったほうがよい」

自然の法則

　われわれ人間は自ら作った暴風から、なぜいつも身を守らなければならないのか。アンドリュー・ディキンソンはホワイトブックの

『フィアット・マネー・インフレーション・イン・フランス（Fiat Money Inflation in France）』のなかで、「経験が理論に屈した、すなわち率直なビジネスセンスが金融形而上学に屈した」過去のある時期について、かなり詳しく検証している。この本の序文を書いたヘンリー・ハズリットは、人間の繰り返されるインフレとの実験について、驚きを交えて次のように語っている。

> 「おそらくほかの大きなインフレに関する研究――1916〜1920年のフランスにおけるジョン・ローの信用についての実験、1775〜1780年の欧州大陸通貨の歴史、米独立戦争のドル紙幣、1923年にピークに達したドイツの大きなインフレなどに関する研究――は、その教訓を強調し、印象づけるのに役立つだろう。人間が歴史から学ぶただひとつのことは、人間は歴史から何も学ばないということであるが、われわれはこの絶望的な結論をこのゾッとするような繰り返される記録から再び引き出さなければならないのか。それとも、こうした過去の恐ろしい教訓に導かれるほど十分な時間と分別や勇気を、われわれはまだ持ち合わせているのだろうか」

われわれはこの問題についてよく考えた結果、人間はときとして自然の法則の一部を受け入れようとしないのも、明らかに自然の法則のひとつであるという結論に達した。もしもこの仮定が正しくなければ、エリオットの波動原理はけっして存在しなかったという理由で、この波動原理が発見されることはなかったであろう。波動原理が存在するのは、人間は歴史から学ぼうとしないという理由のほかに、人間は2＋2＝5となることを常に信じるものだと考えられるからである。人間というものは、自然の法則は存在しない（もっと一般的に言うと、「このケースに自然の法則は適用できない」など）、消費されるものは最

初から作る必要はない、借りたお金は返す必要がない、約束は麻薬と同じだ、紙は金だ、利益にコストはいらない、理性に裏付けられた恐怖はそれが無視や冷笑されると消散する——などと信じるようになる。

　パニックとは感情的な大衆が突然現実を認識するときに起こるが、株価を大底から最初に上昇させるのもそうしたパニックである。そうしたときは「状況は変化した。現在の株価水準は現実によって正当化されない」として、理性が突然大衆の心理に大きな印象を与える。理性が無視されるのと同じ程度に、大衆の感情とそれを映し出す株式相場は極端に振れる。

　多くの自然の法則のなかで、そして現在のエリオットのスーパーサイクル波で最も疑うことなく無視されていることは、家族や慈善団体などの場合を除き、自然環境のそれぞれの生き物は生き残るために食を探すか、それとも生存できないかのどちらかであるということである。多くの場合、それぞれの生き物は単に自らを養うことによって、ほかの多くの生き物も養っているというように、他者と深くからみ合っているが、まさに自然の美もその役割の多様性にある。隣人が自分を養わなければならないといった権利などは存在しないのに、それを自分の権利だと言って要求するのは、生き物のなかでは人間だけである。

　それぞれの木や花、鳥やウサギやオオカミなどは、自然のなかから自然が与えたものだけをもらい、隣の生き物の努力から何かを期待するようなことはけっしてない。そんなことをすれば、そうした隣の生き物や絶えず進展している自然全体の繁栄する美を損なってしまうだろう。人類の歴史における最も尊い実験のひとつは、アメリカ流の人間の自由と、そのために必要とされる自由な企業資本主義という環境であった。その考え方が封建領主、大地主、国王、司教、官僚や無料のパンと見せ物を要求する群衆などによる束縛状態から、われわれ人間を解放したのである。この実験の多様性や豊かさと美は、自然の最

も偉大な法則のひとつに対する記念碑、そして1000年波動における最後の成果の炎として、歴史の記録のなかでひときわ輝いている。

　アメリカの建国の父（憲法制定者）たちは、四方を見渡せる目を頂いたピラミッドを何も気まぐれに合衆国の標章に選んだのではない。彼らは完全な社会、すなわち人間性と自然の法則の働きについての知識に基づく社会の建設を宣言するために、宇宙の真理を表すエジプトのシンボルを使ったのである。過去100年以上にわたり、これら建国の父たちが語った言葉の意味はいろいろな政治的理由からねじ曲げられ、その意図は曲解され、ついには当初のものとはまったく異なる社会の仕組みが作られてしまった。アメリカ合衆国の標章を掲げるドル紙幣の価値の低下が、その社会と政治の仕組みにおける価値の低下を映し出しているというのは何という皮肉だろうか。事実、この部分を執筆している現時点で、連邦準備制度理事会（FRB）が設立された1913年当時と比較したドルの相対価値は12セントに低下している。通貨の切り下げにはほとんどいつも、その国の文明の水準の低下が伴っている。

　われわれの友人であるリチャード・ラッセルは、この問題について次のように語っている。

　「もしもすべての人が自分自身に責任を持てば、全世界の問題は解決されると私は確信している。何百人の人に話しかけてみると、自立し、自らの人生に責任を持ち、自分のすべきことを実行し、（ほかに人に危害を加えるのではなく）自らの痛みを受け入れている人は、50人のうちひとりもいない。こうした責任をとらないという風潮は、金融界にも及んでいる。今の人々はお金を支払っているかぎり、すべてのことに対して自らの権利を主張する。働く権利、大学に行く権利、幸福になる権利、1日に3回食事をとる権利——などである。いったいだれがそうした権利をすべての

人々に約束したのだろうか。自由が許可証となってほかの人に危害を加えないかぎり、私はあらゆる種類の自由を信じるが、今のアメリカ人は自由と権利を混同している」

イギリスの歴史家で政治家でもあるトーマス・バビントン・マコーレーは、100年以上も前にニューヨークのH・S・ランダルへの書簡（1857年5月23日付）のなかで、この問題の本質を次のように正確に見抜いていた。

「あなたのご無事を心よりお祈りいたします。しかし、私の理性と願望は今戦争状態にあり、最悪の事態を予期せざるを得ません。貴国の政府が困窮し不満を持つ多くの人々を抑圧できないことは、極めてはっきりしています。というのは、あなたを含む多数派は政府であり、富を独占していますが、あなた方は国民のなかでは常に少数派として絶対的に政府を掌中に収めています。半数以上の人たちが朝食もとれず、または夕食をとることも期待できないような多くの人々が、ニューヨーク州の州議会を選ぶ日がやってきます。どのような州議会が選ばれると思いますか。一方では、忍耐や付与された権利の尊重、公の正義を厳しく順守すべきだと説く政治家がいます。他方では、資本家と高利貸しによる専制政治についてまくし立て、何千人という善良な人々が必需品にも事欠いているのに、なぜシャンパンを飲み、馬車に乗ることを許されている人々がいるのかということを問いただす民衆扇動家がいます。

このような逆境の時期に、あなた方は繁栄が戻ってこないようなことをしようとしています。すなわち、凶作の年にすべての種トウモロコシ（シードコーン）を食い尽くし、翌年を欠乏ではなく絶対的な飢餓の年にするように行動していることを私はとて

も憂慮しています。シーザーかナポレオンのような人物が、強引に政府の手綱を握ってしまうことになるでしょう。さもなければ、5世紀のローマ帝国と同じように、アメリカ合衆国は20世紀の野蛮人によって、めちゃくちゃに略奪され、荒廃させられるでしょう。この2つの国の違いは、ローマ帝国は外部のフン族とバンダル人によって略奪されたが、貴国のフン族とバンダル人はあなた方自身の制度によって、あなた方自身が国内で生み出しているということです」

資本（シードコーン）の役割は所得だけでなく、さらに多くの資本を生み出して、将来の世代の幸福を保証することである。資本がいったん社会主義者の財政支出政策によって浪費されると、資本はたちどころになくなってしまう。人間はイチゴからジャムを作ることはできるが、ジャムをイチゴに作り直すことはできない。

今世紀が進んでいくにつれて、ほかの人々が作ったものに対する一部の個人やグループの要求を満たすために、われわれ人間は州政府を通じて、自分が作ったものをたかり始めたことがいっそうはっきりしてきた。人間は現在の生産物を抵当に入れたばかりでなく、何世代にもわたって積み上げてきた資本を食うことによって、将来の世代の生産物も抵当に入れてしまったのである。

自然の法則のなかには存在しない権利という名の下に、人間はすべてのものをコストだけで表す紙を強いて受け入れてきた。われわれ人間は幾何級数的にいろいろなものを買い、消費し、約束することによって、世界史上で最大の負債の山を築いたが、これらの負債を最終的には何らかの形で返済しなければならないことは認めたがらない。未熟練労働者には雇用を拒否する最低賃金制、多様性を認めず、革新を妨げる学校の社会主義化、住宅供給を減少させる家賃統制、移転支出による強奪、息が詰まるようなマーケットの規制――などはすべて、

経済学や社会学の自然の法則を無効にし、ひいては自然の法則そのものを無効にしようとする人間の政治的な試みなのである。

　それによる分かり切った結果は、崩れた建物、ボロボロに腐った鉄道、退屈した無教養の学生、設備投資の減少、生産の低下、インフレ、不景気、失業などであり、最終的には広範な怒りと社会的な不安につながる。このような制度化された政策は不安定を助長し、良心的な生産者の国をいつもイライラしているギャンブラーたちでいっぱいにする民間部門と、節操のない略奪者たちで満ちあふれた公共部門に変えてしまうことになる。

　第5波の第5波が天井を打ってしまったとき、われわれはなぜそうなったのかを問う必要はない。現実が再びわれわれにそのことを教えてくれるからである。たかられた生産者がいなくなったり、または食い尽くされたとき、あとに残った吸血鬼たちは生命維持装置を失ってしまうだろう。そうなれば、もう一度忍耐強く自然の法則を学び直さなければなくなるだろう。

　波動原理が示しているように、人間の進歩のトレンドはいつでも上向きである。しかし、そうした進歩の道のりは直線ではなく、自然の法則のひとつである人間の性質が無効にされないかぎり、これからも直線ではないだろう。そんなことは考古学者に尋ねれば分かることである。

付録

（注　この「付録」は1983年4月の刊行版に初めて掲載されたもので、強気相場の初年までのあらゆる長期予想を含む論述までにボリュームアップされた）

最新の長期予想（1982〜1983年）

　エリオット波動原理は、ダウ工業株平均の第Ⅳ波の弱気相場が1974年12月の572ドルで終了したと結論づけている。われわれは1978年3月の740ドルを、新たな強気相場におけるプライマリー②波の終点と表記した。これまでにこのいずれの水準も日足または時間足の終値ベースではブレイクされていない。1980年3月時点で②波の安値はそれらの水準よりも高いという点を除いて、こうした波のカウントはまだ有効である。

　それ以降の予想はロバート・プレクターが刊行していた月刊ニュースレター「ザ・エリオット・ウエーブ・セオリスト（The Elliott Wave Theorist）」（以下ではEWTと略記）に譲るが、同氏の詳細な分析結果でも、1982年の安値が第Ⅳ波の弱気相場の終点である可能性が高いとリアルタイムに結論づけている。この付録には、1982年9月刊行のEWTに掲載されたプレクターの大胆な株価分析が再掲されている。インフレ調整済みのダウ平均株価が16年半に及ぶ下降トレンドの最安値を付けてから1カ月後に刊行されたEWTは、サイクル第Ⅴ波の大きな「離陸」がスタートしたと述べている。

　1942年以降のスーパーサイクル波の上昇に伴うインフレの高進で、経常ドル（実際ドル）とインフレ調整済みドルベースの株価指数は、米株式史上初めて大きく異なる経緯をたどった。実際ドルベースのダ

ウ平均が1932年にジグザグの下落相場を終了することで（Ⅳ）波が完了したのに対し、インフレ調整済みドルベースのダウ平均は、1929〜1949年に（Ⅳ）波として収束型トライアングルを形成した。

　こうしたパターンが形成されたということは、極めて重要な意味を持つ。インフレ調整後の指数ベースのスーパーサイクル（Ⅴ）波は、短期の素早い上昇がより大きな動きを終了させるという「スラスト（Thrust）」のパターンとなった。しかし、エリオット波動原理は1978年にこうしたパターンの違いの意味を見逃していた。それから1年後に、EWTはそれが意味するものを明らかにした。それ以降の1982年1月のEWTリポートはその意味を完全に説明したが、この付録はその記述から始めることにする（以下の記述は、それぞれの日付時点でロバート・プレクターがEWTに執筆したリポートから引用した）。

1982年1月「1980年代の青写真」

　現在の状況に関する展望を示そうとすれば、過去の経緯をかなり厳しく検討する作業が必要となる。このリポートの目的は長期の展望を示すことによって、1980年代の10年間に何が起こるのかを予測することにある。それに必要な最も分かりやすいデータのひとつは、現在入手できるデータとしては最も長い過去200年間の米株式相場のチャートであろう。**図A.1**は1978年に出版されたA・J・フロストと私の共著『エリオット波動原理』（東洋経済新報社）に初めて掲載されたものであるが（**図5.4**を参照）、終点近くの波のカウントは現在までの状況を反映して修正が加えられている。

　図A.1のチャートを見ると、1700年代後半〜1965年の波の構成は紛れもなく5つの波による「完成されたパターン」を示している。その特徴としては第3波が長く、現時点で第4波は第1波と重複し、ま

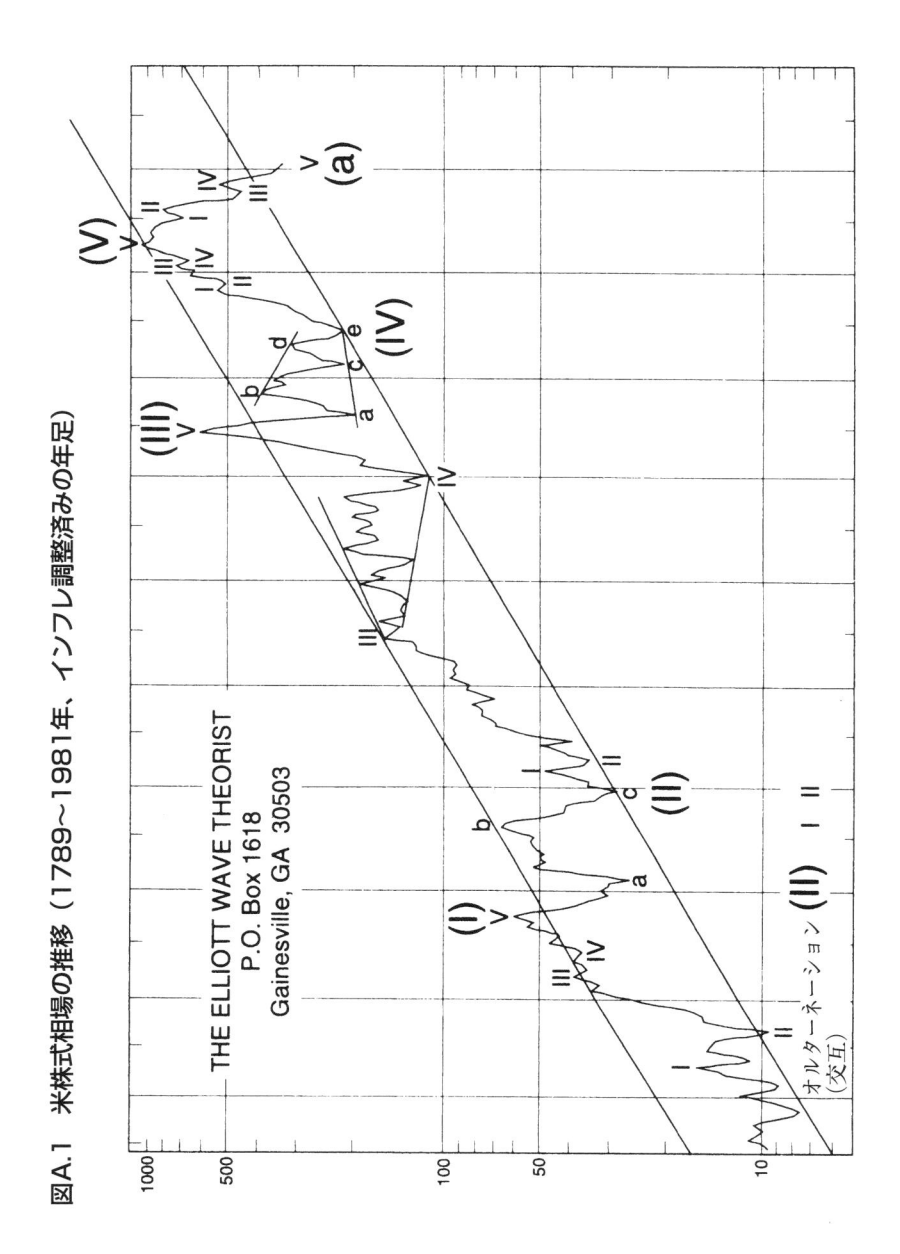

付録

図A.1 米株式相場の推移（1789～1981年、インフレ調整済みの年足）

269

た（II）波がフラットで（IV）波がトライアングルという点で、オルターネーション（交互）の法則を満たしている。さらに、（V）波の上昇率（パーセント）は（I）波のほぼ0.618倍であるという点でも、この2つの波はフィボナッチ比率（0.618）の関係にある。

一方、インフレ調整済みドルベースのダウ平均のチャートにおける波のカウントでは、1966年に5つの波が完成したようだと主張する分析家もいる（**図5.5**の実際ドルベースのダウ平均のチャートを参照）。こうした見解に対しては、私が何年にもわたって述べてきたように、そうした波のカウントはまったく不可能というわけではないが、かなり疑わしいと思う。そうした波のカウントを受け入れるには、トライアングルフォーメーションが1942年に終了したとするエリオットの主張を是認しなければならない（その詳細については、「R・N・エリオット主要著作集［R. N. Elliott's Masterworks］」を参照のこと）。

こうした間違った波のカウント法については、故ハミルトン・ボルトンが1960年に発表した『エリオット波動――ビジネス・サイクル』（日本証券新聞社）のなかで正しく訂正している（同氏の「完全なエリオット波動の著作集［The Complete Elliott Wave Writings］」を参照のこと）。それに取って代わるボルトンの分析（インフレ調整済みドルベースのダウ平均のチャートでは、トライアングルは1949年に終了したというもの）にも、彼がそれを主張した当時ではいくつかの問題を含んでいたが（すなわち、1932～1937年を「3つの波」としてカウントしている）、それ以降の証拠データによってそうした解釈はあり得ないことが確認された。

1974年以降にはほかのすべての株価指数では強気相場となっていたが、（横ばいのトレンドに照らした）ダウ平均株価は1965年から一貫して「弱気相場」となっている。横ばいのトレンドは弱気相場であると解釈する分析家は、ほとんどエリオットだけであった。こうした主張を裏付けるためには、1966年以降のインフレ調整済みドルベースの

ダウ平均のチャートを見なければならない(そしてそのチャートを**図5.5**の同じ時期と比較してみよう)。インフレ高進を伴う弱気相場は、横ばいのフォーメーションを形成する(この段落の文章は、EWTの直近の1979年12月号から引用した)。

　さらに重要なことは、1965年のピークからの明確な5つの波によるエリオット波の下降パターンは、最終段階にあるようだということである。チャートに関する短期の解釈として、現在の株価はかなり売られ過ぎの状態で、長期の支持線を割り込んでいる今の株価は卸売物価と比較しても歴史的にかなり割安な水準にある。したがって、「実質ベースの株価は今後数年間に3つの波(a－b－c)による上昇を見せ、インフレ調整済みベースのダウ平均はドラマチックな「ブレイクアウト」を示現して新高値を付けるだろう」。それによって名目ドルベースのダウ平均は1632年以降の波のカウント条件を満たし、1974年から続いたサイクル波の最後の第5波を完成させるだろう。実際ドルベースの第5波とインフレ調整済みドルベースのB波を完成させるには、ダウ平均がもう一度ドラマチックに上昇し、新高値を更新しなければならない。

　(注　弱気相場の最終局面に関する以下の記述は、ロバート・プレクター著『At the Crest of the Tidal Wave』の第3章の内容を転載したものである)

1982年9月13日「長期の波動パターン──その解明の時は近い」

　波動分析家にとって胸の高鳴るときである。1974年以来初めて、かなり大きな波動パターンが完成した可能性が高く、それらのパターンはこれから5～8年間の株価に重要な意味を持つ。今後15週のうちには、1977年に株価が軟弱な地合いに転じてからずっと続いてきたすべ

ての長期的な疑問点を明らかにしてくれるだろう。

　エリオット波動の分析家はときに、平均株価のかなり高い、またはかなり低い予想値を出したとして非難されることがある。しかし、波動分析の作業には一歩退いて株式相場の大局を眺めながら、ヒストリカルな実証パターンに照らして、トレンドが大きく変化し始めることを判断すべきときがある。サイクル波とスーパーサイクル波は大きな振幅を伴って変動するので、考察の対象としては本当に最も重要な波動構成である。サイクル段階の株価のトレンドがニュートラルであるかぎり、100ポイントのスイングの利益で満足している投資家はそれで十分であろう。しかし、真の持続的なトレンドがずっと続いているときは、そうした投資家は相場のある時点でふるい落とされ、トレンドに乗れるのは株式相場の大局を見ている投資家だけである。

　1978年にＡ・Ｊ・フロストと私は、1932年から続いている現在のスーパーサイクル波の最終上値目標をダウ平均で2860ドルと予想した。この目標値は今でもまだ有効であるが、ダウ平均が依然として４年前の水準にあるので、この上値目標を達成できる時期は当初の予想よりも先に延びるのは明らかである。

　1977年以降のダウ平均の混乱した足取りの性質を説明するために、この５年間に私の机には長期波動のカウントに関する膨大な資料がうずたかく積み上げられた。それらの多くは失敗した第５波、切頭された第３波、条件を満たしていないダイアゴナルトライアングル、まもなく起こるであろう株価の爆発（通常では株価のピーク近くで出現する）や崩壊（通常では株価の谷近くで出現する）のシナリオなどに関する資料である。これらの波のカウントはほとんどが波動原理のルールを満たしていなかったので、私はそれらを無視していた。

　しかし、真の解答は依然として闇のなかにある。ご存じのように、修正波の解釈は難しいので、私は個人的に株式相場の性質やパターンが変化したときは、「最も可能性が高い」波と表記したり、または２

図A.2

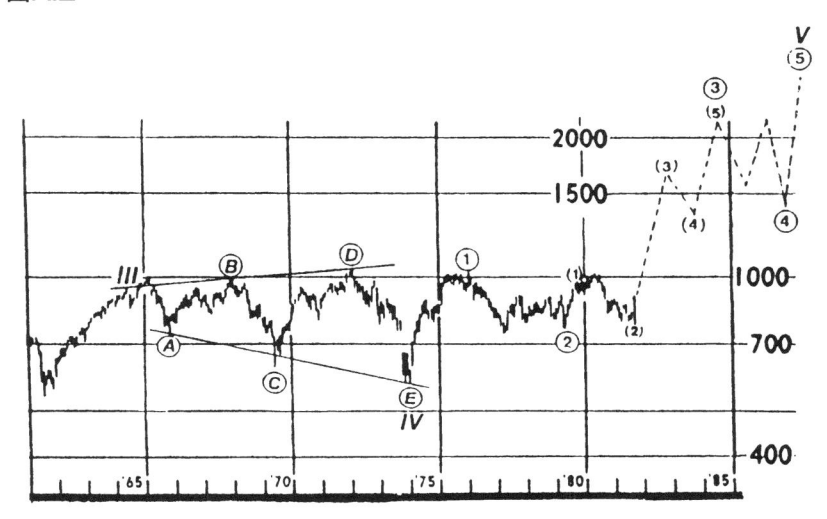

つの可能な解釈のうちのひとつを採用してきた。現時点で私がとってきた2つの代替解釈はまだ有効であると思われるが、これまで述べてきた理由から、そのいずれにも満足はしていない。しかし、今では波動原理のルールとガイドラインに合致する三番目の解釈があり、それは明確な代替解釈になりつつある。

ダブルスリー修正はまだ続いている

この波のカウント法によれば、1966年以来の大きなサイクル波の修正局面はまだ続いており、次の大きな強気相場がスタートする前のダウ平均の安値は563～554ドルと予想される。株価が766ドルの水準を上方にブレイクするのはほぼ確実と見られるが、そうした局面はまだ到来していない。

①波と②波の連続がまだ続いている

　私は1974年からほぼずっとこうした波のカウントの仮説を立ててきたが（**図A.2を参照**）、1974～1976年の波のカウントが不明確なこと、②波による修正がきつかったこと——などを考慮すると、こうした解釈をもって株式相場に臨むのはかなり苦しい。

　こうした波のカウント法に従えば、1966年以来のサイクル波による修正は1974年で終了し、1975～1976年にはかなり広範な銘柄の上昇を伴って、サイクル第Ⅴ波がスタートしたことになる。そのときの第Ⅳ波のテクニカルな名称は、拡大型トライアングルである。第Ⅴ波の各波がこれまでかなり複雑なパターンとなっていることは、この強気相場がかなり長期にわたることを示唆しており、(4)波と④波による大きな修正局面をはさみながら、おそらくもう10年間は続くと思われる。第Ⅴ波の③波が延長するのは明らかであり、(1)－(2)－(3)－(4)－(5)の副次波のうち、(1)波と(2)波はすでに完了している。この波のピークが1978年に立てた当初目標の2860ドルになれば理想的である。一方、このカウント法の大きな欠点は、波の均等性のガイドラインに反して、第Ⅴ波全体の期間が長すぎることである。

このカウント法の利点

1．波動原理のすべてのルールを満たしている。
2．第Ⅳ波の最終的な安値が572ドルであるとする1970年のA・J・フロストの予想に合致している。
3．1975～1976年にかなり広範な株式が上昇したという事実を裏付けている。
4．1982年8月に多くの株式が上昇したという事実も裏付けている。
5．1942年以降の長期トレンドラインはほとんどブレイクされていな

い。
6．4年サイクルで株価は底を打つという考え方に合致している。
7．実際の株価の安値ではなく、第2波の底でファンダメンタルズの悪材料が続出するという考え方に合致している。
8．コンドラチェフの波における高原の一部が終了したという考え方に合致している（1923年の状況と比較してみよう）。

このカウント法の欠点

1．おそらく1974～1976年の最も正しい波のカウントは「5」ではなく「3」である。
2．(2)波の期間が(1)波の6倍の長さになっていることから、この2つの波はかなり不均等である。
3．1980年に多くの株式が上昇したとはいっても、強力なインターミーディエット第3波の最初の波としては力不足である。
4．第Ⅴ波が1942～1966年にわたる延長した第Ⅲ波に類似した複雑な波（**図5.5**を参照）というよりは、1932～1937年の第Ⅰ波に似た単純な形の短い波になるという予想に立てば、第Ⅴ波の全期間は長すぎるようだ。

ダブルスリーの修正は1982年8月に終了した

このカウント法に従えば、第Ⅳ波のテクニカルな名称は「ダブルスリー」であり、二番目のスリーは拡大型トライアングルとなる（**図A.3**を参照）。この波のカウント法に照らせば、1966年からのサイクル波の修正は先月（1982年8月）で終了したことになる。1942年からのトレンドチャネルの下側ラインは、このパターンが終了したときに一時的にブレイクされたが、こうした動きは長期の強気相場がスター

図A.3

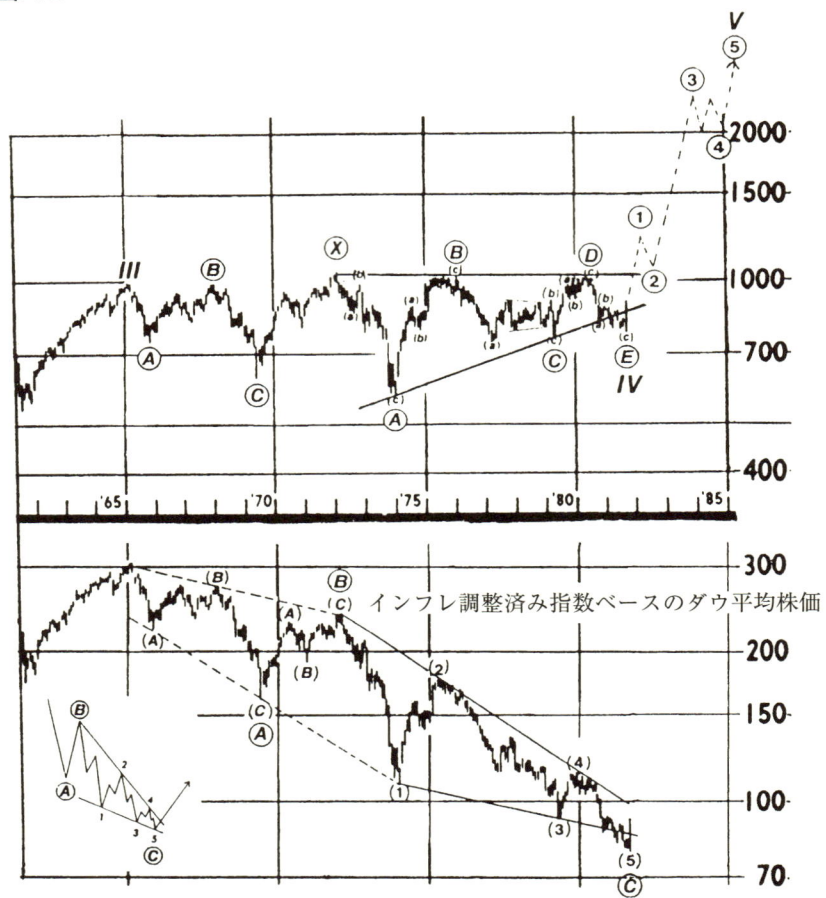

インフレ調整済み指数ベースのダウ平均株価

トする前に、横ばいの相場が基本トレンドラインを一時的にブレイクした1949年の状況に類似している。R・N・エリオット主要著作集にも記されているように、長期のトレンドラインが一時的にブレイクされるのは、時折見られる第4波の特徴であると認識すべきである。こうした波のカウント法の大きな欠点は、こうしたダブルスリーという波の構成は完全に受け入れられるが、とてもまれなケースなので、最

近の株式相場の歴史ではいかなる波の段階でもその例が見当たらないことである。

このパターンには、時間の対称性という驚くべき現象も存在する。例えば、1932～1937年の5年にわたる強気相場は、それ以降の1937～1942年の5年にわたる弱気相場で修正された。また、1942～1946年の3年半にわたる強気相場は、それに続く1946～1949年の3年半にわたる弱気相場で修正された。さらに、1949～1966年の16年半に及ぶ強気相場は、1966～1982年の16年半にわたる弱気相場でこれまで修正されてきた。

インフレ調整済み指数ベースのダウ平均

もしも株価がサイクル波の安値を付けたとすれば、それは米ドルの購買力の損失を補うため、ダウ平均株価を消費者物価指数で割った数値のチャートである「インフレ調整済み指数ベースのダウ平均株価」の申し分のないカウントと完全に一致する。そのカウント法に従えば、Ⓐ－Ⓑ－Ⓒ波は下向きのスロープとなり、Ⓒ波はダイアゴナルトライアングルとなる（**図A.3**を参照）。一般にダイアゴナルトライアングルでは、最終波の（5）波はトレンドチャネルの下側ラインを割り込んで終了する。

私はチャート（**図A.3**の下のチャート）の左側に拡大する点線を書き加えて、対称型のダイヤモンドパターンが形成されたことを示した。このダイヤモンドフォーメーションでは、2つの長い半分の期間はそれぞれ9年7カ月半（1965年5月～1974年12月と1973年1月～1982年8月）、2つの短い半分の期間はそれぞれ7年7カ月半（1965年5月～1973年1月と1974年12月～1982年8月）となっている。このパターンの真ん中に当たる190ドル（1973年6～7月）ではダイヤモンドの値幅を2等分し、また全期間もそれぞれ8年ずつに分けている。最後

に、1966年1月以降の下落期間である16年7カ月は、それ以前の1949年6月～1966年1月の上昇期間とほぼ一致している。

このカウント法の利点

1. 波動原理のすべてのルールとガイドラインを満たしている。
2. 1942年以降の長期トレンドラインはほとんどブレイクされていない。
3. E波がトライアングルの下側ラインをブレイクするというのは、よく見られるケースである。
4. 単純な強気相場の構成という当初の予想にかなっている。
5. インフレ調整済み指数ベースのダウ平均株価と、それに基づくトレンドチャネルの下側ラインのブレイクという解釈に合致している。
6. トライアングルは「スラスト」を引き起こすことから、1982年8月からスタートした突然の急上昇という状況を裏付けている。
7. 経済不況のときに最終的な大底を打つ。
8. 4年サイクルで株価は底を打つという考え方に合致している。
9. コンドラチェフの波における高原がスタートしたばかりで、これから安定経済と株価上昇の時期が続くという考え方に合致している（1921年後半の状況と比較してみよう）。
10. インフレ時代が終了し、または「安定したリフレ（景気回復）」時代が到来すると思われる。

このカウント法の欠点

1. こうしたダブルスリーという波の構成は完全に受け入れられるが、とてもまれなケースなので、最近の株式相場の歴史ではいかなる

波の段階でもその例が見当たらない。
2．株価が大底を打つのは、マスコミが総悲観になったときである。

将来の展望

　トライアングルは株価が「スラスト（急騰）」したり、またはトライアングルの最大幅とほぼ同じ距離をそれまでとは逆方向に素早く動くことを予告している。このガイドラインに従えば、ダウ平均は最低でも現在の777ドルから495ポイント（1067－572ドル）上昇し、1272ドルに達すると予想される。株価が1973年1月の安値を割り込んだトライアングルの下側ラインの延長分である約70ポイントを「トライアングルの最大幅」に加えると、次のスラストで株価は最大で1350ドルに達する可能性もある。
　さらに、第5波の長さがトライアングルだけでなく、トライアングルがその一部となっている第Ⅳ波全体のパターンによっても決定されるので、「この目標値でさえも、来る強気相場の最初のステップであるかもしれない」。したがって、1982年8月からスタートする強気相場が最終的に始点の5倍に達するかもしれないという可能性を完全に実現したとしたら、株価の上昇率は1932～1937年の大強気相場に匹敵するものとなり、ダウ平均の上値目標は3873～3885ドルになるだろう。
　第5波が単純な構成になると予想されることから、上値目標は1987年か1990年には達成されるだろう。こうした上値目標に関する興味ある解釈のひとつは、ダウ平均が100ドル（現在の株価に換算すると1000ドルに相当）以下の水準で17年間にわたって横ばいの動きを続けたあと、383.00ドルというザラ場の高値までほぼノンストップで急騰した1920年代の状況に一致するというものである。第5波がそうした動きになるとすれば、サイクル波だけでなく、スーパーサイクル波の

図A.4　ダウ平均（図A.2の拡大図）

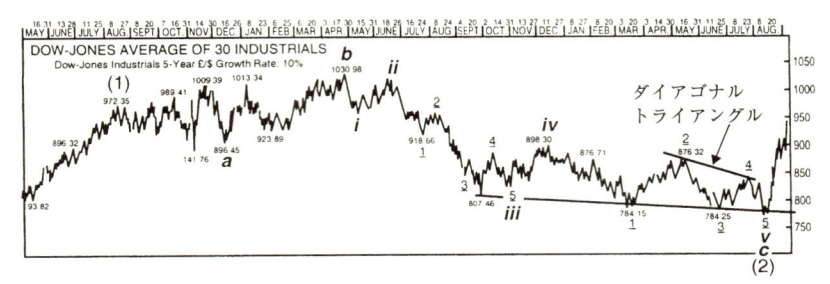

図A.5　ダウ平均（図A.3の拡大図）

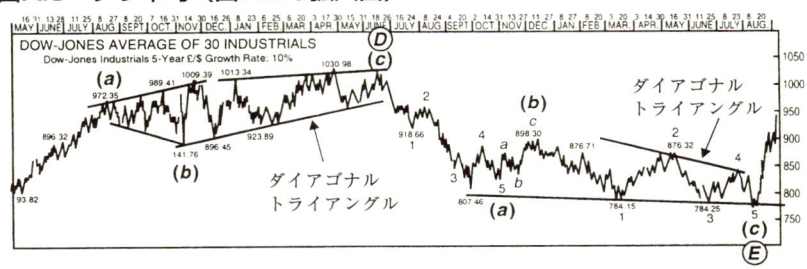

上昇も終えることになるだろう。

中期的な波の構成

　4月17日の中間報告で、私はダイアゴナルトライアングルが8月12日（金曜日）に終了する可能性があると述べた。2つの日足チャート（**図A.4**と**図A.5**）には、こうした可能性を裏付ける波のカウントが示されている。前年12月から形成されたダイアゴナルトライアングルは、1980年8月の高値以降の大きなa－b－c波におけるc波のV波（**図A.4**を参照）、または1981年6月の高値以降の大きなa－b－c波におけるc波（**図A.5**を参照）のどちらかである。8月の安値からスタートした力強い爆発的な急上昇は、こうした解釈を裏付けている。

1982年10月6日

　この強気相場に対しては、1960年代以降初めて「バイ・アンド・ホールド」で臨むべきである。この16年間の株式相場の下では、すべての投資家がトレーダーとなってしまったが、これからはそうしたスタンスを放棄しなければならないだろう。現在の株価はまだ以前の水準には200ポイント足りないが、上値余地は2000ポイントも残されている。ダウ平均の最終的な上値目標は3880ドルであるが、1300ドル（トライアングル以降のスラストに基づく①波の推定天井の水準）と2860ドル（1974年の安値から測定した目標値に基づく③波の推定天井の水準）で一時的に上げ止まるだろう（①波の天井は1983～1984年の1286.64ドル［ザラ場で約1300ドル］で天井を打った。ザ・エリオット・ウエーブ・セオリスト［EWT］はその後、③波の大ざっぱな天井を推定2860ドル［正確な数字は2724ドル］に下方修正したが［第8章を参照のこと］、③波は1987年に2722.42ドルで天井を打った。⑤波は3880ドルというプレクターの「画餅的な」目標値に到達するばかりでなく、その水準を十分に超えていくだろう）。

　株式相場の長期トレンドを確認すると、次のような注目すべき示唆が読み取れる。すなわち、①平均株価が次の押しで新安値を付けることはない、②まもなく「ミニ危機」が到来することはあっても、1983年に株価のクラッシュや景気の停滞が起こることはない、③一部の人々の懸念とは裏腹に、今後少なくとも10年間は国際紛争が勃発することはないだろう。

1982年11月8日

　波動原理の分析という観点に立てば、現在の株式相場は大きな注目の的である。過去200年にわたるすべての株価の動きを調べると、エ

図A.6 ダウ平均（年足）

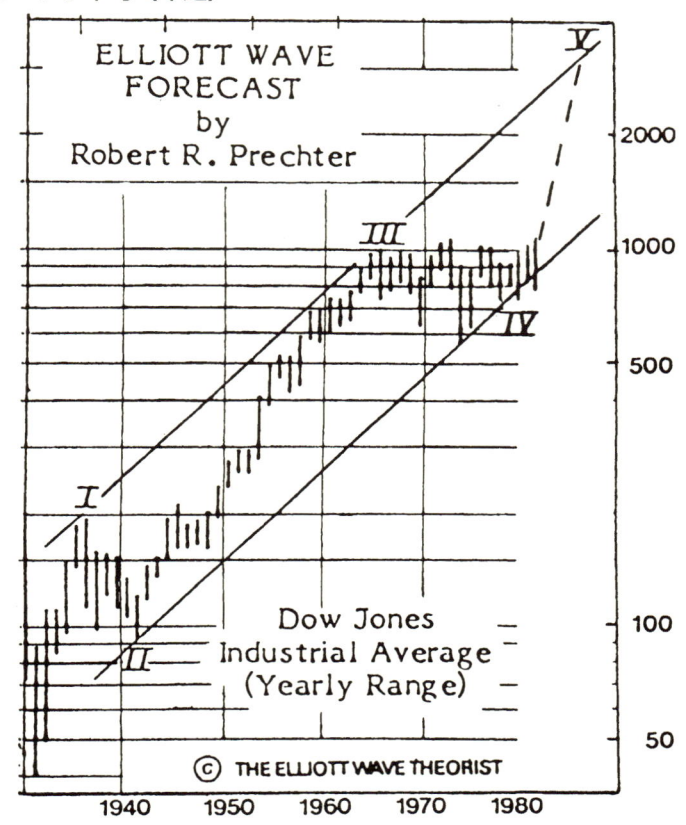

リオット波のカウントによって現在の株価の位置を正確に知ることができる。**図A.6**はセキュリティーズ・リサーチ社が作成したダウ工業株平均の年足チャートであるが、それを見ると、第II波が急勾配の短いジグザグであるのに対し、IV波は長い横ばいの複合波になっており、この２つの波はオルターネーション（交互）の法則のガイドラインを正確に反映している。1966～1982年のダウ平均の波の構成はちょっと珍しいが、それでも全体としては完全なエリオット波動になっている。ときにパターンの解釈がかなり難しいこともあるが、このチャートでも結果的にはいつでも申し分のない伝統的なエリオット波動の

パターンになっている。

　来る強気相場に対して、間違った対応をしてはならない。今後数年間には、皆さんの最も大胆な予想をも上回る有利な状況が展開されるだろう。成功は確実であるが、それでもうまく対処すべきだ。1924年のときを思い出そう。富を築くために、まず最初に今後5年間の投資プランを立てよう。次に必ずやってくるそれ以降の弱気相場に備えて、確実に利益を確定することをどうか忘れないようにしてほしい。

1982年11月29日 「百聞は一見にしかず」

　図A.7のチャートの矢印は、私が解釈する現在の強気相場におけるダウ平均株価の今の位置を示したものである。もしもエリオット波動の分析家が、現在のダウ平均は第Ⅴ波の①波の（2）波にあると言ったら、おそらく彼の言うことは完全に正しい。もちろん、その実際の正否は時間が経過しなければ分からない。

　最も簡単に予想できることは、強気相場が必ず到来するだろうということである。次にその強気相場の上値目標、最後にその継続期間というのが予測しやすさの順序となる。現時点では1987年にこの強気相場は天井を打つと予想されるが、その時期は1990年にずれ込むかもしれない。いずれの場合でも、大切なことは「波の形」である。換言すれば、現在の株価の位置を知ることは、事前にそれを予測することよりもはるかに簡単である。いずれにしても忍耐が必要である。

　第1波から第3波のときに比べて、第5波の上昇期間中にはほぼ必ずといってよいほど上昇銘柄の広がりが弱くなり始める。こうした理由から、私は③波のときまではかなり広範囲の銘柄が上昇するが、⑤波がピークに達するまでに株式市場では選別性が強まり、上昇するのはほとんどダウ平均の先導株だけになるだろうと予想する。現在は好きなどの銘柄を購入してもよいが、この時期が過ぎたら次第に慎重に

図A.7

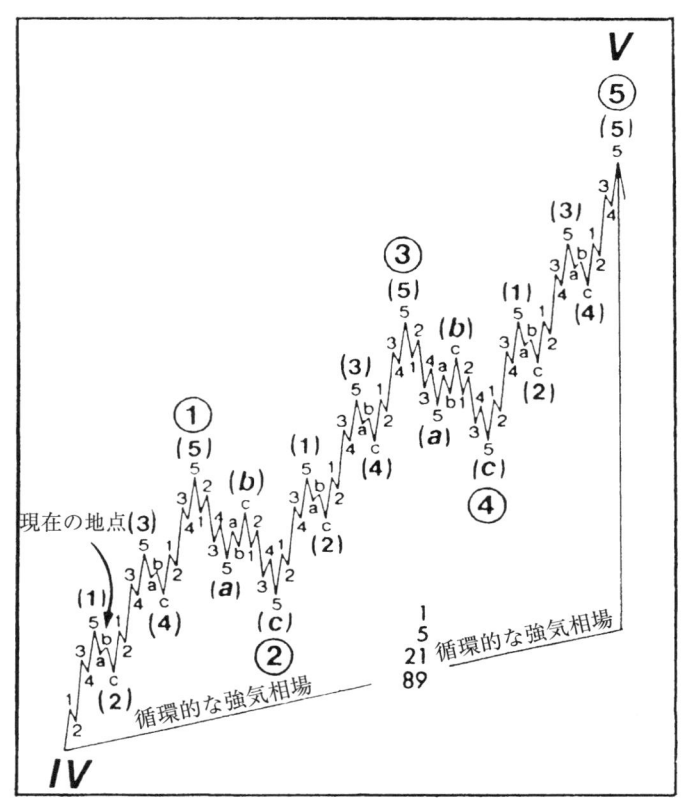

投資銘柄を選別していくべきである。

1983年4月6日「上昇トレンド――ダウ平均の第Ⅴ波について」

　A・J・フロストと私は1978年に『エリオット波動原理』を著し、この本はその年の11月に出版された。この本の予測に関する章で、われわれは次のような評価を行った。

1．この強気相場で著しく上昇するのは第Ⅴ波であり、1932年からスタートしたダウ平均の波の構成を完成させるにはそれが必要である。
2．第Ⅴ波が完成するまで、「1979年のような株価のクラッシュ」や1969〜1970年または1973〜1974年のような下落も実際には起こらないだろう。
3．1978年3月の安値である740ドルがプライマリー②波の終点であり、その水準がブレイクされることはないだろう。
4．現在進行中の強気相場は、1942〜1966年の延長された上昇相場とは異なり、単純な形になるだろう。
5．ダウ平均は上側のチャネルラインまで上昇し、第Ⅳ波の安値（572ドル）の5倍という目標値（2860ドルと計算される）を達成するだろう。
6．もしも1974年が第Ⅳ波の終点であるとするわれわれの結論が正しいとすれば、第5波の天井は1982〜1984年に到来するだろう。実際に天井を付ける可能性は1983年が最も高い（次に可能性が高い年は1987年である）。
7．この上昇期間中には、「二流株」が先導的な役割を果たすだろう。
8．第Ⅴ波が完成されたあとに、米株式史上最悪の株価のクラッシュが起こるだろう。

われわれがこうした議論を展開してから、常にわれわれを驚かせたことのひとつは、ダウ工業株平均が最終的に離陸するのに何と長い時間を要したのかということである。広範な平均株価は1978年から一貫して上昇しているが、ダウ平均はインフレや不況、そして国際金融体制の崩壊に対する懸念をいっそう正確に反映しているように思われるため、1982年まで1966年からの修正パターンを終了していない（ダウ平均の波の詳細については、1982年9月号のEWTを参照のこと）。こ

うした長期にわたる待機状態のなかで、ダウ平均は長期トレンドラインを瞬間的に割り込んだが、その下方へのブレイクがさらなる大量の売りを誘発しなかったことから、ついに爆発的な離陸を開始した。

　もしもわれわれのこうした全体的な評価が正しいとすれば、1978年の波動原理に基づくフロストと私の予想は依然として有効であるが、ただひとつの大きな例外は「時間の目標」である。『エリオット波動原理』でも説明したように、R・N・エリオットは時間についてはほとんど述べていない。事実、株価が天井を付けるわれわれの予想時期は波動原理ではなく、ダウ平均の第IV波が1974年に終了したとするわれわれの結論に基づく単なる経験的な推測によっている。長期にわたる第IV波の横ばいの修正が1982年まで終了しなかったという事実が最終的に明らかになったとき、われわれの評価を変更するために、株価が天井を付ける時期を先に延ばさざるを得なかった。しかし、第V波が出現することを疑ったことは一度もなく、問題は単にその時期とそれ以降の展開であった。

　ここで私は以下の重要な質問に対して答えたいと思う。それらの質問とは次のようなものである。

1．1966年に始まったダウ平均株価の横ばいの修正は、実際に終了するのか。
2．これまでの横ばい相場が終了するとすれば、次の強気相場はどのくらいの規模になるのか。
3．この強気相場にはどのような特徴があるのか。
4．この強気相場がスタートしたあとは、どのような展開になるのか。

　1．「1966年に始まったダウ平均株価の横ばいの修正は、実際に終了するのか」という1の質問に対する答え——「ダウ平均は1982年にかなり大きな波の段階の修正を終了した。こうした結論を裏付ける

図A.8 ダウ平均（経常ドルベース）

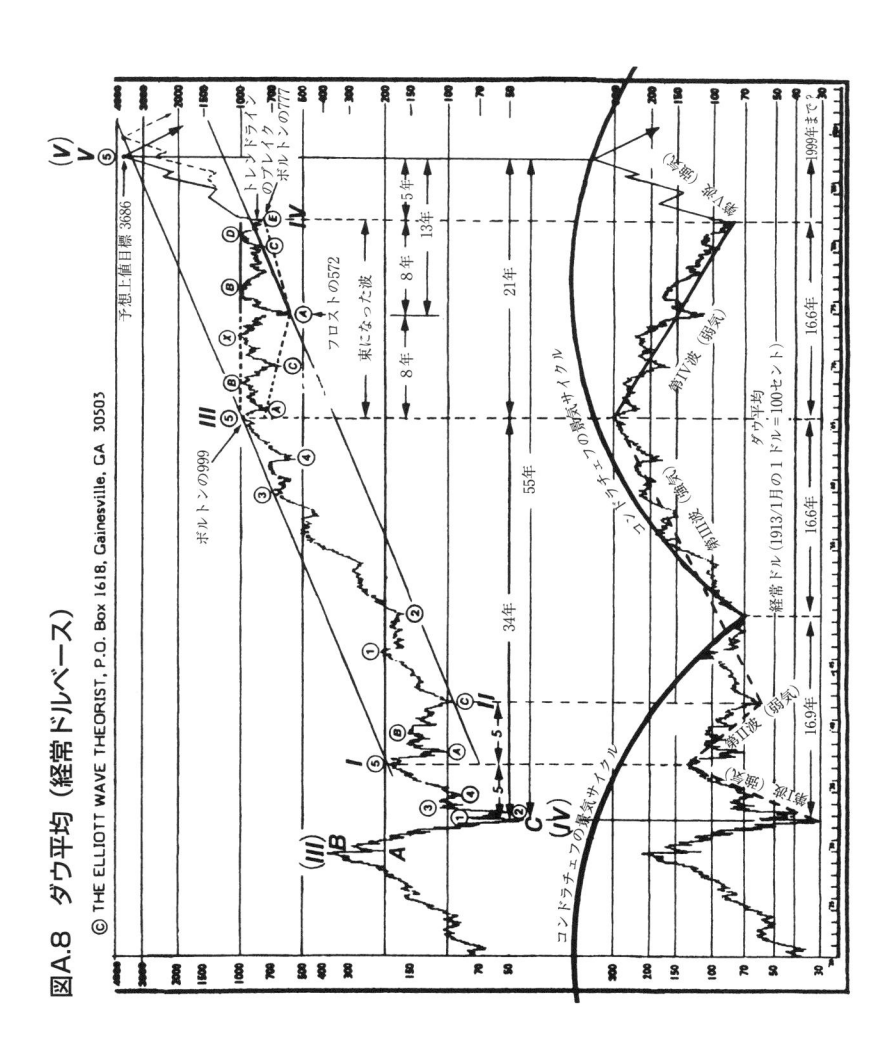

図A.9

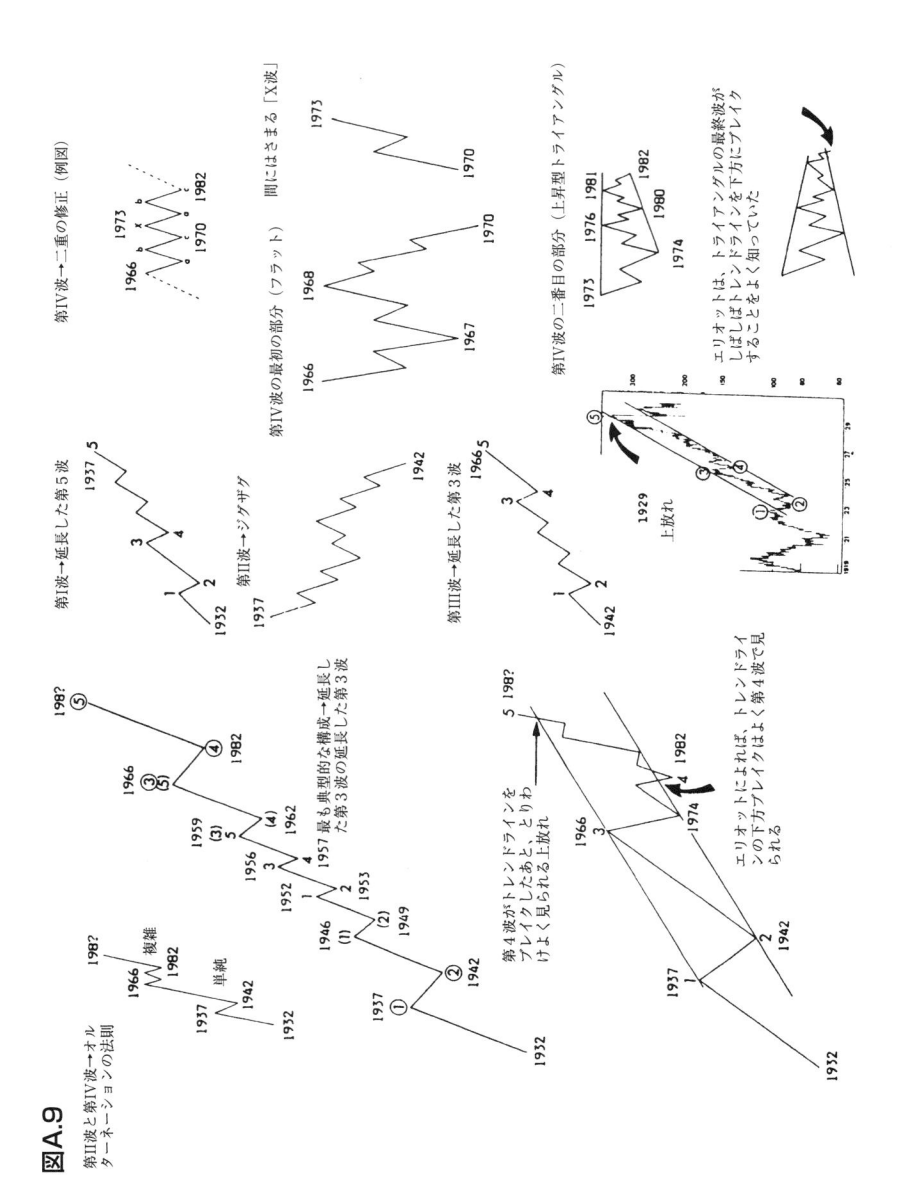

第Ⅱ波と第Ⅳ波とオルターネーションの法則

第Ⅰ波→延長した第5波
第Ⅱ波→ジグザグ
第Ⅲ波→延長した第3波

第Ⅳ波→二重の修正（例図）
第Ⅳ波の最初の部分（フラット）間にはさまる［X波］
第Ⅳ波の二番目の部分（上昇型トライアングル）

エリオットは、トライアングルの最終波がしばしばトレンドラインを下方にブレイクすることをよく知っていた

最も典型的な構成→延長した第3波

第4波がトレンドラインをブレイクしたあとにとりわけよく見られる上放れ

エリオットによれば、トレンドラインの下方ブレイクは、よく第4波で見られる

1929 上放れ

証拠は山ほどある」

　まず第一に、波動原理を真面目に研究している人々がずっと主張してきたように、1932年以降のパターンは依然として未完成であり、5つの波によるエリオット波動パターンが完成するには、もうひとつの最後の上昇が必要である（**図A.8**を参照）。スーパーサイクル段階のクラッシュは起きていないと見られ、1966年から起こってきたことは、（1932～1937年、1937～1942年、1942～1966年と同じ波の段階である）サイクル波の修正としては十分すぎるものである。

　第二に、1966年（波動理論の解釈の違いによっては1964年または1965年）からの横ばいパターンは、1932年以降の長期にわたる平行なトレンドチャネルの絶対的な極限まで進んでいる。エリオット著『自然の法則』のなかに掲載された図（**図A.9**）を見ても分かるように、第5波がスタートする直前に第4波がトレンドチャネルの下側ラインを割り込むのは、ときどき見られる第4波の特徴である。1982年の株価の動きを見るかぎり、単純に修正局面がこれ以上続く余地はまったく残っていない。

　第三に、1960年代半ばと1982年の間に見られるパターンは、40年以上も前にエリオットが概説した標準的な修正フォーメーションの見事な実例のひとつである。こうした波の構成の正式な名称は「ダブルスリー」の修正であり、それは連続した2つの基本的な修正パターンである。この場合には最初の位置で「フラット」（または、1965年からの別の波のカウント法によっては「下降トライアングル」）、二番目の位置では「上昇トライアングル」を形成し、その間にはさまる「X」で表示された単純な3つの波による上昇は、このフォーメーション全体を2つの構成パターンに分割している。

　エリオットはまた、1982年のときのように、トライアングルの最終波がよくトレンドチャネルの下側ラインを割り込む傾向があることを

認め、それを例証もしている。二重の修正パターンは比較的珍しく、1974年の安値が長期の上昇トレンドラインに達してから、フロストと私はそれを予想できなかった。しかも二番目の位置にトライアングルを持つ「ダブルスリー」のパターンはかなり珍しく、私自身の経験に照らしても類を見ないものである。

　第四に、もしもそのパターンが単純なフォーメーション（すなわち、ひとつの修正）として扱われるならば、それはいくつかの興味ある特徴を持つことになる。例えば、そのフォーメーションの最初の波（996～740ドル）は、最後の波（1024～777ドル）とほとんど同じ距離にわたっている。さらに、その上昇部分は下落部分と同じ8年になっている。フロストと私はこうしたパターンの対称性について、「休止（rest）」の状態からスタートし、比較的広く、次に狭く振れたあと、最後に始点の水準まで戻るような単一のパターンを1979年に「束になった波（Packet Wave）」と名付けた（このコンセプトの詳細については、1982年12月号のEWTを参照のこと）。

　2つのトライアングルの代替的な波のカウント法を使えば、それぞれのトライアングルの真ん中の波（C波）は1000ドルから740ドルまでと同じ領域を動いていることになる。このパターンには数多くのフィボナッチの関係が存在する（その多くは1982年7月号のEWTの特別リポートで詳述されている）。しかし、前の強気相場の部分に対する始点と終点のフィボナッチの関係はさらに重要である。ハミルトン・ボルトンは1960年に、次のような有名な見解を発表している。

　　「エリオットはこのほか、フィボナッチ関係と一致するいくつかの例も指摘している。例えば、1921～1926年の地点（オーソドックスな天井）の数は、1926～1928年の最後の波の地点数の61.8％（0.618倍）になっている。こうしたことは、1932～1937年の5つの上昇波についても同様である。また、1930年の天井（ダ

ウ平均の297ドル）から1932年の底（同40ドル）までの下降波は、1932～1937年の40ドルから195ドルまでの上昇波の1.618倍になっている。さらに、1937～1938年の下落は1932～1937年の上昇の61.8％である。もしも1949年から現在までの株価もこうしたフィボナッチ関係に合致しているとすれば、1949～1956年の上昇相場（ダウ平均で361ポイントの上昇）は、（361ポイント×1.618の）583ポイントを1957年の安値である416ドルに加えた地点、すなわちダウ平均の上昇幅が計999ドルに達したときに終了することになる」

ボルトンはこうしたフィボナッチの関係に照らして、株価のピークを1966年の時間足ベースの正確な天井からちょうど3ポイント上のところになるだろうと予想した。しかし、一般に忘れられていたことは、まさにボルトンの次のような文章だった（それに先立って、A・J・フロストは第IV波の安値が572ドルであると予想したが、この予想の正しさは株価が1974年に時間足ベースで572.20ドルの安値を付けたことで裏付けられた）。

「あるいは、ダウ平均は416ドルから361ポイント上昇して777ドルになる」

言うまでもないが、777ドルという数字は1982年8月まではどこにも見当たらない。時間足ベースの正確なオーソドックスな安値は、その年の8月12日に付けた776.92ドルである。換言すれば、ボルトンの計算（**図A.10**を参照）は以前の株価構成と今回の波との関係に基づいて、第IV波の正確な始点と終点を前もって決めていたのである。株価のポイント数では、1966～1982年は1957～1982年と1949～1956年の0.618倍であり、さらに後者の2つの期間のポイント数はいずれも

図A.10 フィボナッチの関係に基づくボルトンの株価の計算（1960年、カッコ内は時間足ベースの最高値・最安値）

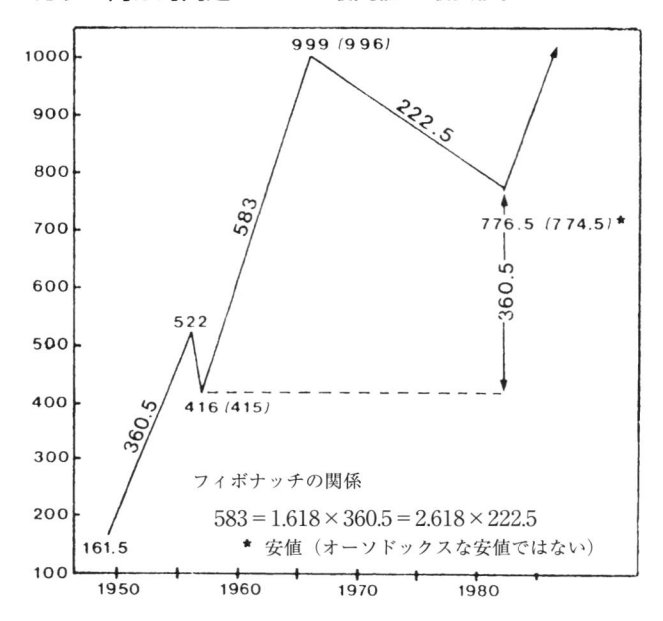

フィボナッチの関係
$583 = 1.618 \times 360.5 = 2.618 \times 222.5$
＊ 安値（オーソドックスな安値ではない）

1957～1966年の0.618倍に等しく、それらすべての誤差は何と１％以内にすぎない。

　週足や月足ベースのパターンが何度もフィボナッチ倍率になっていると、ウォール街のウオッチャーからはよく「またフィボナッチ倍率に一致した」という声が聞こえてくる。こうした時間枠のパターンが頻繁にフィボナッチ倍率に一致すると、フィボナッチ倍率は株式相場だけの特徴ではないようだといった考えが次第に強まるのは当然であろう。私の知るかぎり、その予想がウォール街の現実と常に合致していた人はボルトンだけである。

　私はこうしたいろいろな観測を踏まえて、「インフレ調整済み指数ベースのダウ平均」がはっきりと裏付けている単純な弱気相場としてのダウ平均のサイクル第Ⅳ波は、1982年８月に終了したと断定した

いと思う。

　２．「これまでの横ばい相場が終了するとすれば、次の強気相場はどのくらいの規模になるのか」という２の質問に対する答え——「これまでの修正局面に続く次の上昇相場は、過去20年間では例を見ないようなかなり大規模なものになるだろう。通常の波動に関する数多くのガイドラインもこうした予測を裏付けている」

　まず第一に、フロストと私が一貫して主張してきたように、1932年からのエリオット波動の構成はまだ完成しておらず、このパターンが終了するには第５波による上昇が必要である。われわれが共著を著したとき、1932年にスタートした上昇相場がすでに終了したことを実証する信頼できる波の解釈は存在しなかった。第５波は1932〜1937年、1937〜1942年、1942〜1966年、1966〜1982年と同じ波の段階にあり、それらの波のパターンと相対的に比例するものとなるはずだ。

　第二に、エリオットのチャネリングに基づけば、通常の第５波は上側のチャネルラインまで進むだろう。その場合、1980年代後半に株価は3500〜4000ドルの範囲で動くことになる。エリオットによれば、第４波がトレンドチャネルを下方にブレイクすると、第５波は上放れとなることが多い、または同じトレンドチャネルの反対側に一時的に突入するだろう。

　第三に、波動原理の重要なガイドラインによれば、1942〜1966年の波のように第３波が延長するとき、第１波と第５波は時間と大きさの点で均等になる傾向がある。こうした傾向は必然的なものではないが、1982年からの上昇は1932〜1937年に起こった最初の上昇波に類似することを強く示唆している。このように、こうした第５波は第Ⅰ波とほぼ同じパーセントベースの距離を動くことになる。第Ⅰ波は時間足ベースの41ドルの推定安値（正確な数字は分からない）から194.50ドル

の天井まで、その安値水準のほぼ5倍の距離を動いた。第Ⅴ波のオーソドックスな始点が1982年の777ドルだったので、それにほぼ同じ倍率（4.744倍）を掛けると、予想される株価の上値目標は3686ドルになる。1932年の時間足ベースの正確な安値が分かれば、ボルトン流の予測法に従って、いくらか自信のある正確な予測値を出すことができるだろう。もっとも、「3686ドル」という数字は理想的な予想値からおそらく上下100ポイントの誤差は認めなければならない（この予想値が実現するかどうかは、また別の問題である）。

第四に、時間に関するかぎり、1932～1937年の強気相場は5年間続いた。したがって、起こりうる天井として注目される時点は1982年から5年目、すなわち1987年である。われわれの共著でも指摘したように、偶然にも1987年は1974年の修正の安値時点から13年目に当たり、また1966年の第Ⅲ波の天井からは21年目、1932年の第Ⅰ波の始点からは55年目に当たっている。この絵を完成させるには、1987年はダウ平均が3686ドルの上値目標を達成する完璧な日付である。そしてダウ平均がその目標を達成すると、「上放れ」によって上側のチャネルラインを一時的に突き破り、（1929年に天井を付けたときのように）典型的な力尽きた動きとなるだろう。

第Ⅰ波の時間の1.618倍と1920年代のサイクル第5波と同じ形になるという仮定に基づけば、8年にわたる第Ⅴ波の最も起こりそうなピークの年は1990年となる。もしもダウ平均が1987年までその上値目標に依然としてかなり届かないとすれば、1990年の天井打ちはとりわけ可能性が高い。波の予想において、「その時間は波の形（これが最も重要である）と株価水準の両方に対して、すべて二次的なものと考えるべきである」ということを忘れてはならない。

第五に、ダウ工業株平均はサイクル第5波内の上昇波であるプライマリー第1波のなかにあるにすぎないが、さらに広範な株価指数は1974年に第Ⅴ波をスタートさせ、プライマリー第3波のなかにすで

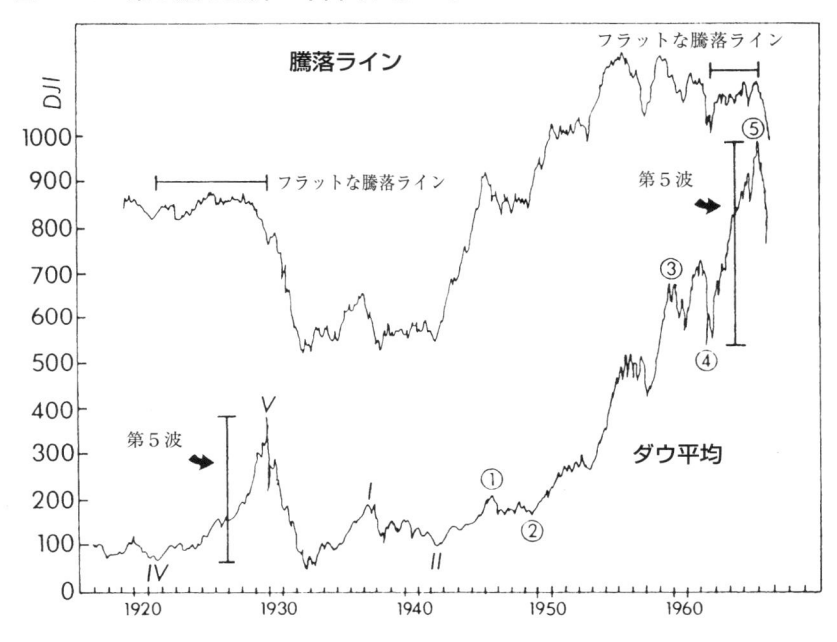

図A.11 第5波の上昇・下降のパターン

図A.12 1978年の解釈に基づく波のカウント（広範な株価指数については依然として推定カウント）

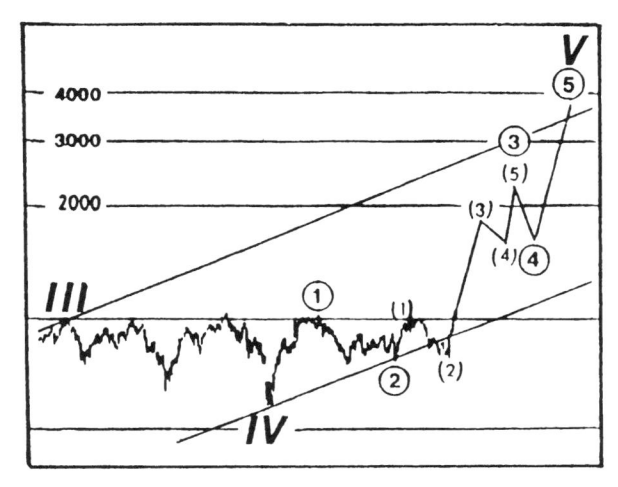

に十分入っている（**図A.12**を参照）。こうした株価指数（バリューライン・アベレージ、インディケーター・ダイジェスト・アベレージ、フォスバック・トータル・リターン・インデックスなど）は伝統的な延長波である第3波や中間波を形成しつつあり、波動の最もパワフルな部分にちょうど突入したところである。控えめに見ても、連続する5つの波の60％は延長する第3波が占めるので、こうした解釈は教科書的なパターンにほぼ合致している。しかし、より広範な株価指数が第5波や最終波に入っていると解釈しようとすれば、そうはならないだろう。広範な株価指数の第3波の延長については、かなりの時間が経過して第3波が完成するまでは分からず、第4波と第5波が形成されるのはそのあとである。こうしたことをすべて念頭に置けば、現在の強気相場の規模はかなり大きくなるはずである。

3．「この強気相場にはどのような特徴があるのか」という3の質問に対する答え――「第Ⅴ波が出現する可能性はほぼ確実であり、その規模と形も推測できたので、その特徴を予想することは有益であろう」

まず最初の特徴は、この上昇相場はかなり選別的なもので、ある株式グループから別の株式グループへと物色の対象が移っていくだろう。この第Ⅴ波の上昇銘柄の広がりは、第Ⅲ波の1940～1950年代の大強気相場の目を見張るような上昇銘柄の広がりと比較すればかなり見劣りするが、それでも通常の水準並みになるだろう。もっとも、第Ⅴ波は衝撃波であるため、1966～1982年の第Ⅳ波で見られたときよりも上昇銘柄が広範にわたるのは間違いないようだ。
　（注　以下の2つの段落は、5日後に刊行されたザ・エリオット・ウエーブ・セオリスト［EWT］の1983年4月11日号から引用したものである。その前後の文章の一部も、EWTの1982年12月号から引用

した)

　ここで、来る第Ⅴ波の上昇の規模が第Ⅰ波や第Ⅲ波に比べてなぜ小さくなるのかについて、少し考えてみよう。第5波では長期にわたる「強気」の動きが終わりに近づいており、真っ最中の強気段階の修正に比べて、第5波の修正の動きのあとでは株価へのダメージがかなり大きくなる。長期の波動において、これまでにファンダメンタルズの状況は次第に悪化し、上昇相場が続いても好業績の企業は減少の一途をたどっている（こうした状況は現在のスーパーサイクル段階でも同じようだ）。このように、強気相場には大きな利益のチャンスがあるのも事実であるが、上昇銘柄はいっそう選別的となり、そうしたことは騰落ラインの低下や新高値銘柄数の減少にも表れる。1974年の安値以降に多くの株式がほぼ同時に上昇しなくなったとき、一部の株式グループだけが選別的に値を上げるという状況はよく見られるだろう。

　あらゆる段階の延長しない（最も長く延長したとしても）第5波はこのように動くので、それはまさにダイバージェンスに基づく通常の「売りシグナル」である。問題は、多くの分析家がこうしたコンセプトを単に短期スイングや中期のスイングだけに当てはめていることである。しかし、このコンセプトは小さな波だけでなく、スーパーサイクル波のような大きなスイングにも同じように当てはまる。実際、1920年代のフラットな騰落ラインは1857年以降の上昇相場全体に対する「売りシグナル」だった（**図A.11**を参照）。

　同じように、1960年代半ばのフラットな騰落ラインも1942～1966年の強気相場に対する「売りシグナル」となった。1982～1987年（私の予想）のあまりさえない展開の騰落ラインも、1932年からのスーパーサイクル波全体に対する「売りシグナル」になるだろう。もっとも、現時点での教訓は「こうしたアンダーパフォームの展開を早すぎる売りの理由にするな」ということである。そんなことをすれば、米株式

史上で最も大きな利益を上げられることが確実な大強気相場のひとつを取り逃がすことになるだろう。
　第二に、この強気相場は1942～1966年よりは1932～1937年の相場に類似した単純な構成になるだろう。換言すれば、長期にわたってなだらかに上昇し、ムラのない修正局面を持つ相場というよりは、「一貫して速い動きの上昇相場」となるだろう。「おそらくこの上昇相場で最も大きな利益を手にするのは、マーケットタイミング手法を避け、選別的な銘柄に集中投資することで、5つのすべてのプライマリー波がカウントできるまで多くの株式をずっと保有し続ける大手機関投資家であろう」。
　第三に、ダウ工業株平均とより広範な株価指数の波の構成はほぼ一致するだろう。1978年に向けての波の解釈によるカウント法が依然として正しいとすれば（**図A.12**を参照）、広範な株価指数にも同じように当てはまり、それらの株価指数とダウ平均の波のカウントは一致するはずである。もしも優先的な波のカウントが正しいとすれば、ダウ平均が第1波を終了するときに広範な株価指数の第3波は終わり、またはダウ平均の第3波が終わるときに広範な株価指数の第5波が終了するだろう。
　これを逆に言うと、ダウ平均の第5波が進行しているとき、新高値を付けるのはほとんどダウ平均銘柄だけであり、それ以外の広範な銘柄が値を崩し始めることはいっそうはっきりするだろう。そして最終的な天井圏ではダウ平均銘柄が新高値を付けても、そうした動きは広範な株価指数と騰落ラインの両方によって確認されず、伝統的なテクニカルパターンであるダイバージェンスが出現することになるだろう。
　最後に、テクニカルな観点から見て、来る第Ⅴ波の心理的な面についてどのように結論づけるべきであろうか。1920年代の強気相場はスーパーサイクル第3波の第5波であったが、サイクル第Ⅴ波はスーパーサイクル第5波の第5波である。したがって、その最終局面の

特徴は、機関投資家がほとんど信じられないくらいに株式を買いあさり、また一般投資家も同じように熱狂的に株価指数先物や株式・先物オプションなどに殺到するだろう。私の見るところ、おそらく長期のセンチメント指標は株価が最後の大天井を打つ２～３年前にメジャートレンドの売りシグナルを出すが、株価は依然として上昇し続けるだろう。ダウ平均が1987年か1990年に予想される天井圏に到達し、さらに米株式が史上最大のクラッシュを経験するのは、波動原理に従えば、第Ｖ波が完成したあとである。それまでに大衆投資家の心理は1929年と1968年、1973年のすべて相場を合わせたような熱狂的な水準に達し、最終的にはその極限にまで到達しなければならない。

　４．「この強気相場がスタートしたあとは、どのような展開になるのか」という４の質問に対する答え──「すべてがわれわれの予想どおりに進んだとき、最後に残る問題は『第Ｖ波が天井を打ったときに何が起こるか』である」

　波動原理に従えば、ダウ平均株価の3686ドルの天井が（Ｖ）波の第Ｖ波の終点、すなわちグランドスーパーサイクル波のピークである。それ以降のグランドスーパーサイクル波の弱気相場は、1700年代後半から続いたすべての株価の進行を「修正する」。そのときの下値目標圏は、より小さな段階（すなわち、ダウ平均で381ドルから41ドルまで下落した（Ⅳ）波）の前の第４波の価格帯（理想的には安値近辺）になるだろう（注　いやむしろ、高値近辺になる可能性のほうが高い。ロバート・プレクター著『At the Crest of the Tidal Wave』を参照。ちなみに、日足ベースの終値の高値は381.17ドル、ザラ場の高値は383.00ドル）。こうした規模の弱気局面については、もっともらしい説明として、世界的な銀行と政府の破綻、それに伴う最終的な紙幣経済システムの崩壊などが挙げられるだろう（実際にはその原因で

はなく、結果であるが）。深刻な経済危機のあとには武力衝突が頻発するので、こうした大規模な金融資産の価値の崩壊は超大国間で戦争が起こる前兆となる可能性も考慮しなければならない。

一方、時間についてはいくつかの観測に従えば、グランドスーパーサイクル波の修正波である（A）か（C）波のいずれかは、1999年の前後１年以内に底を打つと予想される。1987年の天井から、1974年から13年に及ぶ上昇相場と同じ期間だけ下落した時点は2000年となる。また、1990年の天井から、1982年から８年にわたる上昇相場と同じ期間だけ下落した時点は1998年である。さらに、一般には16.6〜16.9年のサイクルで株価の転換点が再来することが多いという事実に照らせば、次の転換点は1999年になると予想される（**図A.8**の底を参照のこと）。最後に、コンドラチェフの景気サイクルに従えば、株価の底は2003年（前後５年間の誤差はある）となり、ヒストリカルな株価のパターンに照らせば、株式相場はその数年前に大底を打つだろう。

1983年８月18日「1980年代の超強気相場──最後の大相場」

株式相場のいろいろなモメンタム指標はほぼいつでも、大強気相場のスタートを「告げている」。その証拠に、株価上昇の初期の段階で過度の買われ過ぎの状態が形成されている。こうした傾向はあらゆるトレンドの段階で顕著になっているが、とりわけS&P500の「アニュアル・レート・オブ・チェンジ（Annual Rate of Change）＝ARC」は、サイクルやスーパーサイクルなどの大きな波の段階で、上昇相場がスタート（キックオフ）するときのモメンタムの強さを判断するときに有効である。この指標はその月のS&P500の日足終値平均を前年同月の同平均と比較した差（パーセント）をプロットしたもので、この指標の性質上、ある方向に向かう株式相場がスタートしてほぼ１年後にモメンタムがピークに達するという特徴がある。

重要なことは、この指標が到達する「水準」である。**図A.13**を見ても分かるように、「1983年7月末の買われ過ぎの水準は、現在の強気相場がスタートしてから約1年後のことであり、サイクル第Ⅲ波がスタートしてからほぼ1年後の1943年5月以来の高い水準である」。この指標がいずれも50％の水準を超えたというのは、同じ程度の波がスタートしたことを強く確認している。換言すれば、1982年8月は2年の強気相場のあとに2年の弱気相場が続くといった通常の相場よりも大きな何かがスタートしたことを意味する。

　一方、だからといって、そのことは輝かしい「新しい時代」が始まったことを示唆しているわけではない。もしもスーパーサイクル段階の波がスタートしたとしたら、1933年のときに見られたような過度の買われ過ぎの状態が出現するはずである（そのときは（Ⅴ）波がスタートした1932年から1年後のこの年にARCは124％に達した）。今回はARCがそれほどの水準まで上昇する可能性はほとんどない。しかし、ARCが40年来の高い買われ過ぎの水準に達したというのは、エリオット波動が第Ⅴ波のスタートを示唆しているシグナルであると思う。

　もっとも、これは新たな強気相場の単なるセットアップの段階であることを忘れてはならない。現在の上昇局面がスタートした数日後からずっと主張しているように、いろいろなセンチメント指標は1970年代に比べてかなり行き過ぎの水準に達している。そのことを示すプット・コール・レシオや10日移動平均線などは有効であるが、そうした指標は株式相場の広範な動きというコンテキストのなかで解釈すべきである。

　ここで長期のダウ平均株価のチャートを見て、一般に考えられるいくつかの疑問点について答えていこう。

● 「この強気相場は過去の相場よりもかなりボラティリティが大きく

図A.13

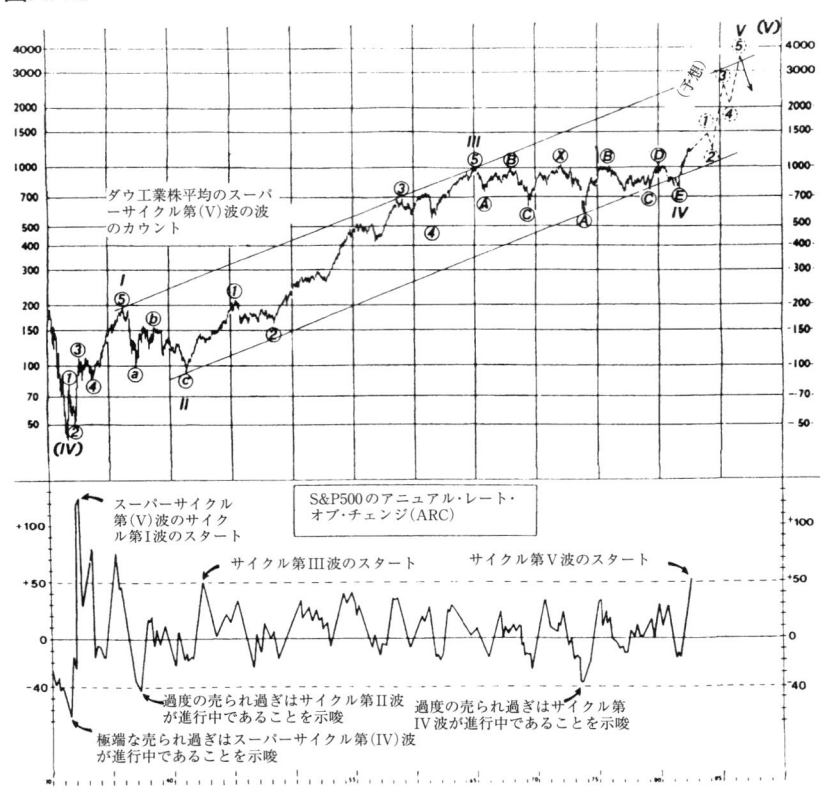

なるのだろうか」——そうはならないと思う。1921〜1946年の株価の動きを見れば、そうはならないと予想できるだろう。

● 「ダウ平均の1000ドル、さらに言えば1200ドルは高い水準なのか」——そんなことはない。1966年以降の長期の横ばい相場で、ダウ平均は「実際ドルベース」では50年来のトレンドチャネルの下側ライン（「インフレ調整済み指数ベース」で見るとかなり安い水準）まで押し下げられたからである。

● 「現在の強気相場は1974年からスタートした従来の強気相場と同じ

レベルのもので、すぐに終わってしまうのか」——そんなことはない。インフレ調整済み指数ベースと40年来の上昇トレンドに照らした1982年現在のダウ平均は、1974年のクラッシュの安値と比較すればかなり過小評価されている。
- 「エリオット波動原理に照らせば、今後5～8年間で株価は400％上昇するという予想は過大なのか」——最近の株式相場の歴史と比べれば、そう思われるかもしれない。しかし、8年間で株価が500％上昇した1921～1929年、5年間で400％上昇した1932～1937年に比べると、けっして過大なものではない。
- 「現在のトレンドは常に将来にも当てはまるのか」——そんなことは絶対にない。マーケットのルールのひとつは、「変化すること」であるからだ。
- 「すべての株価のサイクルは過去と似通ったものになるのか」——そうしたことはほとんどない。事実、エリオットはそうしたことについて、「オルターネーション（交互）の法則」と呼ばれるルールを作っている。これを広く解釈すれば、投資家は新たな波の段階がスタートしたら、これまでとは異なる形のパターンになると考えるべきだ。
- 「最近の株価の動きは強すぎる、延長しすぎる、先例を見ないものだ、または新しい時代の幕開けなのか」——そうではない。今のような動きの相場は、これまで何回も見られたものだ。
- 「株式相場はランダムウォークや不規則な乱高下、または一定の形やトレンド、またはパターンのない激しい動きなのか」——そうであるとしても、長期的にははっきりしたトレンド、一定のリズムがある循環的な動き、完璧なエリオット波動のパターンになっていく。

図A.13を見ると、少なくとも株価の動きは株式相場の広範な歴史のなかに収まっているのが分かるだろう。来週発表される通貨供給量

に関するリポートなどは、こうした実情を正確に反映しているとは思われない。また、**図A.13**のようなチャートを見ると、現在の強気相場がおそらく過去16年間の30～80％といった程度の上昇率では収まらず、過去50年間のどの相場よりも大きく上昇する可能性があることを目で見て理解できるだろう。これまでの株価の動きは、第Ⅴ波がスタートしたとするわれわれの当初の予想を裏付けているように展開している。株価の動きが予想どおりに進んでいるかぎり、われわれは順調に歩んでいるといってもよいだろう。

用語解説

イレギュラーなフラット（Irregular Flat）　「拡大型フラット」を参照。

エンディング・ダイアゴナルトライアングル（Ending Diagonal Triangle）　第5波やC波だけに出現する波の重複を含むウエッジ型のパターン。3－3－3－3－3に細分される。

オルターネーション（交互）の法則（Guideline of Alternation）　第2波が急勾配の修正になれば、通常では第4波は横ばいの修正となる（その逆も同じ）。

拡大型トライアングル（Expanding Triangle）　ほかのトライアングルと同じであるが、このパターンが進むに従って、2本のトレンドラインは拡大する。

拡大型フラット（Expanded Flat）　前の衝撃波に対して、B波が新たな価格帯に進むフラット修正。

急こう配の修正（Sharp Correction）　前の衝撃波の終点水準と大きく重複したり、そこを大きく超えるような株価の動きを含まない修正パターン。横ばいの修正と交互に出現する。

均等の法則（Guideline of Equality）　連続する5つの波において、第3波が最も長くなったときは、第5波と第1波は均等な値幅となる傾向。

ジグザグ（Zigzag）　Ａ－Ｂ－Ｃと表記される急こう配の修正。５－３－５に細分される。

収束型・上昇型・下降型トライアングル（Contracting、Ascending or Descending Triangle）　３－３－３－３－３に細分され、Ａ－Ｂ－Ｃ－Ｄ－Ｅと表記される修正パターン。このパターンが進むにしたがって、２本のトレンドラインは収斂する。

修正波（Corrective Waves）　より大きな波の段階のトレンドとは逆方向に進む３つの波のパターン、または３つの波のパターンの組み合わせ。

衝撃的な波（Impulsive Waves）　進展する５つの波のパターンで、衝撃波やダイアゴナルトライアングルなど。

衝撃波（Impulse Waves）　５－３－５－３－５に細分され、波の重複を含まない５つの波のパターン。

スラスト（Thrust）　トライアングルが終了したあとに出現する衝撃波。

切頭された第５波（Truncated Fifth）　第３波の頂点を超えられなかった衝撃パターンの第５波。

第３波の第３波（Third of a Third）　衝撃波の真ん中の力強い動きの部分。

ダブルジグザグ（Double Zigzag）　Ｗ・Ｙと表記される２つのジグ

ザグの組み合わせで、Xで表される修正波で2つに分けられる。

ダブルスリー（Double Three） W・Yと表記される2つの単純な横ばいの修正パターンで、Xで表される修正波で2つに分けられる。

頂点（Apex） 収束型トライアングルの2本の上側・下側ラインが交差するところ。

重複（Overlap） 第4波が第1波の価格帯に割り込むこと。衝撃波には見られない。

トリプルジグザグ（Triple Zigzag） W・Y・Zと表記される3つのジグザグの組み合わせで、Xで表される修正波で3つに分けられる。

トリプルスリー（Triple Three） W・Y・Zと表記される3つの単純な横ばい修正パターンの組み合わせで、Xで表される修正波で3つに分けられる。

フェイラー（失敗）（Failure） 「切頭された第5波」を参照。

フラット（Flat） A－B－Cと表記される横ばいの修正。3－3－5に細分される。

前の第4波（Previous Fourth Wave） 同じ段階の前の衝撃波の第4波。一般に修正パターンはこの領域で終了する。

横ばいの修正（Sideways Correction） 前の衝撃波の終点水準と大きく重複したり、そこを大きく超えるような株価の動きを含む修正パ

ターン。急こう配の修正と交互に出現する。

リーディング・ダイアゴナルトライアングル（Leading Diagonal Triangle） 第1波やA波だけに出現する波の重複を含むウエッジ型のパターン。5－3－5－3－5に細分される。

ワンツー（One-two） 第3波の真ん中が加速する直前に見られる5つの波のパターンにおける最初の動き。

出版者の後記

　皆さんが本書を読み終えたところで、著者たちのパワフルな株式相場の分析力がどのようにして来る大強気相場を予想したのかについて、その背景を少し述べてみたいと思う。歴史と将来の両方をかなり明確に見通すことができるのは、大局に立った観点である。
　本書を初めて読まれる読者は、著者たちが来る大強気相場を予想した背景をそれほど十分にはよく理解できないだろう。1970年代後半は人々の心に憂いが広く支配していた時代で、「悲観的で暗い」出来事が投資家の関心を集めていた。現金は王様だといったようなサバイバル投資セミナーが盛況を博し、何百人、ときに何千人という出席者を集めていた。インフレには歯止めがかからず、株式相場の命取りだと広く考えられていた高い金利は、容赦なく高い水準を更新していった。書店のベストセラー棚には、『1979年の株式クラッシュ』といったたぐいの本があふれていた。コンドラチェフの景気サイクルの信奉者たちは大不況を予想し、ポートフォリオマネジャーたちは1966年にスタートした長期にわたる弱気相場の最後の一撃をかたずをのんで見守っていた。
　その当時の大統領は現代史の最も無能な大統領だと広く考えられていた。ローパー世論調査の結果によれば、米国民は1940年代にこの世論調査が始まって以来、どの時代に比べても将来を悲観していた。ダウ平均は1978年初めに最大で740ドルまで下落し、1974年の安値にあと170ドルに迫っていた。本書の原稿が印刷所に送られたときは、ダウ平均が再び790ドルに下落した「10月の大虐殺」の真っただ中であったが、著者たちは「現在の株式の強気相場は、史上最高の水準にブレイクアウトする」という記述を断固として取り下げなかった。
　それから数年たっても、懐疑的な見方は依然として晴れなかった。

1980年になってもインフレは上昇の一途をたどり、高い失業率、景気の低迷、在テヘラン米大使館占拠事件、ジョン・レノンの銃撃と死亡事件、ソ連軍のアフガニスタン侵攻――などが相次いだ。高名な政府高官は公然と大不況入りを警告し、ロナルド・レーガン（Ray-Gun）大統領は世界を崩壊させると多くの人々が危惧した。激しく乱高下する金利や石油王であるハント兄弟のファンド帝国はまもなく破産するといった憶測は、証券界に大きな波紋を及ぼしていた。ニューヨーク・タイムズ紙のベストセラーリストの上位には『来る最悪期を乗り切る法』といった本がずらりと並び、「機関投資家と一般投資家は熱狂的に買ってくる」とプレクターが1983年に述べたように、まもなく大きな上昇波が到来するという著者たちの楽観的な見方はほとんど無視されていた。

　こうした憂うつな雰囲気が支配的だったにもかかわらず、株式相場は良き日々がまもなくやってくることを知っており、そのパターンによってそのことを告げていた。ダウ平均はサイクル第Ⅳ波で570ドルの安値を付けたが、広範な株式市場は1979年、1980年、そして1981年を何とか崩れずに持ちこたえ、基本的なトレンドは強気であるとする明確なシグナルを発していた。景気後退と高金利が再び顕著になるなか、ファンダメンタルズの悪材料は典型的な形で1982年の安値を試した。ダウ工業株平均は依然として上昇するとは思われなかったちょうどそのとき、プレクターはダウ平均の上値目標をさらに1000ドルほど引き上げて3885ドルとした。これを聞いた関係者たちは、「ダウが3800ドルだって」「頭がおかしいんじゃないの」といった声を上げた。サイクル第Ⅴ波が上昇へ向けた行進をスタートしたのはそのときだった。

　こうした経緯は波動原理が株式相場のかなり有効な予測ツールであることを証明しているが、著者たちは次の重要な２点でそれまでの予想を修正しなければならなかった。そのひとつは株価が上値目標を達

成する時期であるが、それはサイクル第Ⅴ波が当初の予想、さらにそれ以降の予想よりもかなり長期に及ぶことがはっきりしたからである。そして最終的には極めて長い時間がかかることが分かり、それに伴って上値目標もかなり大幅に上方修正された。第２章では「波の均等性」に関するエリオット波動原理のガイドラインについて論じたが、こうした状況はこのガイドラインが今回のケースには適用できないことをはっきりと示していた。著者たちは第Ⅴ波の継続期間を５～８年と予想していたが、実際には1982年から約16年、1974年からは24年の長きにわたっている。こうしたパフォーマンスは、株価の上昇幅と持続期間の両方で最も大幅かつ長期にわたった1974～1989年の日本株の大強気相場を超えている。

　フロストとプレクターが予想した３つの株価の天井年（1983年、1987年、1990年）は、サイクル第Ⅴ波のなかでは暫定的に最も重要な３つの高値となった。本書の付録で詳述したプレクターの株価予想のほかに、エリオットが1942年10月に行った長期的な超強気の株価予想、ダウ平均が999ドルの天井を付けるとしたハミルトン・ボルトンの1960年の予想、弱気相場の株価が1966年に高値を付けるとしたコリンズの予想、サイクル第Ⅳ波が572ドルの安値を付けるとしたフロストの予想——などもかなり正確だった（もちろん、完璧に正確だったわけではないが）。

　株式相場の歴史を振り返ると、R・N・エリオットが最初にチャールズ・J・コリンズに自らの株価予想を報告して以来、64年にわたるエリオット波動のメーンとなる株価予想は常に一貫していたことは疑いの余地がない。これに対し、ほとんどのエコノミストやアナリスト、株価の予測家たちは６カ月、６週間、さらには６日ごとにその見解を変更している。その株価分析には次々と発表される最新情報を織り込まなければならないからだ。ときに解釈が難しい波動の構成であったり、将来の値動きの予想がその結果に対する確率の順序の変更を迫っ

たとき、従来のシナリオを放棄しなければならないときもある。しかし、波動原理は全体としてかなり安定した展望を示してくれるので、それに基づいて理にかなった将来の投資プランを作成することができる。

　株式相場や経済、または将来全体の展望に関する多くの本では、強気または弱気のスタンスのどちらかしか示されていない。それらの本はそのときの社会の心理を反映した人々のメンタルな熱狂的雰囲気のなかで書かれているので、そのほとんどすべてが間違っている。実際にとるべきスタンスはその逆なのである。ある大きなトレンドにうまく乗っている人々でさえも、そこにどれほどの「偶然の要素」が含まれているのかをときどき自問したほうがよい。もっとも、上昇と下落の完全なサイクルを包括するようなこうした一連の予想といったものは、これまであまり試みられたこともなかったし、成功したものもほとんどなかった。

　科学的な理論の有効性を立証する最も重要なテストのひとつは、予想した出来事の勝率の記録を検証することである。この点においてエリオットの波動原理は、株式相場の理論では他者の追随を許さないほどその期待に応えている。第8章や付録で論じたようなリアルタイムの株式相場の予想は、かなり大きな知的チャレンジである。パターンが形成されている最中に投資決定を下すことは特に難しいが、その一方で主要なパターンが完成に近づき、教科書に書いたようなパターンが目の前で展開するといった1974年12月や1982年8月のようなときもある。そうしたときは、株式相場に対する確信は90％以上に高まる。

　現時点では、予想の残り半分である大強気相場のあとに到来するであろう弱気相場についてはまだ不確定である。しかし、著者たちのすべての予想がやがて実証されるならば、来る大強気相場だけでなく、その後の大弱気相場についても正しく予測した唯一の著書として、米株式相場の歴史のなかではいっそう際立った存在になるだろう（その

詳細については、ロバート・プレクターの近著である『At the Crest of the Tidal Wave』を参照のこと)。

　今の時点で、われわれの大きな旅の半分は終了した。著者たちの事前の保守的な予想が達成されたという点では、前半の予想は知的に報われたが、そうした予想はほとんどのマーケット観察者が予測していた途方もなく高い上値目標をさらに上回るものであった。将来の弱気相場に関する著者たちの残り半分の予想はまだ報われていないが、そうした弱気相場のスタートが社会学的な時代の終了を告げるとすれば、その予想ははるかに重要なものとなるだろう。そうした事態に「初めて」備えることは、その予測家にとっては富とおそらく多少の名声を意味する。

　今回、そうしたことは多くの人々にとっても経済的のみならず、社会・文化的なトレンドを経済的なトレンドと関連づけるプレクターの著書に従えば、最終的には肉体的な生き残りをも意味する。「マーケットでは何でもあり」とは一般に知られ、また繰り返し言われていることであるが、われわれの資金をもう一度エリオットの波動原理に賭けるならば、その原理は人生と時間のパターンに関する人類の偉大な旅について正しい展望を示してくれるだろう。

■著者紹介
ロバート・R・プレクター（Robert R. Prechter, Jr.）
いろいろなマーケットに関する著書があり、また2つの投資予測月刊ニュースレターである「ザ・エリオット・ウエーブ・セオリスト（EWT）」と「グローバル・マーケット・パスペクティブ」の編集長でもある。ニュースレター格付け機関であるハルバート・フィナンシャル・ダイジェストによれば、EWTの予想は1993年12月31日までの13年6カ月の期間において、ウィルシャー5000のパフォーマンスを上回ったうえ、マーケットのリスクにさらされたのはその期間のわずか50％にとどまった。EWTはハード・マネー・ダイジェストのアワード・オブ・エクセレンス賞を2回、タイマー・ダイジェストのタイマー・オブ・ザ・イヤー賞も2回受賞しているが、こうした快挙を成し遂げたニュースレターはEWTが初めてである。1984年には4カ月にわたってパフォーマンスを競う全米トレーディングチャンピオンシップのモニターされるリアルマネーオプション部門で、プレクター氏は444.4％という前例のない高いリターンを上げた。1989年12月にはフィナンシャル・ニュース・ネットワークが同氏をグル・オブ・ザ・ディケイドに指名した。1990～1991年には、21年の歴史を持つ全米テクニカルアナリスト協会の会長を務めた。同氏は最近、全世界の機関投資家と個人投資家向けに株式・通貨・金利・商品市況のほか、社会的なトレンドについても月間と日中ベースの分析情報を提供するエリオット・ウエーブ・インターナショナルを立ち上げた。プレクター氏は奨学金でエール大学に入学し、投資行動心理学の学位を取得して1971年に卒業した。ニューヨークのメリルリンチ・マーケットアナリスト部門のテクニカルマーケットスペシャリストとして、そのキャリアをスタートした。その在任中に取り組んだエリオット波動原理に関する最初の仕事は、少数ではあるが誠実な支持者を集め、そのひとりであるA・J・フロストに伝えられ、最終的にこの書物となった。

A・J・フロスト（A. J. Frost）
オンタリオ州キングストンのクイーンズ大学を卒業したあと、公認会計士としてそのキャリアをスタートした。1934年にオンタリオ公認会計士協会に公認され、また1937年にオンタリオ弁護士会から免許資格を得てその目的を達成した。1959年には会計士の仕事に対して大きな貢献をしたとして、特別会員に選ばれた。カナダのナショナル・キャピタル・コミッションの議長を2年務めたあと、国税不服審判所、税制審査委員会、インフレ防止策不服審判所などの審判官や委員にも就き、所得税法の分野で数多くの決定を下した。このほか、2つの大学の評議委員と数社のカナダ企業の重役というキャリアも持つ。さらに、25年以上にわたってカナダ・ボーイスカウトにも尽力し、特別な貢献をしたとしてシルバー・エイコーン賞を授与された。1960年にはエリオット波動原理を彼に紹介してくれた故ハミルトン・ボルトンのパートナーになった。1967年にボルトンが亡くなったあと、バンク・クレジット・アナリスト誌の編集者であるボルトン・トレンブレー社のために2つの「エリオット波動の補足」を書いた。1977年には全米テクニカルアナリスト協会で、エリオット波動原理について講演した。そこでプレクター氏と出会い、世代と国境の違いにもかかわらず、2人の考え方が極めて似ていることを知った。フィナンシャル・ニュース・ネットワークに毎週マーケットコメントを寄稿しているほか、カナダ・テクニカルアナリスト協会の会合では最も人気の高い講演者のひとりである。

■監修者
長尾慎太郎（ながお・しんたろう）
東京大学工学部原子力工学科卒。日米の銀行、投資顧問会社、ヘッジファンドなどを経て、現在は大手運用会社勤務。訳書に『魔術師リンダ・ラリーの短期売買入門』『タートルズの秘密』『新マーケットの魔術師』『マーケットの魔術師【株式編】』（いずれもパンローリング、共訳）、監修に『ゲイリー・スミスの短期売買入門』『バーンスタインのデイトレード入門』『究極のトレーディングガイド』『マーケットのテクニカル秘録』『高勝率トレード学のススメ』『フルタイムトレーダー完全マニュアル』『新版　魔術師たちの心理学』『トレーディングエッジ入門』『スイングトレードの法則』（いずれもパンローリング）など、多数。

■訳者紹介
関本博英（せきもと・ひろひで）
上智大学外国語学部英語学科を卒業。時事通信社・外国経済部を経て翻訳業に入る。国際労働機関（ILO）など国連関連の翻訳をはじめ、労働、経済、証券など多分野の翻訳に従事。訳書に、『賢明なる投資家【財務諸表編】』『証券分析』『究極のトレーディングガイド』『コーポレート・リストラクチャリングによる企業価値の創出』『プロの銘柄選択法を盗め！』『アナリストデータの裏を読め！』『マーケットのテクニカル百科　入門編・実践編』『市場間分析入門』『初心者がすぐに勝ち組になるテクナメンタル投資法』『バイ・アンド・ホールド時代の終焉』『わが子と考えるオンリーワン投資法』『規律とトレーダー』『麗しのバフェット銘柄』『トレーダーの精神分析』『バーンスタインのトレーダー入門』『成長株投資の公理』『株価指数先物必勝システム』『罫線売買航海術』『フィボナッチ逆張り売買法』『スイングトレードの法則』『バリュー株トレーディング』（いずれもパンローリング）など。

本書の感想をお寄せください。
お読みになった感想を下記サイトまでお送りください。
書評として採用させていただいた方には、
弊社通販サイトで使えるポイントを進呈いたします。

https://www.tradersshop.com/bin/apply?pr=3179

```
2009年9月3日    初版第1刷発行
2011年2月1日    第2刷発行
2013年5月1日    第3刷発行
2015年12月1日   第4刷発行
2017年5月1日    第5刷発行
2019年2月1日    第6刷発行
2020年9月1日    第7刷発行
2022年7月1日    第8刷発行
2024年12月1日   第9刷発行
```

ウィザードブックシリーズ ⑯

エリオット波動入門
──相場の未来から投資家心理までわかる

著　者	ロバート・R・プレクター・ジュニア、A・J・フロスト
監修者	長尾慎太郎
訳　者	関本博英
発行者	後藤康徳
発行所	パンローリング株式会社
	〒160-0023　東京都新宿区西新宿 7-9-18-6F
	TEL 03-5386-7391　FAX 03-5386-7393
	http://www.panrolling.com/
	E-mail　info@panrolling.com
編　集	エフ・ジー・アイ（Factory of Gnomic Three Monkeys Investment）合資会社
装　丁	パンローリング装丁室
組　版	パンローリング制作室
印刷・製本	株式会社シナノ

ISBN978-4-7759-7123-9

落丁・乱丁本はお取り替えします。
また、本書の全部、または一部を複写・複製・転訳載、および磁気・光記録媒体に
入力することなどは、著作権法上の例外を除き禁じられています。

本文　©Hirohide Sekimoto／図表　©PanRolling　2009 Printed in Japan

参考文献

ウィザードブックシリーズ 146
フィボナッチ逆張り売買法
著者：ラリー・ペサベント、レスリー・ジョウフラス

定価 本体5,800円+税　ISBN:9784775971130

従来のフィボナッチ法とは一味違う!! フィボナッチ比率で押しや戻りを予測して、トレードする！ デイトレード（5分足チャート）からポジショントレード（週足チャート）まで売買手法が満載！

ウィザードブックシリーズ 166
フィボナッチブレイクアウト売買法
著者：ロバート・C・マイナー

定価 本体5,800円+税　ISBN:9784775971338

フィボナッチとブレイクアウトの運命的な出合い！ 黄金比率だけでもなく、ブレイクアウトだけでもない！ フィボナッチの新たな境地！ 従来のフィボナッチの利用法をブレイクアウト戦略まで高めた実践的手法!!

ウィザードブックシリーズ 163
フィボナッチトレーディング
著者：キャロリン・ボロディン

定価 本体各5,800円+税　ISBN:9784775971307

フィボナッチ級数の数値パターンに基づき、トレードで高値と安値を正確に見定めるための新たな洞察を提供。利益を最大化し、損失を限定する方法を学ぶことができる。

ウィザードブックシリーズ 80
ディナポリの秘数 フィボナッチ売買法
著者：ジョー・ディナポリ

定価 本体各16,000円+税　ISBN:9784775970423

「押しや戻り」を正確に当てるフィボナッチを基本にしたトレーディング手法を紹介。投資家、トレーダーとしてワンランク上を目指す者、沈滞ムードを打破できない者にとっては絶大な力と啓示を与えてくれるだろう！

ジャック・D・シュワッガー

現在、マサチューセッツ州にあるマーケット・ウィザーズ・ファンドとLLCの代表を務める。著書にはベストセラーとなった『マーケットの魔術師』『新マーケットの魔術師』『マーケットの魔術師[株式編]』（パンローリング）がある。
また、セミナーでの講演も精力的にこなしている。

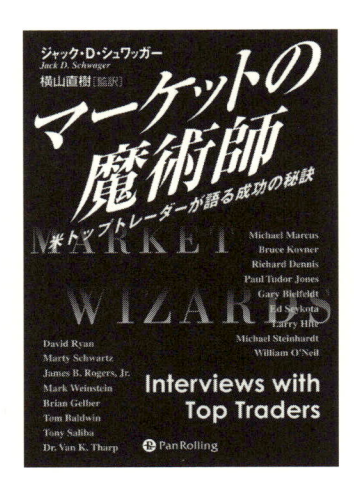

ウィザードブックシリーズ 19
マーケットの魔術師
米トップトレーダーが語る成功の秘訣

定価 本体2,800円+税　ISBN:9784939103407

トレード界の「ドリームチーム」が勢ぞろい

世界中から絶賛されたあの名著が新装版で復刻！
投資を極めたウィザードたちの珠玉のインタビュー集！
今や伝説となった、リチャード・デニス、トム・ボールドウィン、マイケル・マーカス、ブルース・コフナー、ウィリアム・オニール、ポール・チューダー・ジョーンズ、エド・スィコータ、ジム・ロジャーズ、マーティン・シュワルツなど。

ウィザードブックシリーズ 66
シュワッガーのテクニカル分析
初心者にも分かる実践チャート入門

定価 本体2,900円+税　ISBN:9784775970270

シュワッガーが、これから投資を始める人や投資手法を立て直したい人のために書き下ろした実践チャート入門。
チャート・パターンの見方、テクニカル指数の計算法から読み方、自分だけのトレーディング・システムの構築方法、ソフトウェアの購入基準、さらに投資家の心理まで、投資に必要なすべてを網羅した1冊。

ウィザードブックシリーズ13

新マーケットの魔術師
米トップトレーダーたちが語る成功の秘密

定価 本体2,800円+税　ISBN:9784939103346

知られざる"ソロス級トレーダー"たちが、率直に公開する成功へのノウハウとその秘訣

高実績を残した者だけが持つ圧倒的な説得力と初級者から上級者までが必要とするヒントの宝庫。

ウィザードブックシリーズ14

マーケットの魔術師 株式編 増補版

定価 本体2,800円+税　ISBN:9784775970232

今でも本当のウィザードはだれだったのか?

だれもが知りたかった「その後のウィザードたちのホントはどうなの?」に、すべて答えた『マーケットの魔術師【株式編】』増補版!
過去にインタビューした各トレーダーが長引く弱気相場に一体どう対処しているのかについて、詳細なフォローアップインタビューを試みた。この増補版ではそれらすべてを網羅している。

ウィザードブックシリーズ201

続マーケットの魔術師
トップヘッジファンドマネジャーが明かす成功の極意

定価 本体2,800円+税　ISBN:9784775971680

『マーケットの魔術師』シリーズ
10年ぶりの第4弾!

先端トレーディング技術と箴言が満載。「驚異の一貫性を誇る」これから伝説になる人、伝説になっている人のインタビュー集。マーケットの先達から学ぶべき重要な教訓を40にまとめ上げた。

マーク・ダグラス

シカゴのトレーダー育成機関であるトレーディング・ビヘイビアー・ダイナミクス社の社長を務める。商品取引のブローカーでもあったダグラスは、自らの苦いトレード経験と多数のトレーダーの間接的な経験を踏まえて、トレードで成功できない原因とその克服策を提示している。最近では大手商品取引会社やブローカー向けに、本書で分析されたテーマやトレード手法に関するセミナーや勉強会を数多く主催している。

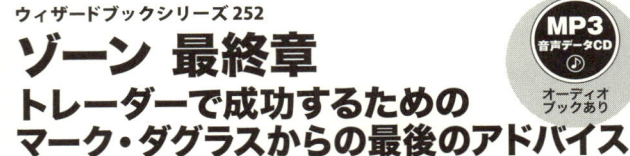

ウィザードブックシリーズ 252
ゾーン 最終章
トレーダーで成功するためのマーク・ダグラスからの最後のアドバイス

定価 本体2,800円+税　ISBN:9784775972168

トレード心理学の大家の集大成！

1980年代、トレード心理学は未知の分野であった。創始者の一人であるマーク・ダグラスは当時から、この分野に多くのトレーダーを導いてきた。本書を読めば、着実に利益を増やしていくために何をすべきか、どういう考え方をすべきかについて、すべての人の迷いを消し去ってくれるだろう。

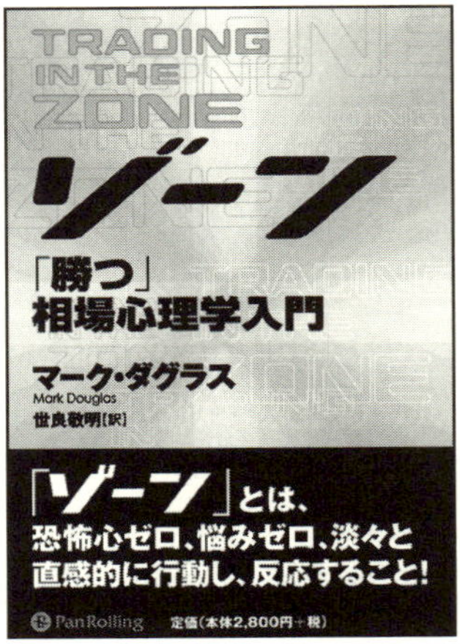

ウィザードブックシリーズ 32
ゾーン 勝つ相場心理学入門

定価 本体2,800円+税　ISBN:9784939103575

「ゾーン」に達した者が勝つ投資家になる！
恐怖心ゼロ、悩みゼロで、結果は気にせず、淡々と直感的に行動し、反応し、ただその瞬間に「するだけ」の境地…すなわちそれが「ゾーン」である。
「ゾーン」へたどり着く方法とは？
約20年間にわたって、多くのトレーダーたちが自信、規律、そして一貫性を習得するために、必要で、勝つ姿勢を教授し、育成支援してきた著者が究極の相場心理を伝授する！

ウィザードブックシリーズ 114
規律とトレーダー

定価 本体2,800円+税　ISBN:9784775970805

トレーディングは心の問題であると悟った投資家・トレーダーたち、必携の書籍！

ブレット・スティーンバーガー

ニューヨーク州シラキュースにある SUNY アップステート医科大学で精神医学と行動科学を教える客員教授。2003年に出版された『精神科医が見た投資心理学』（晃洋書房）の著書がある。シカゴのプロップファーム（自己売買専門会社）であるキングズ トリー・トレーディング社のトレーダー指導顧問として、多くのプロトレーダーを指導・教育したり、トレーダー訓練プログラムの作成などに当たっている。

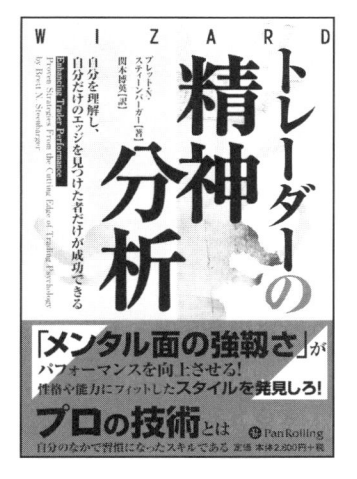

ウィザードブックシリーズ 126
トレーダーの精神分析
自分を理解し、自分だけのエッジを見つけた者だけが成功できる

定価 本体2,800円+税　ISBN:9784775970911

性格や能力にフィットしたスタイルを発見しろ!
「メンタル面の強靭さ」がパフォーマンスを向上させる!
「プロの技術とは自分のなかで習慣になったスキルである」
メンタル面を鍛え、エッジを生かせば、成功したトレーダーになれる!
トレーダーのいろいろなメンタルな問題にスポットを当て、それを乗り切る心のあり方などをさらに一歩踏み込んで紹介。

ウィザードブックシリーズ 168
悩めるトレーダーのためのメンタルコーチ術

定価 本体3,800円+税　ISBN:9784775971352

不安や迷いは自分で解決できる!
トレードするとき、つまりリスクと向き合いながらリターンを追求するときに直面する難問や不確実性や悩みや不安は、トレードというビジネス以外の職場でも夫婦・親子・恋人関係でも、同じように直面するものである。
読者自身も知らない、無限の可能性を秘めた潜在能力を最大限に引き出すとともに明日から適用できる実用的な見識や手段をさまざなま角度から紹介。

アリ・キエフ

精神科医で、ストレス管理とパフォーマンス向上が専門。ソーシャル・サイキアトリー・リサーチ・インスティテュートの代表も務める博士は、多くのトレーダーにストレス管理、ゴール設定、パフォーマンス向上についての助言を行っている。

ウィザードブックシリーズ107

トレーダーの心理学
トレーディングコーチが伝授する達人への道

定価 本体2,800円+税　ISBN:9784775970737

人生でもトレーディングでも成功するためには、勝つことと負けるにかかわるプレッシャーを取り除く必要がある。実際、勝敗に直接結びつくプレッシャーを乗り越えられるかどうかは、成功するトレーダーと普通のトレーダーを分ける主な要因のひとつになっている。
トレーディングの世界的コーチが伝授する
成功するトレーダーと消えていくトレーダーの違いとは?

トレード心理学の四大巨人
不朽不滅の厳選ロングセラー

マーク・ダグラス　ブレット・スティーンバーガー　アリ・キエフ　ダグ・ハーシュホーン

トレーダーや投資家たちが市場に飛び込んですぐに直面する問題とは、マーケットが下がったり横ばいしたりすることでも、聖杯が見つけられないことでも、理系的な知識の欠如によるシステム開発ができないことでもなく、自分との戦いに勝つことであり、どんなときにも揺るがない規律を持つことであり、何よりも本当の自分自身を知るということである。つまり、トレーディングや投資における最大の敵とは、トレーダー自身の精神的・心理的葛藤のなかで間違った方向に進むことである。これらの克服法が満載されたウィザードブックを読めば、次のステージに進む近道が必ず見つかるだろう!!

イメージ先行のエリオット波動の
基本要素や誤解などを3巻に分けて徹底解説。

講師からのメッセージ

エリオット波動について巷にあふれる数多の解説・情報がイメージ先行になっているのが実状です。

例えば、右下の図で"波動の大きさ"は何番だと思いますか？　①は価格（または変化率）、③は時間、②はチャートで表されるように価格と時間のベクトルが合致した点です。

エリオット波動では、時間はあまり重要としてはいません。つまりエリオット波動的には、「波動の大きさは①」を指します。②の長さを波動の大きさと思われている方も多いのではないでしょうか。

本DVDシリーズは、エリオット波動の基礎的解説だけで3巻で構成されています。ご覧になった方は「細かすぎる」と思われるかもしれません。ですが正しい理解ができなければ、エリオット波動を正しく生かすことができないと考えているからです。その正しい理解のために、事例やチャートを使って細かく解説しています。

皆さんもぜひ、感覚的にエリオット波動をカウントするのではなく、正しいルールにそって、客観的に判断できる知識を身につけてください。

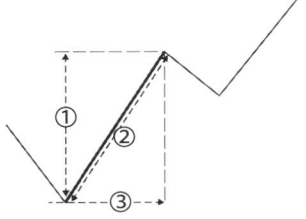

【DVD】エリオット波動原理の基本
波動原理の概念と波形認識
講師：有川和幸

	第1巻	第2巻	第3巻
内容	フラクタル構造の基本と「インパルス」	推進波「ダイアゴナル」	修正波と複合修正波
商品情報	DVD 100分 ISBN 9784775965344	DVD 66分 ISBN 9784775965368	DVD 103分 ISBN 9784775965375

各定価 本体3,800円+税

決めつけやごまかしを排除して"整合性のある"カウント手順と
進行想定の立て方から戦略的エントリー方法を徹底解説。

実践編 DVD

講師からのメッセージ

チャートを分析して、波動をカウントし、その後の想定をして、ポジションを取る──。

エリオット波動の原理に当てはめても、複数の答えがでることがあります。現段階で想定を1つに絞ることは不可能なため、「トレードに使えない」という感想をもたれがちです。

しかし、正しい手順で想定を絞り込んでいけば、どちらに進行してもポジションを立てられるのがエリオット波動なのです。実践編DVDでは、具体的な使い方や想定予測などへの生かし方を解説します。

第一巻では整合性のあるカウント方法を、第二巻では複数パターンの進行想定の確認方法を、そして第三巻では戦略的なエントリー及び増し玉の方法を掘り下げていきます。

ぜひ何度も見返して、トレードに生かしてください。

【DVD】エリオット波動原理の基本　　講師：有川和幸

	実践編　第1巻	実践編　第2巻	実践編　第3巻
内容	カウントの手順	想定の立て方	エントリーポイントのヒント
商品情報	DVD 88分 ISBN 9784775965429	DVD 81分 ISBN 9784775965436	DVD 74分 ISBN 9784775965443

各定価　本体3,800円＋税

あなたのトレード判断能力を大幅に鍛える
エリオット波動研究 改訂版

一般社団法人日本エリオット波動研究所【著】

定価 本体3,800円+税　ISBN:9784775991954

基礎からトレード戦略まで網羅した
エリオット波動の教科書

エリオット波動理論を学ぶことで得られるのは、「今の株価が波動のどの位置にいるのか（上昇波動や下落波動の序盤か中盤か終盤か）」「今後どちらの方向に動くのか（上昇か下落か）」「どの地点まで動くのか（上昇や下落の目標）」という問題に対する判断能力です。エリオット波動理論によって、これまでの株価の動きを分析し、さらに今後の株価の進路のメインシナリオとサブシナリオを描くことで、それらに基づいた「効率良いリスク管理に優れたトレード戦略」を探ることができます。

本書の特徴

- ◆ エリオット波動の正しい知識が身につく

- ◆ エリオット波動には「3つの基本コンセプトがある」ことがわかる

- ◆ エリオット波動には「5つの基本波形（インパルス、ダイアゴナル、ジグザグ、フラット、トライアングル）がある」ことがわかる

- ◆ エリオット波動のルール（ほぼ守られる基本原則）とガイドライン（必ずとは言えないがそうなることが多い習性）がわかる

- ◆ 実例（日経平均、ドル円、NYダウ）を参考にした、エリオット波動のカウントの仕方が学べる

- ◆ エリオット波動によるトレード戦略（インパルスやダイアゴナルにおける戦略、ジグザグやフラット、トライアングルにおける戦略）が学べる

- ◆ 独自の見解も盛り込んでいる

- ◆ 波形のルールやガイドラインについて、初版からさらに研究を重ねた最新の知見を紹介

- ◆ 第6章の第10節に「戦略的なポジションの実践例」を追加
エリオット波動原理を使ったより実践的なトレード戦略を解説

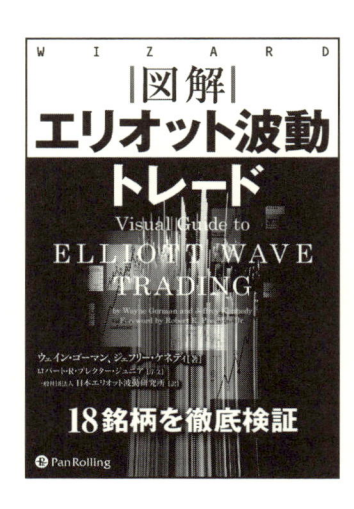

ウィザードブックシリーズ 271

図解 エリオット波動トレード

ウェイン・ゴーマン、ジェフリー・ケネディ【著】

定価 本体2,800円+税　ISBN:9784775972410

掲載チャート数250！ トレードの実例を詳述

本書は、波動パターンを表す実際のチャートを多数収録することで、トレードを分かりやすく解説している。著者のウェイン・ゴーマンとジェフリー・ケネディは、エリオット・ウエーブ・インターナショナル（EWI）のアナリスト。彼らが分析した18銘柄の事例を挙げ、波動原理を使ってトレード機会を探し、エントリーし、プロテクティブストップを上下させながらリスク管理をして、最後にエグジットするという一連の手順について詳細に伝えている。また、エリオット波動を用いたオプション戦略といったレベルの高いテクニカル分析、およびトレード手法にも言及している。プレクター＆フロストのロングセラー『エリオット波動入門』（パンローリング）とトレードの現場を見事に融合させたユニークな実践書。あなたの取引スタイルが保守的であろうと積極的であろうと、本書のチャートとテクニックは信憑性の高いトレード機会を特定するのに役立つはずだ。

ウィザードブックシリーズ 328

エリオット波動は自然の法
原典から読み解く大原則

R・N・エリオット【著】

定価 本体1,800円+税　ISBN:9784775972977

エリオット本人による名著
75年以上の時を経てついに初邦訳

本書はエリオット波動原理の発案者ラルフ・ネルソン・エリオットによる代表的な著作（1946）です。長年、英語の原書でしか読めませんでしたが、この度、初めて邦訳書として世に送り出すことができました。本書を通じて、エリオットはやはり観察と発見の天才であったという認識を新たにします。彼の著作には膨大な観察の結果得られた多くのヒントが埋め込まれていますし、読者自ら相場観察をしながら本書を繰り返し読むことで、重要なヒントを見つけられるのではないかと思います。エリオット波動初心者にとっても良い教材であると同時に、ベテランのエリオティシャンにとってもヒントの宝庫と言えます。